영유아교수방법론

위영희 · 문혁준 · 이희정 · 박찬화 · 석은선

창지사

머리말

본 저서인 『영유아교수방법론』은 어린이집과 유치원의 표준보육과정과 누리과정 개정에 따라 새롭게 내용을 구성하여 완성되었다.

교사의 질적 수준은 교육의 질적 수준을 대변한다고 볼 수 있는데, 다양한 배경을 가진 예비보육교사들에게 좀 더 이해가 쉬운 교재를 만들 수 있는 방법을 고심하면서 지난 7~8년간 현장에서 직접 영유아에 대한 실습 지도와 현직 교사들에 대한 수퍼비전 경험이 풍부한 어린이집 원장님들과 수없이 많은 논의를 진행하였다. 기존의 교재들로는 상호작용 중심의 교수·학습 방법을 좀 더 이해하기 쉽게 가르치는 데에 한계가 존재함을 깨닫고, 이를 극복하고자 하였으며, 2019년과 2020년 이루어진 표준보육과정과 누리과정 개정에 대한 내용을 담아서 본 저서가 진행되었다.

이 책은 영유아교수방법론의 이론과 실제를 3부로 나누고, 전체 장으로 구성하였다. 제1부는 영유아교수방법의 이론적 기초로서 1장에서 영유아교수방법의 기본 이해를 위하여 교수·학습의 개념과 접근 방법, 영유아의 발달 특성과 교수방법, 영유아와 교사의 상호작용 및 교사의 전문성과 교사의 역할에 대해 설명하였다. 2장에서는 영유아교수방법의 유형을 영유아 중심 접근과 교사 중심 접근으로 나누어 살펴보았고, 3장에서는 교수방법의 원리와 교사의 중재 전략에 대해 설명하였다. 4장과 5장에서는 최근 개정된 만 0~2세 표준보육과정과 만 3~5세 누리과정을 소개하였고, 이와 관련된 교수방법에 대해 다루었다.

제2부는 교수·학습 활동의 운영으로 6장에서는 교수·학습 활동의 계획, 7장에서는 일과 운영, 8장에서는 환경 구성, 9장에서는 영아와 유아에 대한 교수·학습 방법, 10장에서는 상호작용의 중요성과 유형별 상호작용, 11장에서는 교수·학

습 활동의 평가에 대해 상세하게 기술하고 있다.

제3부에서는 교수·학습 활동의 지도 실제에 대하여 영유아를 대상으로 하는 기본생활, 신체운동, 의사소통, 사회관계, 예술경험과 자연탐구 활동과 예를 다루었다.

또한 이 책의 1장은 위영희, 2, 3장은 이희정, 4, 5장은 문혁준, 6, 7, 8, 9, 10, 11장은 박찬화, 12장은 석은선에 의해 집필되었다. 지난 7~8년간 본 저서의 근간이 되는 『영유아교수법』(2012) 교재의 한계는 보완하고 가능성은 살리면서 최근 변화된 표준보육과정과 누리과정의 흐름을 반영하여 예비보육교사의 교수 행위에 실제적으로 도움이 되고자 최선을 다하였으나, 미처 포함하지 못한 부족한 부분도 존재하기 때문에 향후 보다 완성도 있게 보완하고자 한다. 앞으로 이 책이 영유아교수방법론 분야의 스테디셀러로 확고한 자리매김을 함과 동시에 예비보육교사와 현장 교사들에게 영유아교수방법론 분야의 최고의 지침서가 되기를 희망한다.

끝으로 이 책의 집필을 위해 자료 협조와 사진 촬영에 도움을 준 어린이집 교직원들에게 깊은 감사의 인사를 전하고, 이 책의 출간을 위하여 많은 시간 원고를 기다려 주시고 애써 주신 창지사 임직원 여러분께도 깊은 감사의 말씀을 전한다.

2021년 3월

저자 일동

차 례

머리말 • 3

PART Ⅰ 영유아교수방법의 이론적 기초 • 9

CHAPTER 01 영유아교수방법의 이해 ········ 11

1. 교수·학습의 개념과 접근 • 12
2. 영유아의 발달과 교수방법 • 22
3. 교사의 역할 • 39

CHAPTER 02 영유아교수방법의 유형 ········ 49

1. 영유아 주도적 접근 • 50
2. 교사 주도적 접근 • 72

CHAPTER 03 영유아교수방법의 원리 ········ 77

1. 교수방법의 원리 • 78
2. 교사의 중재 전략 • 94

CHAPTER 04 표준보육과정과 교수방법 ········ 101

1. 기본생활 • 102
2. 신체운동 • 106
3. 의사소통 • 110
4. 사회관계 • 116
5. 예술경험 • 120
6. 자연탐구 • 125

CHAPTER 05 누리과정과 교수방법 131
1. 구성 방향 • 132
2. 목적과 목표 • 132
3. 3~5세 누리과정의 영역별 목표 • 133
Ⅰ. 신체운동·건강 / 133
Ⅱ. 의사소통 / 137
Ⅲ. 사회관계 / 141
Ⅳ. 예술경험 / 145
Ⅴ. 자연탐구 / 148

PART Ⅱ 교수·학습 활동의 운영 • 153

CHAPTER 06 교수·학습 활동의 계획 155
1. 연간 교육·보육계획안 • 156
2. 월간/ 주간/ 일일 교육·보육계획안 • 166
3. 주간/ 일일 교육·보육일지(교육·보육실행기록) • 176

CHAPTER 07 일과 운영 195
1. 영아반의 일과운영 • 197
2. 유아반의 일과운영 • 208

CHAPTER 08 환경 구성 217
1. 실내 환경 구성 • 219
2. 실외 환경 구성 • 237

CHAPTER 09 교수·학습 방법 241
1. 영아에 대한 교수·학습 방법 • 243
2. 유아에 대한 교수·학습 방법 • 248

CHAPTER 10 상호작용 ········ 255
1. 상호작용의 중요성 • 256
2. 유형별 상호작용 • 256

CHAPTER 11 교수·학습 활동의 평가 ········ 277
1. 평가의 중요성 • 278
2. 평가의 종류 및 평가 방법 • 279

PART Ⅲ 교수·학습 활동의 지도 • 297

CHAPTER 12 영역별 활동의 실제 ········ 299
1. 기본생활 • 300
2. 신체운동·건강 • 304
3. 의사소통 • 311
4. 사회관계 • 319
5. 예술경험 • 325
6. 자연탐구 • 332

참고 문헌 • 339

P·A·R·T

I

영유아교수방법의 이론적 기초

C·H·A·P·T·E·R

01

영유아교수방법의 이해

영유아교수방법론의 이해를 위하여 교수·학습의 개념과 교수·학습 접근에 관해 알아보았다. 또한 영유아교수방법에서 가장 먼저 고려해야 할 요소로 영유아의 발달적 특성과 교수방법, 영유아와 교사의 상호작용을 다루고, 마지막으로 영유아 교사의 전문성과 교사의 역할을 살펴보았다.

1. 교수·학습의 개념과 접근

1) 교수·학습의 개념

교수·학습의 개념은 '교육이란 무엇인가'라는 물음에서부터 시작한다. 교육은 가르치고 배우는 과정을 말하며, 인간의 행동을 변화시키는 과정이라고 한다. 그러나 교육을 보다 체계적으로 설명하면 우선 인간의 행동을 어떠한 방향으로 변화시킬 것인지 교육 목표를 정하고, 이를 성취할 수 있는 교육 내용을 선정하고 이를 위하여 어떠한 방법으로 가르치고 또한 학습자인 영유아가 어떠한 학습 경험을 해야 할지를 선정하고, 교육이 실행된 다음에는 얼마나 성취했는지를 평가하는 과정이라 할 수 있다.

영유아교육의 질을 결정하고 영유아의 효과적인 성취를 이끌어 내는 것은 바로 교사의 교수방법에 달려 있다. 교수·학습이라 함은 교사의 입장에서는 '어떻게 가르쳐야 하는가'라는 교수방법의 문제이고, 영유아의 입장에서는 '어떻게 학습할 것인가'라는 학습 방법의 문제이다. 따라서 먼저 교수와 학습의 개념을 살펴보기로 한다.

교수는 '가르치는 것'으로서 '어떤 특정한 조건 아래서 특정한 행동을 습득하거나 배제하고 혹은 특수한 상황에 대해 반응을 하거나 학습이 일어날 수 있도록 개인의 환경을 계획적으로 관리하는 전 과정'이라고 정의한다(Corey, 1971). 또한 교수는 '수업에 비해 포괄적인 것으로서 구체적으로는 설계, 개발, 적용, 관리, 평가를 포함하는 것'이라고 정의한다(Reigeluth, 1983). 이러한 정의를 해석하면 교수는 '학습이 발생할 수 있도록 하기 위해 도움을 주는 의도적이고 계획적인 활동'이라 할 수 있고, 교사의 입장에서는 수업을 하기 위한 준비, 계획, 실행(수업), 평가(수업 후 처치) 등을 포함하는 모든 활동을 말한다(변영계, 2007).

교수는 영어로 'teaching'과 'instruction'을 사용한다. 'teaching'은 교사의 수업 활동을 의미하는 것으로 지식이나 기능 및 태도를 가르치는 것을 의미하고, 'instruction'은 수업에 비해 포괄적인 것으로 수업 전의 준비나 계획과 수업 후 평가까지의 모든 활동을 의미하는 것으로 사용한다. 최근 국내 문헌들에서는 'teaching'을 '수업'으로, 'instruction'을 '교수'로 사용하고 있다.

'배운다'는 의미의 학습(learning)의 개념에 관한 학자들의 정의는 매우 다양하다. "학습이란 경험과 연습의 결과로 일어나는 비교적 지속적인 변화"(Morgan & King, 1966)이며 환경으로부터의 자극을, 새로운 능력을 획득하는 데 필요한 정보 처리의 여러 단계들로 변형시키는 일련의 인지과정이라고 정의한다(Gagné & Briggs, 1979). 그리고 인지적 과정은 학습의 내적 조건이며, 학습의 인지과정을 돕는 환경으로부터의 자극은 학습의 외적 조건이 된다. 따라서 학습의 외적 조건인 교수와 내적 조건이 상호작용하여 학습의 결과를 만들어 내는 것이라고 할 수 있다.

또한 좁은 의미에서 학습은 '학습자가 정해진 상황에 참여하여 의도한 학습 목표를 성취하는 활동을 하는 경우'를 의미한다. 그러나 넓은 의미에서 정의된 학습은 '유기체가 환경과의 상호작용을 통해 행동에 변화가 일어난 경우'를 말하며, 구체적으로는 성숙에 의해 일어나는 자연스러운 변화나 사고나 질병에 의해 일시적으로 일어나는 변화가 아니라 비교적 지속적인 행동 변화를 의미한다. 이러한 정의는 학교 교육에서 학생이 학습자가 될 때의 학습을 의미하며 학교 학습의 개념은 매우 의미 있고 복잡한 것이어서 넓은 의미에서 정의된 학습 개념으로 보아야 한다.

이상과 같이 교수와 학습의 개념을 따로 살펴보았으나 교수와 학습은 분리된 개념으로 생각하기보다는 통합된 개념으로 생각해야 한다. '가르친다'는 어휘는 '배운다'라는 어휘와 같은 뿌리에서 비롯되었으며, '가르치며 배운다'와 '가르치는 것이 배우는 것이다'라는 표현을 종종 사용하기도 하는데 이는 바로 가르치는 교수 행위는 학습을 전제로 하기 때문이다. 2019 유아 중심·놀이 중심의 개정 누리과정의 경우, 유아 중심의 학습의 개념과 이론이 더욱 강조되고 있다. 글로 써진 교수방법은 이미 구성주의적 차원에서의 하나의 이론으로 볼 수 있다는 점에서, 이 책에서는 '교수방법' 또는 '교수방법론' 두 가지 용어를 문맥적 의미에 따라 병행해 사용하게 될 것이다.

2) 교수·학습 접근

영유아의 교육의 질을 결정하고 효과적인 성취를 이끌어 내는 것은 교사의 교수방법에 달려 있다. 교사들은 영유아를 어떤 방법으로 가르치고 학습시키는 것이 가장 효과적인가를 생각해야 하는데, 교수방법은 영유아의 발달과 학습을 보는 관점이나 교수·학습 모델에 따라 다양하다. 또한 교사의 교육철학이나 교육 신념에 따라 차이가 있고, 목표, 교수자, 내용, 학습자, 방법, 환경 등 여러 요소가 관련된다(이성호, 1999). 여기서는 교사의 교육 신념에 따른 접근과 주도적 역할에 따른 접근, 그리고 집단 규모에 따른 접근을 살펴본다.

(1) 교육 신념에 따른 접근

영유아에게 무엇을 어떻게 가르칠 것인지는 교사 자신의 교육적 신념에 따라 선택된다. 교육 신념은 교사에 따라 상이하며, 교수·학습 과정에 지속적으로 영향을 미친다. 구체적으로는 학습 활동의 방향이나 영유아와의 상호작용 및 교육적 의사 결정 등 광범위하게 영향을 미친다.

교사의 교육적 신념은 유아 발달 이론에 따라 성숙주의, 행동주의, 구성주의로 나눌 수 있으며, 이 세 가지 관점을 살펴보면 다음과 같다.

1 성숙주의

성숙주의 이론에서의 발달은 유전적으로 프로그래밍된 내적인 성장의 힘에 따라 이루어지며, 발달적 순서 역시 이러한 생물학적 성숙과정에 의해 조절된다고 본다. 따라서 교사는 발달을 바람직한 방향으로 이끌기 위해서 영유아의 요구나 흥미에 적합한 환경을 제공해 주어야 한다. 게젤(Gesell)은 영유아의 방대한 연령별 발달 자료를 수집하여 '발달 규준'을 제시하였는데, 이를 통하여 영유아가 각 발달 시기에 따라 어떠한 특정 행동을 하는지 알 수 있다.

또한 성숙주의 이론은 '학습준비도' 개념을 이끌어 냈는데, 학습준비도란 영유아에게 학습을 시키기 위해서는 성숙이 될 때까지 교사가 기다려야 한다는 학습의 시기에 관한 개념이다. 성인의 지나친 개입을 통해 성숙의 시기보다 발달을 앞당기려는 학습은 바람직하지 못하며, 영유아에게서 성숙의 사인이 관찰되고, 흥미가 보이며, 준비되었을 때가 학습의 적기라는 점을 시사한다.

따라서 성숙주의 이론에 따른 교수방법은 영유아의 욕구와 흥미, 내적 학습 동기를 강조하며, 개인적 기질이나 성장 유형 등 영유아의 특성에 맞는 개별화된 교육을 실시하는 것이다. 체계적인 교수·학습 과정을 강조하지 않으며, 자연적 발달이 이루어질 수 있도록 충분한 시간을 갖고 기다려야 하므로 학습이나 발달을 조기에 촉진시키려고 하지 않는다. 또한 효과적으로 학급을 운영하기 위해서는 학습준비도가 비슷한 영유아들로 집단을 구성하는 것을 권장한다.

2 행동주의

행동주의는 로크(Locke)의 철학에 근거하며, 이후 손다이크(Thorndike), 스키너(Skinner)로 계승되는 경험주의 학습이론에서 그 근거를 찾을 수 있다. 행동주의는 성숙주의와는 반대의 입장으로, 발달과 학습의 요인이 환경적 요인에 있다고 보기 때문에 환경적 조작을 통해서 영유아의 행동을 변화시킬 수 있다고 믿는다. 학습의 기회가 많이 제공될수록 영유아는 많이 배우게 되며, 학습은 점진적으로 순서 및 위계에 따라 일어나기에 교사가 학습 내용을 구조화하여 계열적 단계로 나누어 제공할 때 효과적이다. 바람직한 행동은 강화를 받음으로써 증가하며, 반복과 연습이 강조된다. 교사는 영유아의 행동을 직접적으로 지시하고, 수정하거나 강화해 준다.

행동주의적 접근은 전통적인 학업 기술의 습득을 강조하고, 학습 내용은 구조화되며 영유아보다는 교사나 성인이 결정한다. 강화와 벌을 적절히 사용하거나 모방이나 관찰학습을 통하여 바람직한 행동을 학습할 수 있다. 컴퓨터를 이용한 학습이나 다양한 시청각 매체를 활용하는 교수방법이 권장된다.

③ 구성주의

구성주의는 상호작용주의라고도 불리는데, 듀이(Dewey)의 사상에 근원을 두며, 블룸(Bloom), 피아제(Piaget), 비고츠키(Vygotsky)의 이론이 중심이 된다. 구성주의적 관점에서 발달은 유전 요인과 환경 요인 간의 상호작용의 결과라고 본다. 영유아의 발달은 능동적인 탐색 활동을 통해 이루어지며, 지식 역시 영유아 스스로 구성하고, 사고 체계를 조직해 나가며, 지적 발달은 특정 단계의 추론 능력에 따라 다양한 종류의 경험을 통해 개별적으로 형성된다.

구성주의 교사는 개별 영유아의 독특한 발달 속도와 학습 양식을 존중하기 때문에 이러한 특성에 따라 발달 수준에 맞는 교육을 하며, 영유아의 호기심을 자극하고, 영유아가 능동적으로 활동할 수 있게 해 주는 풍부한 환경을 제공해야 한다. 따라서 교사의 민감성과 융통성이 매우 중요하다. 사회적 상호작용을 통하여 인지적 갈등을 일으키거나 문제해결을 하도록 하는 것은 바람직한 교수방법이 될 수 있다.

(2) 주도적 역할에 따른 접근

교수·학습의 과정은 교수자인 교사와 학습자인 영유아의 협동적 상호작용이다. 영유아 중심 교육이 강화되면서 교사 주도적 접근보다는 영유아 주도적 접근의 교수방법이 강조되고 있다. 교사 주도적인 접근과 영유아 주도적인 접근 간의 조화를 유지하는 교사의 역할이 중요하다.

교사 주도적 접근과 영유아 주도적 접근의 장점과 단점을 비교해 보고(김진영 외, 2006), 교사 주도적 접근과 영유아 주도적 접근의 차이점 〈표1-1〉을 중심 인물의 행동, 교수·학습의 목적, 교수 절차의 측면에서 살펴보면 다음과 같다.

① 교사 주도적 접근

교사 주도적 접근의 교수방법은 설명법과 개념학습법이 있다. 이들 방법은 교사가 중심이 되어 능동적 역할을 하며 영유아는 수동적이 된다. 교사 주도적 접근은 감염병 대응을 위한 마스크 사용법에 대한 교수 행위 시 필요하게 된다. 그러나 2019 유아 중심, 놀이 중심 개정 누리과정의 경우, 비중이 상당히 줄었다고 볼 수 있다.

〈장점〉

- 사실적 정보나 개념, 기술들을 정확하게 전달할 수 있다.
- 짧은 시간에 효과적으로 가르칠 수 있다.
- 동시에 많은 대상을 가르칠 수 있다.

〈단점〉

- 교사가 주도적이므로 교사의 흥미나 편견, 인성 등이 교사의 능력과 기술에 반영되고, 영유아의 조건은 무시될 수 있다.
- 교사가 준비한 지식을 일방적으로 전달하기 때문에 주입식 수업이 되기 쉽고, 능동적인 참여가 이루어지기 어렵다.
- 영유아들의 발달 수준과 흥미 등 개인차를 고려해야 하기 때문에 영유아들에게 전적으로 사용되기 어렵다.

2 영유아 주도적 접근

영유아 주도적 접근의 교수방법은 탐구학습, 문제해결학습, 협동학습, 발견학습, 자기주도적 학습, 프로젝트 접근법 등이 있다. 영유아 주도적 접근은 영유아 스스로 주도해 나가며, 교사는 영유아의 사고, 행동, 감정 등 개인의 특성을 전적으로 수용한다. 영유아의 성장력을 강조하며, 일반적으로 소집단 활동이 중심이 된다.

〈장점〉

- 영유아의 흥미, 능력, 요구 등의 개인차를 고려할 수 있으므로 발달의 적합성을 살리기 용이하다.
- 여러 가지 사회적 상호작용이 활발하게 일어나므로 자기표현 및 사회적 관계가 개발된다.
- 직접 경험, 탐구 활동이나 발견적 과정의 활동에 적합하고 효과적이다.

〈단점〉

- 탐구나 발견학습의 과정은 오랜 시간이 걸린다.
- 교사 대 영유아의 비율이 높은 현실에서 지도, 관찰, 평가 등의 어려움이 있다.

〈표 1-1〉 교사 주도적 접근과 영유아 주도적 접근의 차이

준거	교사 주도	영유아 주도
중심 인물의 행동	• 교사가 능동적 주도자이다. • 교사가 목적·내용·방법·절차 등 모든 것을 결정한다. • 교사의 사고, 가치, 태도, 흥미 등이 수업을 지배한다. • 교사의 강력한 자아상이 수립되고 제시된다. • 교사가 수업 활동의 거의 전부를 차지한다.	• 영유아가 능동적 참여자이다. • 영유아가 개인으로 또는 집단으로 방법과 절차를 결정하는 경우가 많다. • 영유아의 사고, 가치, 태도, 흥미 등이 수업에 적극 반영된다. • 영유아 개개인의 자아상 확립을 존중한다. • 영유아들이 수업 활동의 많은 부분을 차지한다.
교수·학습의 목적	• 교사가 설정한 목표대로 영유아를 변화시키는 데 있다. • 실체적 지식, 태도, 기능을 강조한다.	• 영유아의 지적, 정서적, 기능적 자아 개발에 있다. • 행동적 지식, 태도, 기능을 강조한다.
교수 절차	• 교사가 수업 목표를 제시해 주고 학습 내용을 개관해 준다. • 교사는 영유아의 발달 수준, 능력, 흥미에 큰 배려 없이 목표와 내용, 방법을 선정한다. • 교수·학습 과정에서 교사-영유아, 영유아 간 상호작용 기회가 별로 많지 않다. • 교사가 영유아의 인지 구조나 사전 지식 및 경험을 정리해 준다. • 교사는 중요한 정보를 선택하고 강조해 준다. • 교사는 영유아의 기억을 돕기 위한 다양한 전략을 동원한다. • 교사는 질문에서 자신이 생각하는 정답을 영유아가 맞추기를 기대한다. • 교사는 영유아의 표현이나 느낌을 경청하거나 해석하거나 반응을 보이지 않는다.	• 영유아가 학습 목표를 인식하고 학습 내용을 계획한다. • 교사는 학습자의 발달 수준, 능력, 흥미 그리고 개인차를 고려하여 목표, 내용, 방법을 선정한다. • 교수·학습 과정에서 교사와 영유아, 영유아 상호 간의 상호작용 기회가 풍부하다. • 영유아 스스로 자신의 인지 구조와 사전 지식 및 경험을 활성화시킨다. • 영유아는 무엇이 중요한가를 자기 스스로 발견한다. • 영유아는 자신의 기억을 높이기 위해 자기에게 적절한 방법을 탐색한다. • 영유아 개개인이 생각하는 문제해결 방식이나 만들어 내는 답을 존중한다. • 영유아는 자신의 표현이나 느낌을 존중하고 반응을 기꺼이 내보인다.

준거	교사 주도	영유아 주도
교수 절차	• 교사는 자신이 선정한 기준에 따라 학습 성패를 획일적으로 진단한다. • 측정 평가는 교사의 고유 권한이다.	• 영유아는 자기 스스로 자신의 학습의 성패를 가름하는 방법을 찾고, 성패 기준도 각기 정할 수 있는 기회를 부여 받는다. • 영유아도 측정 평가에 교수자와 함께 참여한다.

출처: 이성호(1999). 교수방법론. p. 47.

(3) 집단 규모에 따른 접근

영유아들의 활동은 참여 인원수에 따라 개별 활동과 집단 활동으로 나누어 접근할 수 있으며 보다 효과적인 학습을 위해서는 소집단 활동이나 개별 활동이 강조되는 것이 바람직하다. 나이가 어린 영유아일수록 개별 활동이나 소집단 활동을 하는 것이 좋다(류진희, 2004).

첫째, 영유아들은 대집단 구성원으로서보다 소집단의 구성원으로 활동할 때 소속감과 안정감을 갖는다. 둘째, 교사는 소집단에서 영유아 개개인에 대해 더 잘 파악할 수 있으므로 영유아의 행동에 적절히 반응해 주고 상호작용하며 적합한 활동을 계획·실시·평가할 수 있다. 셋째, 대집단에서보다 소집단에서 영유아의 행동 교정이 용이하다.

1 대집단 활동

동시에 많은 영유아나 학급 전체 영유아들이 모여서 하는 교육 활동으로 이야기 나누기, 동화 듣기, 게임, 음률 활동 또는 프로젝트 활동 등을 하게 된다. 생활 주제나 하루의 일과에 따라 교사가 준비한 교육 활동을 영유아들에게 소개하고 교사와 영유아의 상호작용과 또래 간 상호작용이 활발하게 일어난다. 대체로 연령별로 15~30분 내외까지 운영될 수 있다. 영유아의 연령, 주의 집중 시간, 활동의 특성에 따라 융통성 있게 조절되어야 한다. 영유아들이 즐거워하고 매우 흥미있어 하는 활동은 소집단 활동이나 개별 활동과 연관지어 준비하거나 확장 활동을 계획하기도 한다. 또한 교사가 계획한 활동이므로 영유아들이 흥미를 보이지 않거나 여러 요인으로 계획된 활동을 할 수 없을 때를 위하여 대안적 활동을 마련하기도 한다. 대집단을 대상으로 교육 활동이 이루어질 경우 교사의 숙련된 지도 기술이 요구된다.

〈계획과 준비〉

- 영유아의 발달에 적절한 교육 목표를 설정하고, 주제에 따라 적절한 내용을 정한다.
- 활동의 종류를 정하고 적절한 공간에서 집단의 좌석 배치 형태(예: 반원 형태)를 정한다.
- 영유아들이 흥미 있어 할 교수 자료를 선택하고 준비한다.
- 활동에 소요되는 시간을 정한다.

〈교수과정〉

- 교사는 모든 영유아를 볼 수 있는 적당한 거리에 앉는다.
- 전체 영유아들이 모이기에 쉽게 산만해지므로 시청각 자료나 손유희 등을 사용하여 주의를 집중시킬 수 있는 간단한 활동을 한다.
- 대집단 활동은 도입–전개–마무리의 단계로 진행된다.

– 도입: 영유아들의 주의를 집중시키고, 활동과 관련된 사전 경험을 점검한다.

– 전개: 준비된 본 활동을 이끌어 나가는 시간으로 영유아와 교사, 영유아와 영유아, 학습 자료와 영유아 간에 상호작용이 활발히 일어나도록 이끈다.

– 마무리: 활동을 정리하면서 알게 된 것과 느낀 점 등을 이야기하도록 하며 다음 활동과 연결시킨다.

2 소집단 활동

소집단 활동은 영유아의 흥미나 수준별로 작게는 2~3명부터 5~6명까지, 많게는 10명 정도의 작은 집단으로 나누어 동시에 다른 교사가 같은 활동을 지도하거나 같은 교사가 시간을 달리하여 교대로 지도하기도 한다. 시간은 10~15분 정도 진행한다. 소집단 활동에서는 활동 참여의 기회가 더 많이 제공되어서 교사-영유아와 영유아-영유아 간 상호작용이 활발하게 일어나므로 다른 영유아와 의견을 나누고 협동하거나 다른 영유아를 도와줄 수 있다. 교사 중심이나 영유아 중심으로 소집단이 형성되기도 하며, 주로 토의 활동이나 실험 및 관찰이나 요리 활동, 동시 짓기 등의 인지적 활동이 집중적으로 이루어질 수 있다.

교사 중심의 소집단 활동은 영유아의 능력 수준이나 흥미를 고려하여 집단을 구성하고, 교사는 정보를 제공하는 안내자의 역할이나 절차를 조정하는 역할을 할 수 있다. 서로의 시선이 잘 교류할 수 있도록 원형으로 좌석을 배치한다. 소집단을 재편성할 때는 주제, 역할 관계 등을 고려해야 한다.

영유아들이 중심이 되는 경우 더 자유로운 구조라고 할 수 있다. 교사가 참여할 수도 있고 참여하지 않을 수도 있으나 교사가 참여할 경우 영유아들과 동등한 지위나 역할을 할 수 있으며, 주의를 환기시키거나 활동이 확장되도록 도와줄 수 있다. 자연스럽게 또래 간 상호작용이 일어날 수 있도록 한다.

3 개별 활동

집단학습과는 달리 개별 영유아의 학습자로서의 능력이나 흥미를 존중하는 개인차에 기초한 관점이다. 즉, 학습자인 영유아는 학습의 속도가 다르며, 흥미, 학습 동기, 학습 능력, 문제해결의 방법 등이 저마다 다르다. 개별 활동이란 바로 개인차를 고려한 교사와 영유아가 일대일 학습을 하는 것이다. 영유아교육의 기본적 접근이 아동 중심과 개별화 교육이지만 실제 현장에서는 교사 대 영유아의 비율이 높아서 이를 적용하기에는 많은 제한점이 있다. 학급 담임 이외에 보조교사나 학부모 자원봉사자를 활용하는 것도 좋은 방법이다.

개별화된 교육 활동을 하기 위해서는 대집단 활동보다는 개별 활동이 중심이 되는 자유선택 활동 시간을 계획하거나 소집단 활동을 늘리는 방법이 필요하다. 교수방법이나 학습 자료를 다양하게 준비하여 영유아가 자신에게 맞는 활동을 선택하여 참여할 수 있도록 하는 것이 좋다.

2. 영유아의 발달과 교수방법

1) 영유아의 발달적 특성

교수·학습적 접근에서 첫걸음은 영유아의 발달에 대한 이해이다. 영유아기는 전생애 동안 성장과 발달이 가장 급격히 일어나는 때로 성인의 보호와 교육이 가장 중요한 시기이다. 영유아의 성장과 발달은 여러 요인에 의해서 영향을 받는다. 즉, 유전적 구성, 매일 접하는 환경의 질, 양육과 보호, 다양한 기술의 학습 기회 등이다. 영유아는 자신과 주변 환경과의 상호작용을 통해 발달하며, 영유아기의 경험은 이후 발달에 지속적인 영향을 미친다.

편의상 발달 영역을 신체·운동 발달, 사회·정서 발달, 인지 발달, 언어 발달 영역으로 나누지만 각 영역의 발달은 서로 밀접한 상호작용을 통해 이루어진다. 또한 영역별 발달의 내용을 연령적으로 구분하였으나, 이는 각 연령에서의 평균적인 성취 또는 기대치(norm)를 가리키는 것이며, 영유아의 발달은 개인차가 많아서 이러한 연령 구분은 실제 영유아들을 다룰 때 융통성 있게 사용되어야 한다. 영유아의 발달적 특성은 개별 유아의 발달적 수준을 평가하는 준거로 사용될 수 있으므로 교사들이 잘 알고 있어야 한다. 발달의 주요 특성을 영아기와 유아기로 나누어 살펴보면 다음과 같다.

(1) 영아기의 발달

1 신체·운동 발달

생후 첫 1년 동안에는 신체 발달이 가장 빠른 속도로 일어난다. 1세까지 신장은 출생 시에 1.5배, 체중은 3배까지 늘어나며, 2세경에는 신체 비율도 변화하여 머리 크기가 출생 시에 1/4이던 것이 1/5이 된다. 6개월경에 처음 치아가 나오고, 30개월경에는 젖니가 모두 나오게 된다.

5~6개월경이면 모유만으로 영양을 충분히 공급하기 어려워지면서 이유를 하

게 되고, 이후 반고형식에서 고형식으로 점차 진행하게 된다. 대소변을 조절하는 근육이나 신경이 발달하면서 13~15개월경에 대변을 먼저 가리게 되고, 소변은 20개월 정도가 되어야 가릴 수 있다. 배변 훈련을 너무 이른 연령부터 엄격하게 하는 것은 바람직하지 않으며 흥미를 보이면서 모방을 하려고 할 때 시작하는 것이 좋고, 실수했을 때 벌을 주기보다는 잘했을 때 칭찬해 주는 것이 좋다. 수면시간은 2세경에 12시간 정도로 급격히 감소한다.

영아기는 두뇌 발달의 결정적 시기이기도 하다. 2세경에는 성인 뇌 무게의 3/4에 이르고, 인간의 정신 기능과 관련된 대뇌피질이 발달하면서 전두엽이 영아기 후반부터 효율적으로 기능하기 시작하여 성인기까지 계속된다. 영아기 뇌의 발달은 유전적인 영향이 크지만 환경에 의해서도 크게 영향을 받는다. 영아의 영양 상태는 신경세포인 뉴런의 수나 수초화의 속도, 시냅스 형성에 영향을 미치고, 뇌의 구조는 환경 자극의 양과 종류에 의해 크게 영향을 받으므로 적절한 지적 자극이나 사회적 자극이 풍부한 환경이 마련될 필요가 있다.

감각과 지각 능력이 현저히 발달하며 운동 기능의 발달과 인지 발달에 영향을 미친다. 주변 환경을 시각적으로 탐색하고, 새로운 세상에 대한 가치 있는 정보를 얻는다. 또한 대근육 운동이 발달하여 7개월경에 혼자 앉을 수 있고, 15개월경이면 혼자 걸을 수 있다. 18개월경에는 계단을 오를 수 있고, 18~24개월경에는 달리기, 공 던지기가 가능해진다. 팔이나 손, 발의 기능이 발달하는 소근육 운동은 10개월이 지나면서 엄지와 집게손가락을 사용해 작은 물체를 잡을 수 있고 손을 사용해서 음식을 집어먹기도 한다.

만 2세가 지나면서 가장 두드러진 특징은 호기심에 가득차서 세상을 활발하게 탐색하는 것이다. 주방이나 옷장 서랍을 뒤지고 꺼내기를 반복하고, 물이나 모래를 그릇에 담았다가 쏟아 내면서 즐거워한다. 운동 기능의 발달로 움직이는 장난감을 좋아한다. 특히 자조 기술(self-help skills)이 발달되어 대소변 조절, 수저 사용하기, 혼자 옷 입고 벗기 등이 가능해진다.

걷기 시작하면서 운동 능력이 크게 발달하고 걸음마쟁이는 신체조절 능력이 생기면서 자신감이 생긴다. 자신의 방식으로 끊임없이 시도하고 환경을 탐색하는 중에 자율성이 싹튼다.

2 사회·정서 발달

만 2세경까지 기쁨, 슬픔, 분노, 공포, 죄책감, 질투심 등 다양한 정서가 분화된다. 다른 사람의 정서를 이해할 수 있고, 자신의 정서를 조절할 수 있다. 영아의 정서 표현은 강하고 자주 변하며, 온몸으로 표현된다. 분노는 2세경에 최고조에 달하며, 자신이 하고 싶은 것을 방해받거나 장난감을 빼앗길 경우 분노를 일으키며 영아기에는 주로 울음으로 표현한다.

인지 발달과 더불어 6개월경 공포가 나타나는데 큰 소리, 낯선 사람이나 어둠에 대하여 불안과 공포 반응을 나타낸다. 2세경에는 해서는 안 되는 것을 했거나 실수했을 때 죄책감을 느끼며, 잘한 행동을 하여 칭찬을 받으면 기쁨과 함께 자긍심도 느낀다. 낯선 상황에서는 어머니의 얼굴 표정이 상황을 이해하는 단서가 되며, 3세경이 되면 자신의 진짜 감정을 숨기고 거짓말을 하기도 한다.

18개월경에 거울 이미지를 통하여 자신의 신체에 대한 인식이 발달하면서 자아개념이 싹튼다. 기질은 타고난 것으로 출생 직후부터 영아는 각기 다른 기질적 특성(순한 영아, 까다로운 영아, 느린 영아)을 보이며, 기질 유형에 따라 활동성, 수면이나 배변 활동의 규칙성, 적응성이나 기분, 주의 산만함, 지구력, 자기조절 등에서 차이가 난다. 영아 초기의 기질은 아동기나 성인기까지도 지속이 되는 경우가 많으므로 양육자는 영아의 기질을 잘 파악하여 양육 행동을 조절함으로써 좋은 관계를 형성하고 적응을 도울 수 있다.

영아기의 사회·정서적 발달에서 가장 중요한 것은 애착이다. 영아의 애착은 6~8개월경에 형성되어 자신을 잘 보살피고, 쓰다듬고, 안아 주고, 수유하는 양육자와 친밀한 관계를 유지하며 양육자가 민감하고 반응적일수록 안정 애착을 형성한다. 중요한 인물인 양육자에 대한 인식과 친근감이 생겨서 미소에 눈을 맞추고 따라가며, 말기에는 부모나 돌보는 이에 대한 강한 애착이 형성되고 낯가림과 분리 불안 등이 나타난다. 분리 불안은 12개월경에 가장 심하다가 20~24개월경이면 사라진다.

혼자 걷기 전까지 성인에게 전적으로 의존하던 영아는 걸음마기가 되면서 독립성이 나타나고 대부분의 것들을 도움 없이 혼자 하려고 한다. 자신에 대한 인식이 생기면서 자기주장이 나타나고 자긍심이 발달한다. 거울 속 이미지를 통해서 자신을 의식하고, 사물에 대한 좋고 싫음이 분명한 선호를 나타낸다.

정서가 발달하면서 자신의 감정을 표현하고, 무엇이든지 혼자 하려고 하면서 자기주장을 하고 "싫어.", "안 해." 등의 말을 자주 사용한다. 사회적 기술이 증가하면서 또래와 어울리며 함께 놀이한다. 친구와 장난감을 나누어 쓰는 것은 이 시기에는 불가능하여 잦은 다툼의 원인이 된다.

3 인지 발달

영아는 듣고 보고 만지는 등 오감을 통해서 새로운 정보를 획득하고 지식을 구성한다. 출생해서 2세 사이에 사물이나 사건에 대한 내적인 표상 능력이 생긴다. 표상 체계 중 상징적 표상인 언어 사용은 논리적 사고 발달에 중요한 도구이다.

영아들은 감각운동적 사고를 하다가 2세경이 되면 언어를 비롯한 상징을 사용하여 사고하고, 기억 능력이 증가한다. 만 1세경이 되면 대상영속성이 발달하기 시작하므로 '까꿍놀이'를 좋아하며, 앞으로 일어날 일을 계획하고 예측할 수 있으며, 모방이 활발해지면서 학습 활동에 몰입할 수 있다.

양이 많고 적음을 알고, 1부터 10의 수와 위, 아래, 안과 밖, 앞과 뒤, 옆의 공간 개념과 지금, 오늘과 내일, 어제 등의 시간 개념도 발달한다. 3세에 이르면 왜, 무엇, 언제, 어디서, 어떻게 등의 질문을 쏟아 내고 호기심이 많아지며 전반적인 정신 능력이 증가하지만 10분 이상 주의 집중하기 어려울 정도로 주의 집중 시간이 짧다. 또한 영아는 사고는 자기중심적이어서 타인의 입장에서 생각하기 어렵다.

4 언어 발달

언어 발달은 선천적으로 언어 습득 능력을 갖고 태어나 성숙에 의해 자연스럽게 이루어지거나 강화와 모방, 또는 언어적, 사회적으로 풍부한 환경에 의해 영향을 받는다. 부모와 자녀의 언어적 상호작용은 언어 발달을 증진시킨다.

갓 태어난 영아는 거의 전적으로 성인에 의존하지만 언어가 나타나기 이전에도 자신의 욕구나 감정을 표현한다. 울음이나 사회적 미소, 옹아리 등을 통해서 양육자와 의사소통하며 성격의 기초가 형성된다. 4~5개월경에 옹아리와 재잘거림이 나타나고, 12개월경에 '엄마', '맘마'와 같은 첫 단어를 사용하고, 사물이나 사건을 지칭하는 자신의 욕구나 기분을 표현한다. 24개월경에는 "엄마 맴매", "아빠 쉬" 같이 명사와 동사가 결합하는 두 단어 문장인 전보식 언어를 사용한다.

3세경이면 대부분의 의사소통이 가능하다. 듣고 이해하기가 먼저 발달하고 나서 말하기 기술이 발달한다. 동화책 읽어 주기, 이야기 듣기, TV나 비디오 시청 등을 통해서 급격히 어휘가 늘어나고, 모든 주변의 성인 남자를 아빠로 부르는 '과잉 확대' 현상이나 자신의 동생만 동생이라고 하는 '과잉 축소' 현상이 나타난다.

어휘의 발달을 보면 1~2세경에 사물의 이름 등을 나타내는 단어 사용이 증가하면서 상징적 사고가 가능해지고, 21~24개월경에는 주로 명사의 사용이 두드러진다. 성인이 아기와 말할 때 구사하는 유아어(baby-talk)는 영아의 언어 발달을 촉진시킨다.

영아의 초기 읽기, 쓰기 행동은 출생 직후부터 점진적으로 나타나는 것으로 본다. 영아기에는 엄마와 함께 같은 그림책을 되풀이해서 읽어 달라고 조르며, 좋아한다. 아직 쓰지는 못하지만 생활 속에서 엄마나 아빠 또는 형제들이 글 쓰는 것을 보고 글자를 인식하고 낱글자를 연결하여 소리나 글자를 만들어 내기도 한다. 만 2세경부터는 선을 긋기도 하고 긁적거리기를 시작한다. 생각을 글자로 쓸 수 있다는 것을 인식한다.

(2) 유아기의 발달

1 신체·운동 발달

유아기는 영아기에 비해 신체 성장의 속도가 둔화되지만 신체의 크기나 모습이 눈에 띄게 변한다. 신장이 1년에 7㎝ 정도 증가하면서 신체 골격이 단단해지고 하체가 길어지고 몸이 가늘어진다. 신체적 성숙은 여아가 남아에 비해 빠르며 5~6세경에는 1년 정도 차이가 난다.

뇌와 신경계의 발달이 유아기에도 계속된다. 뇌의 좌반구와 우반구가 각기 다른 기능을 하는 뇌의 편측성이 나타나면서 손의 사용이나 글쓰기 등에서 오른손잡이와 왼손잡이가 결정된다. 90% 이상이 오른손잡이인데 왼손잡이를 강제로 교정할 경우 말더듬이나 부적응 행동이 나타날 수 있다.

유아기에는 운동 기술이 급격히 증대되면서 걷기와 달리기 등을 자유자재로 할 수 있다. 달리다가 방향을 바꾸어 달리기도 하고, 4세경이면 직선이나 곡선을 따라 걸을 수 있다. 발을 번갈아 가면서 계단을 오르지만 4세 전에는 계단 내려오기가 힘들다. 3~4세경에는 세발자전거를 탈 수 있고, 5세경에는 빠르게 잘 달릴 수 있다.

유아기에는 눈과 손의 협응이 급속히 발달하고 소근육의 사용이 보다 정교해진다. 수저로 밥 먹기, 연필로 글씨 쓰기, 크레용으로 그리기, 가위로 색종이 오리기, 단추 채우기 등을 열심히 시도하지만 서툴게 한다. 그리기의 경우 3세 유아는 원, 삼각형, 사각형의 모양을 비슷하게 그리고, 5세가 되면 사람이나 나무 등을 제법 잘 그릴 수 있다.

2 사회·정서 발달

유아기에는 사회성이 발달하면서 대인 관계가 넓어진다. 놀이를 통하여 또래 관계가 형성되고 3세경에는 같은 장소에 있으나 놀이는 따로 하는 병행놀이를 한다. 4세경에는 좋아하는 놀이 친구를 선택하여 놀고 사회적 기술과 역할을 습득한다. 친구와 잘 지내는 방법을 터득하고 협조적이 된다. 여아는 여아끼리, 남아는 남아끼리 같은 성끼리 놀이하는 경향을 보인다. 5세경에는 성인보다 또래 친구와의 교류가 많아지고 놀이집단 구성에서 친구에 대한 선호가 더욱 분명해져 인기 아동이나 따돌림을 받는 아동이 생긴다.

유아기에는 정서 유발 요인이나 정서 표현의 방법이 달라진다. 상상력이 발달하여 직접 경험하지 않은 대상에 대해서도 불안과 공포를 느끼며, 분노나 질투심으로 인해 공격적이 되기도 한다. 주변 사람이나 사물에 대한 호기심이 증대하여 "왜?"라는 질문을 자주 한다. 정서조절 능력은 유아기에 크게 증가한다. 특히 부정적 정서를 다른 사람에게 덜 표현하며, 좌절에 대한 참을성이 증가하면서 만족지연 능력도 증가한다.

인지 능력이 발달하면서 가상놀이가 증가하고 규칙이나 역할 분담이 필요한 협동놀이가 가능하다. 3세경에 성 역할 정체감이 발달하면서 의상이나 외모의 변화에도 불구하고 남성이든 여성이든 자신의 성은 변하지 않는다는 것을 알게 된다. 유아들도 성 전형적인 놀이를 하고, 5세경이 되면 직업이나 성격, 놀이 행동 등에 대한 성 역할 고정 관념이 나타난다.

3 인지 발달

유아기에는 인지적 성장과 언어 발달이 급격히 이루어진다. 사고의 특성은 상징적 사고, 직관적 사고, 물활론적 사고, 자기중심적 사고를 들 수 있다. 영아기의 상징적 사고는 유아기로 넘어오면서 베개를 등에 업고 아기를 재우는 시늉을 하는 등의 가작화놀이를 통해서 점점 정교화된다.

3, 4세 유아들은 자기중심적 사고를 한다. 다른 사람의 입장을 고려하기 어려워 장난감을 가지고 서로 잘 다투며, 자기가 즐거우면 남도 즐겁다고 생각하고, 엄마 생일에 자기가 좋아하는 장난감을 선물하기도 한다. 4세 유아도 사물을 분류할 때 한 가지 특성만을 고려하고 두 가지 이상을 동시에 생각하기 어려우며, 부분과 전체의 관계를 이해하기 시작한다. 5세경의 유아는 타인의 감정이나 의견을 이해할 수 있다.

유아는 아직 논리적·추상적 사고가 어려워 직관적 사고를 한다. 보존 개념이 대표적인데 외형이 변하면 사물의 본질도 변한다고 생각하므로 보존 개념이 부족하다. 무생물도 숨 쉬고, 웃고, 감정을 가졌다고 생각하는 물활론적인 사고를 하며, 하나의 특정 사건을 가지고 다른 특정 사건을 추론하는 전환적 추론을 한다. 즉, "내가 동생을 미워해서 동생이 아프다."라고 말하며 근접해서 발생한 아무 관련 없는 두 가지 현상을 인과 관계가 있는 것으로 생각한다. 또한 아직 실제와 상상을 잘 구분하지 못한다.

4 언어 발달

유아기는 어휘가 급격히 늘어나 3세경에는 900단어 이상이 증가하고, 네 단어 이상의 문자를 사용한다. 4세가 되면 과장하는 말이나 유머를 사용하고, 거의 완전한 문장을 사용한다. 어휘 수는 1,600개 정도로 증가한다. 3~4세 유아는 대명사, 조사, 형용사, 부사 등을 사용하여 복합 문장을 만들 수 있고, 5세아는 5,000개 정도로 단어 사용이 증가하며, 성인과 유사하게 기본 언어 규칙을 사용하여 정확한 문장을 사용할 수 있게 된다.

유아기에는 부정문의 사용이 정교해진다. 3세 초기에는 '안 계란 먹어.'같이 사용하다가 점차 '못 먹는다.' 유형을 사용하고, 5세가 지나면서 '~하지 못한다.'같은 부정문을 사용한다. 의문문의 사용에서 '무엇'을 가장 먼저 사용하고, 그다음에는 어디, 언제가 나타나며, 인과 관계를 묻는 '왜'나 행위의 도구나 수단을 묻는 '어떻게'는 가장 늦게 사용한다. 이는 이러한 언어 발달이 인지 발달과 병행하기 때문이다. 5세경에는 언어를 더 잘 구사하면서 말하기를 즐기고, 토의하는 것을 좋아하며, 끝말 이어 가기 같은 언어놀이를 즐긴다. 전화놀이나 소꿉놀이 같은 역할놀이를 하며 다양한 어휘들을 사용한다.

듣는 이야기의 줄거리에 관심이 많다. 동시, 노래 부르기를 좋아하며, 자유로운 언어 사용은 대인 관계에 크게 영향을 미친다. 유아기에는 알고 싶은 글자에 대해 관심을 갖고 물어보기도 하고 자기 이름이 어떤 글자로 구성되는지를 말로는 알고 있으나 쓰기는 어려우며, 5세가 지나면서 글자 형태를 써 보지만 소리나는 대로 써서 철자가 틀리거나 창안글자를 쓰기도 한다. 학급에서의 규칙이나 역할놀이에 필요한 것들을 글자로 쓸 수 있다.

2) 영유아의 발달과 교수방법

영유아를 효과적으로 가르치기 위해서는 영유아의 독특한 발달적 특성과 요구에 맞게 교육 목표와 내용을 구성하여 교육 계획을 수립하고 지도하는 것이 필요하다. 영유아의 현재 발달 수준을 강화하고 다음 단계로 진전될 수 있도록 가장 효율적인 교수방법이 선택되어져야 하는데, 이러한 논의에서 가장 고려해야 할 것은 '아동 중심 교육(child-centered education)'과 '발달에 적합한 실제(Developmentally Appropriate Practice: DAP)'이다.

듀이(Dewey)의 사상에 영향을 받은 아동 중심 교육(child-centered education)은 교사나 교과서 중심이 아니라 영유아 자신의 욕구나 자발성, 흥미가 반영되어 영유아가 중심이 되는 교육을 말한다. 교육 내용이나 교수방법이 영유아의 입장에서 접근될 때 훨씬 효과적이고 의미가 있다.

미국유아교육협회(NAEYC)에서 제시한 영유아의 '발달에 적합한 실제(Developmentally Appropriate Practice: DAP)'란 연령과 개인적 적합성 및 문화적 적합성을 의미한다(Bredkamp & Copple, 1997). 연령적 적합성이란 영유아는 연령적으로 나이 많은 아동이나 성인과는 신체적, 정서적, 사회적 학습 욕구가 다르기 때문에 영유아기의 발달적 특성을 고려해야 함을 말한다. 또한 개인적 적합성이라 함은 영유아의 개별적인 차이가 교수·학습 과정에서 중시되어야 함을 말하는데 영유아는 같은 연령이라도 발달 속도, 욕구, 관심, 기질, 그리고 경험에 있어서 많은 차이가 있다. 마지막으로 문화적 적합성이란 영유아를 위한 교육에서 개개인의 영유아는 자신이 속한 문화적 집단, 인종, 지역사회, 사회 계층, 또는 종교 등의 문화적 특성에 따라 학습의 욕구가 다르기 때문에 이들의 문화적 욕구나 특성을 고려해야 질 좋은 교육이 이루어질 수 있음을 의미한다. 따라서 교사는 영유아의 발달 특성, 개인차, 사회·문화적 맥락에 기초하여 교수 실제에 융통성 있게 적용해야 한다.

영유아에게 적합한 교수방법은 영유아가 어떻게 학습하고 발달해 가는가에 관한 이론적 고찰을 토대로 이루어져야 한다. 미국유아교육협회(NAEYC)가 피아제(Piaget), 비고츠키(Vygotsky), 에릭슨(Erikson) 등의 이론을 중심으로 유아의 학습과정에 관한 가정들을 다음과 같이 정리하였다(NAEYC, 1991).

- 영유아는 신체적 욕구가 충족되고 심리적으로 안전하다고 느꼈을 때 가장 잘 학습한다. 발달에 적합한 교육과정은 영유아의 생리적 욕구를 존중한다. 예를 들어, 바람직한 프로그램에서는 대부분의 시간을 영유아가 앉아서 성인의 강의를 듣거나 학습지를 하도록 요구하지 않는데, 그 이유는 그러한 활동이 영유아의 신체적 욕구에 적합하지 않기 때문이다.
- 영유아는 스스로 지식을 구성한다. 영유아는 사람과 사물과의 능동적 상호작용의 경험을 통해 스스로 지식을 구성해 나간다. 영유아의 능동적인 실험에서 중심이 되는 것은 많은 실수를 범하는 것이다. 성인이 보기에 틀린 이러한 수행들은 관계를 이해하고 자신의 경험에 기초하여 개념을 형성하고자 하는 영유아의 시도를 보여 주는 것이다.
- 영유아는 성인, 그리고 다른 영유아와의 사회적 상호작용을 통해 학습한다. 영유아의 건강한 발달은 타인과의 관계 속에서 시작된다. 부모–자녀 관계는 매우 어릴 때부터 영유아가 발달하고 학습해 가는 사회적 상호작용의 기초가 된다. 영유아는 처음에 도움을 받을 수 있는 상황에서 어떤 것을 수행할 수 있으나 그 후에는 독립적으로, 그리고 여러 상황에서 스스로 할 수 있게 된다. 성인과 동료(또래 영유아)의 지원은 영유아로 하여금 독립적인 기능의 수준으로 발전해 갈 수 있도록 필수적인 도움을 제공할 수 있다.
- 영유아의 학습과정은 '인식'에서부터 시작하여 '탐색'과 '조사'로 진전되어 가며 마지막으로는 '활용'으로 옮겨 가는 순환적 주기를 따른다(〈표 1–2〉). 그다

음의 단계는 탐색이다. 탐색이란 가능한 수단을 동원하여 학습하고자 하는 것의 구성 요소를 이해하는 과정이다. 조사란 영유아가 자신의 행동이나 개념을 사회에서 관찰한 것과 비교하고 분석하여 가는 과정이다. 학습의 마지막 측면은 활용으로, 영유아는 자신이 배운 것을 여러 가지 목적으로 사용할 수 있고 새로운 상황에 적용시킬 수 있게 된다. 이러한 주기는 순서적으로 일어나는 것이 아니라 동시에 일어날 수 있다.

- 영유아는 놀이를 통해서 배운다. 영유아의 자발적 놀이는 지식 구성에 필수적인 탐색, 실험 및 조작을 위한 기회를 제공한다. 놀이를 하는 동안 영유아는 감정을 조정하는 것, 타인과 상호작용하는 것, 갈등을 해결하는 것 등을 배운다. 무엇보다 중요한 것은 놀이를 통해 상상력과 창의력을 발달시킬 수 있다는 것이다. 영유아의 놀이는 새로 습득한 기술이나 지식을 여러 상황에서 자발적으로 연습할 수 있는 기회를 제공한다.
- 영유아의 흥미와 알고자 하는 욕구는 학습을 자극한다. 영유아는 자신의 능력을 연습하고 자신이 경험한 바를 이해하고자 하는 타고난 욕구를 가지고 있다. 교사는 영유아에게 흥미를 자아내고 영유아의 흥미에 기초한 활동을 통해 학습에 대한 내적 동기를 제공할 수 있다. 영유아의 흥미, 그리고 알고자 하는 내적 동기에 기초한 교육과정은 창의성, 호기심, 주의력, 근면성, 능률성과 같은 바람직한 성향과 느낌의 발달을 촉진한다.
- 인간의 발달과 학습은 개개인에 따라 다양하다는 것이 그 특징이다. 이제까지 영유아라는 용어를 사용하면서 서술된 앞의 학습에 대한 가정은 마치 모든 영유아에게 똑같이 적용되는 일반화된 이론같이 보여진다. 그러나 분명한 것은 어떠한 발달과 학습도 개인의 다양성의 원리를 벗어날 수는 없다는 것이다. 각 개인은 개인적인 학습 형태뿐만 아니라 성장과 발달에 있어서도 개별적인 형태와 시간, 속도를 갖는다. 개개인의 가족 경험과 문화적 배경 역시 다양하다. 이와 같은 개인적 다양성에 대한 인식은 교육과정 결정에 있어서도 가능한 한 개별화될 것을 요구한다.

〈표 1-2〉 학습의 순환과 교사의 역할

	영유아의 활동	교사의 역할
인식 (awareness)	• 경험하기 • 흥미 갖기 • 광범위한 특성 인식하기 • 주의 집중하기 • 지각하기	• 환경 구성 • 새로운 물건, 사건, 사람 소개 • 문제 제시나 질문으로 흥미 유발 • 유아의 흥미나 공유 경험에 반응 • 관심과 열의(의욕) 표시
탐색 (exploration)	• 관찰 • 자료 탐색 • 정보 수집 • 발견하기 • 새로운 것 창안하기 • 구성 요소 파악하기 • 이해하기 • 자신의 해석 방법에 적용하기 • 개인적 의미 구성하기 • 자신에게 의미하는 것 표현하기	• 촉진하기 • 탐색을 지원하고 격려하기 • 능동적 탐색 기회 제공하기 • 놀이 확장하기 • 유아의 활동 말해 주기 • 개방적 질문하기-"그 외에 무엇을 할 수 있을까?" • 유아의 사고와 해석 방법 존중하기 • 건설적인 실수 허용하기
조사 (inquiry)	• 관찰하고 시험해 보기 • 조사하기 • 설명하기 • 집중하기 • 자신의 생각과 타인의 생각 비교하기 • 일반화하기 • 선행학습과 관련짓기 • 발명 체계에 맞추어 조절하기	• 이해한 것을 구체화시키도록 돕기 • 주의 집중하도록 안내하기 • 핵심적 질문하기-"그 외에 무엇을 이것처럼 할 수 있을까?" • 요청할 때 정보 제공하기 • 연결이 되도록 돕기
활용 (utilization)	• 학습한 것을 여러 가지로 활용하기: 학습은 기능적이 된다 • 다양한 방식으로 학습 표현하기 • 새로운 상황에 학습한 것을 적용하기 • 새로운 가설을 만들고 주기를 반복하기	• 현실 세계에 적용 도구 만들기 • 학습한 것을 새로운 상황에 적용하도록 돕기 • 학습한 것을 활용할 수 있는 상황을 제공하기

출처: Bredekamp, S., & Rosegrant, T.(Eds.).(1992). Reaching potentials: Appropriate curriculum and assessment for young children.(Vol. 1)(p. 31). Washington, DC: National Association for the Education of Young Children.

3) 영유아와 교사의 상호작용

교사와 영유아 간의 상호작용 방식은 학습 경험의 효과에 결정적 요인이다. 상호작용의 질을 가늠할 수 있는 교사의 태도는 민감성과 성실함, 공감, 반응성과 열성이다. 영유아의 연령에 따라 상호작용 방법이나 놀이 활동의 전개 방법은 차이가 있다.

(1) 영아와 교사의 상호작용

생후 3년의 기간은 발달과 학습에 결정적 시기라고 할 수 있으며, 영아기는 발달의 개인차가 매우 심한 시기이다. 따라서 성인 주도 활동이나 의도적으로 준비된 대·소집단 활동보다는 성인과 영아, 영아와 영아 사이에 자연스럽게 일어나는 상호작용을 통한 다양한 경험의 결과로 성장한다.

영아를 담당하는 교사가 영아의 정서적 안정감과 안정된 애착을 위하여 수행해야 하는 적절한 상호작용은 다음과 같다(Greenberg, 1991).

- 영아가 언어적 즐거움과 신체적 기쁨을 느낄 수 있도록 다양한 자극과 표현을 해 준다.
- 영아가 자신의 흥미와 속도에 맞추어 놀이를 할 수 있도록 다양한 놀잇감을 제공해 준다.
- 영아마다 순한 기질, 느린 기질, 까다로운 기질 등 다양한 기질적 특성이 있으므로 영아의 기질에 맞춰 다양한 접근 방법을 시도한다.
- 영아가 보이는 스트레스의 신호와 단서를 민감하게 해석한다.
- 영아의 신호에 신속하고 적절하게 반응해 준다.
- 수시로 변하는 영아의 욕구를 이해한다.
- 신체적 접촉을 필요로 하는 영아에게는 가능한 한 신체적 접촉을 많이 해 준다.
- 배변 훈련, 식습관 지도 등은 영아가 준비될 때까지 기다려 적절한 방법으로 실시한다.

- 지치고 긴장되어 있고 까다로운 영아를 달래기 위해서는 어루만져 주고 부드럽게 안아 주며 조용한 말로 안심시켜 준다.

영아의 요구를 충족시키고 자신과 타인, 세계에 대한 학습을 촉진하는 교사의 반응적인 상호작용과 관계를 살펴본다(이승연 외, 2011).

1 교사는 의도적이다.

영아가 교사의 무릎에 앉아 놀이를 할 때도 영아의 발달을 지원하기 위하여 개별 영아의 발달적 요구를 충족시키기 위한 반응적인 환경을 신중히 계획한다.

2 교사는 영아의 요구를 파악하기 위하여 영아의 주도에 따른다.

영아의 주도에 따른다는 것은 교사가 학습 전략을 제공하려고 할 때 영아가 이를 받아들일 준비가 되어 있는지를 관찰하는 것을 의미한다. 교사는 반응적인 상호작용을 통해 영아를 관찰하고, 신호를 읽으며, 영아가 생각하고 있는 것을 알아내고자 노력한 후 영아의 행동을 확장시킬 수 있는 방식으로 반응한다.

3 교사는 영아의 정서적 요구에 반응적이다.

영아의 정서적 발달은 학습을 위한 기초가 되기 때문에 영아의 관점에서 늘 어떻게 하는 것이 좋을지, 영아를 정서적으로 지원하기 위하여 어떻게 하는 것이 좋을지 생각해 보아야 한다(〈표 1-3〉).

4 교사는 상호작용 안에서 영아를 모방한다.

영아를 모방하는 것은 교사가 영아의 발달 수준에 맞추는 것을 도울 뿐 아니라 영아가 놀이나 발견을 계속하도록 자극한다. 영아가 따라할 모델을 제공하는 것은 또 다른 효과적인 교수 전략이다.

5 교사는 모든 발달 영역에서 학습에 대한 비계 설정을 한다.

교사나 다른 성인과 또래는 비계 설정을 통해 영아의 학습을 지원할 수 있다. 영아가 퍼즐 조각 맞추기를 어려워할 경우 교사는 여러 가지 방법 중 하나를 실행해 볼 수 있다. 이렇게 함으로써 영아가 퍼즐 맞추는 전략을 학습하도록 도와줄 수 있고, 퍼즐을 맞추는 여러 가지 전략을 배우도록 할 수 있다. 교사는 영아가 목표를 성취할 수 있도록 다른 전략을 실험해 보고 학습할 수 있는 개별적·물리적 환경을 제공하는 것이다.

〈표 1-3〉 영아의 정서적 요구를 충족시키는 반응적 보육과 교육의 실제

1. 영아를 보호하고, 안전하고 건강하게 유지시킨다.
2. 영아와 강하고 긍정적이며 안전한 관계로 발전시킨다.
3. 정서적·신체적인 영아의 신호와 의사소통 시도에 정서적·신체적으로 맞추어 주고(읽고 반영하고 반응하는 것), 그 의미를 반영하며, 영아의 요구에 따라 반응한다.
4. 영아에게 만족스러운 방식으로 영아의 주도에 따름으로써 상호작용한다. 즉, 조화롭게 주고받으며 영아의 상호작용 속도에 맞춘다.
5. 영아가 정서적·신체적으로 교사에게 다가갈 수 있고, 접근하기 쉬우며, 이용 가능하도록 한다.
6. 하루 종일 기쁘고 긍정적인 정서의 톤을 유지한다.
7. 영아의 괴로움, 강렬한 감정의 폭발, 다른 불쾌감의 표현에 차분하게 반응해 주어 영아를 안정시키고, 영아가 스스로 신체적·정서적으로 조절할 수 있도록 돕는다.
8. 학급 내 모든 영아의 개별적 강점, 흥미, 새로운 기술에 관심을 기울이고, 찾아내고, 격려하고, 존중한다.
9. 발달과 차이를 올바르게 인식하여 영아가 자신의 독특함을 즐길 수 있게 한다.

출처: 이승연·김은영·강재희·문혜련·이성희 역(2011). 영아 발달과 반응적 교육: 관계 중심 접근법. p. 401.

(2) 유아와 교사의 상호작용

유아기는 주도성이 발달하는 단계로서 안정감과 편안함을 느끼며 자발적이고 주도적인 활동에 참여할 수 있다. 교사는 질문이나 관심 갖기 등으로 학습을 촉

진하고 안내하는 역할을 하지만 유아 스스로 탐색하고 문제해결을 하려고 하기 때문에 유아가 스스로 만져 보고 조작해 볼 수 있는 교수 자료들을 적극 활용하는 것이 좋다. 유아의 발달 수준과 흥미, 관심사 등을 파악하여 적절한 교수 기회를 포착하여 상호작용하는 것이 효과적이며, 개별 활동이나 소집단 형태의 상호작용이 권장된다. 교사는 유아와 개별적으로 상호작용하는 시간을 갖고 유아의 요구에 반응하며, 다양한 교육 활동에 적극적으로 참여할 수 있도록 격려해 준다. 또래와의 협동적인 상호작용을 통해서도 많은 학습이 이루어지며, 유아 주도적 활동과 교사 주도적 활동의 적절한 균형이 이루어지도록 한다.

조르단(Jordan, 2009)은 교사와 유아가 상호주체성(inter-sujectivity)을 가지고 상호작용하는 교수학습 과정을 동등한 파트너로서의 교사-유아 간 상호작용, 교사 지시적 상호작용, 그리고 유아 주도적 상호작용의 세 가지 유형으로 제시하였다(위영희 외, 2011에서 재인용).

1 동등한 파트너로서의 교사-유아 간 상호작용

완전한 상호작용이 이루어지는 것으로 교사와 유아 모두가 토의하고 있는 주제에 관한 전문가라고 할 수 있다. 유아의 이해는 교사의 이해만큼 타당하게 받아들여지며, 많은 경우 유아는 어른보다 더 전문가로 인정될 것이다. 참여하는 유아와 교사는 각각 상대방의 이야기를 경청하며 자신이 가진 것을 기여함으로써 '의미를 공유'하게 된다. 이러한 상호작용의 결과는 학습자가 하나의 맥락으로부터 새로운 이해를 얻게 되고 이해한 것을 다른 맥락에 적용할 수 있게 된다.

2 교사 지시적 상호작용

학습에서 교사가 활동을 조절하고 주도하는 상호작용이다. 유아의 흥미를 교사가 관찰함으로써 논의의 주제와 활동의 계획이 비롯되기는 하지만 실제로 유아가 거의 조절하지 못하며 이미 정해진 성취 목표 달성을 위해 성인이 가지고 있는 흥미 맥락 안에서만 유아의 생각을 듣는다. 유아는 교사가 준비한 것을 이해하려고 열심히 노력하면서 기여를 하기도 한다. 경험 간에 어느 정도는 연결이 있겠지만 학습을 공유하는 영역이 적다.

3 유아 주도적 상호작용

유아가 활동을 조절하고 토의와 활동을 이끈다. 이 상황에서 교사는 단지 유아를 관찰하고 유아의 활동과 토의를 지지하며 최소한도로 개입한다. 유아의 생각을 교사가 듣기는 하지만 유아가 교사의 생각을 들을 기회는 거의 제공되지 않는다. 이러한 상호작용에서도 학습을 공유하는 영역이 이룰 수 있는 것보다 적다.

유아와 교사의 바람직한 상호작용을 구체적으로 살펴보면 다음과 같다(이기숙·심성경 역, 2005).

- 교사는 유아의 요구와 질문에 신속하게 반응하며, 스트레스를 받는 유아를 위로하고 건설적으로 해결하도록 돕는다.
- 교사는 유아에게 이야기할 때 몸을 구부리거나 눈 맞춤을 한다.
- 교사는 말을 많이 하며 교사의 주의를 끌고 싶어 하는 유아뿐 아니라 말이 적은 유아에게도 관심을 기울인다.
- 교사는 유아의 감정과 생각에 비록 동의하지 않을 때라도 존중을 나타낸다.
- 교사는 학급의 규칙을 유아들에게 상기시키고 일관성 있고 조용하게 규칙을 적용한다.
- 교사는 긍정적인 말로 원하는 행동에 대해 이야기한다.
- 유아는 스스로 또는 필요할 때 교사가 도와주어 자신의 갈등을 토의하고 해결한다.
- 교사는 협동적인 노력이 필요한 활동을 계획하여 참여시키고 유아가 함께 작업하며 서로 돕고 보살펴 주도록 격려한다.
- 유아는 자기의 견해와 다른 의견을 기꺼이 들으며 개인의 차이점들을 흔쾌히 인정한다.

- 교사는 유아 스스로 문제를 해결하고 도전적인 과제를 완성하며, 실수로부터 배울 수 있도록 격려하고 제안한다.
- 교사는 유아가 친구를 사귀도록 돕고 필요할 경우 우정을 다시 되찾으려는 노력을 지원한다.

3. 교사의 역할

영유아교육에 있어서 교사는 매우 중요한 요소이다. 교사는 교육의 주체로서 교육의 방향이나 성과를 결정한다. 교육을 계획하고 교육 내용을 선정하며 교수학습 과정을 좌우하기 때문에 교육의 질은 교사에게 달렸다고 볼 수 있다. 영유아의 지적인 발달뿐 아니라 인간적인 성장으로 이끌어 주기 때문에 교사는 훌륭한 개인적 자질과 전문성을 갖출 수 있도록 준비되어야 한다.

1) 영유아 교사의 전문성

교사가 전문성을 가진다는 의미는 교사의 역할은 아무나 대행할 수 없다는 것이다. 교사의 전문성은 장기간의 준비과정을 통하여 발달한다. 교사가 되려면 먼저 대학에서 지정된 교과목을 이수하고 보육교사나 유치원교사 자격을 취득해야 한다. 그리고 교사가 된 이후에도 직무교육이나 승급교육 같은 보수교육을 받도록 하여 지속적으로 교사의 전문적 자질을 강화하고 있다. 교사의 전문성은 다음과 같은 요소들을 중심으로 살펴볼 수 있다.

(1) 성격적 자질

자라나는 영유아들은 교사로부터 많은 영향을 받는다. 영유아를 가르치는 교사는 신체적·정신적으로 건강하고, 영유아의 요구에 민감하게 반응하며, 영유아에 대한 사랑과 존중의 태도를 가져야 한다. 또한 영유아가 정서적 안정감을 가질 수 있도록 온화하고 수용적인 태도를 지녀야 한다. 자신의 삶이나 교사의 직무에 최선을 다하는 성실하고 열성적인 태도를 갖추어야 하며 이러한 점은 교사 자신의 신념과 열정으로 나타나 자라나는 영유아들에게 좋은 본보기가 된다. 훌륭한 교사의 자질은 영유아의 잠재력을 개발하고, 긍정적 자아 개념을 가진 바람직한 성격을 형성할 수 있도록 도와주고, 전인적 성장과 발달의 목표를 성취할 수 있도록 하는 것이다. 또한 교사는 동료 교직원, 학부모, 지역사회 인사와의 좋은 협력 관계를 맺을 수 있는 인간관계 기술이나 의사소통 능력이 요구된다.

(2) 전문적인 지식과 교수 기술

교사는 영유아의 성장 발달이나 보육 및 교육에 대한 이론, 교육과정의 구성과 학습 활동의 계획과 조직, 교수 전략 및 방법, 교재교구의 제작과 활용, 환경 구성 및 부모교육 등에 관한 지식과 기술을 갖추어야 한다. 또한 영유아의 발달이나 교육적 성취를 관찰하고, 기록하고, 평가할 수 있는 능력을 갖추고, 항상 발전적이고 창의적인 사고 능력을 가져야 한다. 영유아 중심 교육, 발달에 적합한 영유아교육의 실제, 개인차, 동기 유발 등에 관하여 끊임없이 관심을 갖고 탐구하는 노력을 기울여야 한다.

(3) 교직에 대한 태도와 직업 윤리

교사라는 직업은 교육에 대한 소명 의식을 가지고 선택되어야 한다. 교직에 대한 확고한 신념과 열성적인 태도로 교사의 역할에 임해야 하며, 교사의 전문성을 갖추려는 노력을 게을리하지 말아야 한다. 교사로서 지켜야 할 윤리가 현실적으로 아직 확실하게 정립되지 않았지만 무엇보다 중요한 것은 영유아를 공평하게 지도하고, 교사의 모든 행위는 최우선적으로 영유아의 안전과 행복을 위한 것이어야 한다는 점이다. 그리고 다른 동료 교사들과의 협력과 조화로운 관계 형성을 바탕으로 영유아 보육 및 교육의 발전을 위해 노력함으로써 스스로 교사의 지위 향상에 기여할 수 있는 태도를 갖추어야 한다.

(4) 반성적 사고

반성적 사고(reflective thinking)란 "자신의 신념이나 실천 행위에 있어서 그것의 원인이나 결과에 대하여 적극적이고 끈기 있게, 주의를 기울이는 것"으로 정의되며, 이미 듀이(Dewey)에 의해 강조된 것이지만 최근까지 교사교육의 흐름을 주도하는 개념이 되었다. 어떤 어려움에 직면했을 때 자신이 가지고 있는 전문적 지식을 바탕으로 문제를 분석하고 교육 실제에 대해 생각함으로써 보다 사려 깊은 시사점을 발견하도록 하여 교사가 전문인으로 발달할 수 있는 계기를 마련해 준다.

브레드캠프(Bredekamp, 1995)는 "전문가로서의 유아교사는 교과 지식, 교수 전략, 교수 실제에 대한 비판적·반성적 사고와 책임감을 지녀야 한다."라고 하였는데 영유아 교사 역시 전문적 성장을 위해서 교사의 문제해결, 학습자의 요구 파악, 현장 연구 실행에 도움을 주는 반성적 사고의 발달이 강조되어야 한다.

교사의 반성적 사고가 갖는 장점은 다음과 같다(이기숙, 2001). 첫째, 교사의 사고과정이나 신념 체계는 교사의 실천 행위에 영향을 미치는데, 반성적 사고는 이러한 교사의 신념들을 드러내어 검토하고 분석할 수 있는 기회를 제공해 준다. 둘째, 교수 활동의 불확실성과 이에 따른 현장 교육의 강화로 인한 필요성으로서 예비교사의 경우 현장 중심 교육의 부정적인 측면을 쉽게 극복하도록 해 준다. 셋째, 교사 교육과정에서 교사들이 대학에서 배운 지식이나 교수방법에 기초하여 교실에서 직면하는 많은 문제들을 최선의 방향으로 판단, 결정, 해결할 수 있는 태도와 능력을 길러 준다.

2) 영유아 교사의 역할

교사의 역할은 무엇보다 영유아를 안전하게 보호하고, 발달과 학습이 최적으로 성취될 수 있도록 가르치고 지원해 주는 것이다. 스포덱(Spodek, 1985)은 유아교사의 역할은 양육과 교수 및 관계적 역할이라고 보았으며, 일반적으로 교사는 지식 전달자, 계획자, 평가자, 훈육자, 그리고 의사 결정자의 역할을 수행한다(Schickendanz, York, Stewart, & White, 1990). 영아교사와 유아교사는 기본적인 교사 역할이 같다고 할 수 있으나 영아기와 유아기의 발달적 특성이나 상호작용 방법 등이 차이가 있으므로 여기서는 영아교사의 역할과 유아교사의 역할로 나누어 살펴본다.

(1) 영아교사의 역할

영아를 담당하는 교사들은 양육자로서의 역할과 발달의 촉진자로서의 역할을 모두 수행하여야 하며, 이들 역할은 통합적으로 이루어지기 때문에 각각의 역할을 구분하는 것이 쉽지 않다. 캐츠(Kats, 1978)는 교육 대상 아동의 연령이 어릴수록 교사의 역할은 중요하고 다양하며 애매하다고 지적하였다(양옥승 외, 1999에서 재인용).

영아들은 월령에 따라 개인차가 매우 크며, 영아교사의 역할에서 가장 중요한 것은 정서적 유대를 강화하는 것이다. 〈표 1-4〉는 전문성 있는 영아교사의 역할에 대해 강조하고 있다.

하루 일과는 개별적인 신체 리듬, 욕구, 관심, 발달 수준에 따라 등원 및 귀가, 실내 및 실외 자유놀이, 낮잠, 수유와 간식 및 점심, 기저귀 갈기, 씻기, 정리정돈 등의 활동으로 구성된다. 식습관 지도와 배변 훈련 등의 기본생활습관 형성, 애착의 형성과 부모와의 분리 촉진 등이 영아기 발달의 주요 과제이다.

1 일상생활

영아들은 개인차가 크므로 수유나 식사 습관, 배변 습관, 수면 습관, 신체 상태 등에 개별적으로 민감하게 반응하며, 영아들의 관심이나 행동에 따라 하루 일과를 일관성 있고 융통성 있게 조절한다. 영아들은 기본적 욕구의 충족과 신체적 보호가 우선되어야 하며, 언어 표현이 제한적이므로 교사가 얼굴 표정을 살피고 건강을 체크해야 한다. 또한 가정에서와 같이 편안하고 정서적으로 안정되고 친밀한 관계를 유지함으로써 애착이 형성되도록 노력한다. 안정된 애착 형성은 교사에 대한 신뢰감을 형성하고 영아의 탐색 활동을 활발하게 한다. 영아의 기질이나, 발달 정도, 생활습관, 부모의 양육 태도, 가치관 등을 그대로 인정하고 수용하는 것이 필요하다.

2 교육 활동의 계획과 준비

교사는 교육 활동을 계획하고 환경을 준비한다. 영아의 성장과 발달 특성을 이해하고, 적절한 교재교구를 준비하여 영역별로 배치하고, 영아의 관심과 흥미를 유발할 수 있는 놀이를 발전시킬 수 있도록 계획한다.

3 놀이 지도 및 상호작용

영아의 발달 수준에 적합한 교재교구 및 환경을 구성하여 탐색의 기회를 충분히 주고, 적절한 개입을 통하여 놀이가 확장되도록 지원한다. 놀이에 관심 보이기, 질문을 통하여 영아의 관심과 흥미 유발하기, 놀이의 파트너로 참여하기, 칭찬과 격려하기, 놀잇감을 영아 스스로 선택하도록 하고 영아의 반응을 수용하고, 놀이에 능동적으로 참여하도록 한다.

교사와의 상호작용의 질은 영아의 발달을 촉진한다. 교사는 재촉하지 않고, 지지적이며, 상호교환적으로 상호작용한다. 유능한 교사는 반응적인 상호작용과 관계를 통해서 영아의 요구를 충족시키는 동시에 영아 자신과 타인, 세계에 대한 학습을 촉진시킨다.

4 관찰 및 평가하기

하루 일과를 통하여 영아들을 주의 깊게 관찰하고 평가한다. 영아에 대한 관찰과 평가를 바탕으로 교육 활동을 점검하고 교사 자신의 역할과 수행을 평가한다.

5 부모와의 협력

영아의 하루 일과 및 가정생활에 대한 정보를 부모와 교환하여 지도에 참고한다. 영아의 사회적·정서적 요구를 충족시키기 위하여 교사는 영아뿐 아니라 가족과 정서적 교류와 관계를 경험하는 것이 요구된다.

〈표 1-4〉 영아교사의 여덟 가지 중요한 책임

1. 관계 중심 프로그램을 위한 기초를 발전시킨다. 2. 관계의 중요성을 강조하는 프로그램을 구성한다. – 전담교사가 영아에게 지속적으로 돌봄을 제공할 수 있도록 한다. – 영아를 안전하고 건강하게 유지해 줌으로써 신체적 요구를 충족시킨다. – 반응적이고 상호교환적인 상호작용(주고받기, 참여하고 쉬기, 협상하기, 협동하기)을 한다. – 영아의 정서적·사회적 요구를 충족시켜 줌으로써 영아의 마음을 보살핀다. 3. 가족, 다양한 문화, 지역사회와 배려적이고 반응적인 관계를 형성한다. 4. 매일매일 관계를 촉진하는 반응적인 계획의 과정을 활용한다. – 영아의 개인적인 발달을 촉진한다. 5. 반응적인 일과를 통해 융통성 있는 일정을 계획한다. 6. 일과 보살핌, 놀이, 학습, 관계를 위한 환경을 구성한다. 7. 개인적·문화적·연령에 적합한 놀잇감, 자료, 기회를 제공한다. 8. 가족과 다른 교직원을 포함하는 지원을 위한 관계 중심 접근법을 사용한다.

출처: 이승연·김은영·강재희·문혜련·이성희 역(2011). 영아 발달과 반응적 교육: 관계 중심 접근법. p. 398.

(2) 유아교사의 역할

1 양육자로서의 역할

양육의 역할이란 영유아를 보호하고 훈육하는 것이며, 교사는 유아에게 심리적인 편안함과 안정감을 주어야 한다. 하루 일과, 또래집단, 물리적 환경, 교사의 행동이나 학급 규칙에 일관성이 있어서 예측이 가능해야 한다.

유아의 장점과 단점을 그대로 받아들이고, 유아의 생각을 경청하고 존중하며 수용적 태도를 보이는 것은 자아존중감 형성에 결정적 영향을 미친다. 또한 교사는 유아의 건강이나 안전 등의 문제에도 관심을 가져서 유아의 건강 상태를 파악하고 신체적 질병으로부터 보호해야 한다. 교사는 늘 안전사고에 유의하고 갑작스러운 위기 상황에 잘 대처할 수 있도록 주의와 관심을 기울이며 주변에 위험 요소가 있는지 사전에 조사하고, 예방해야 한다.

교사들은 기본생활습관을 배우도록 지도하고 집단생활의 규칙과 질서를 지키고 타인의 권리를 존중하고 배려할 수 있도록 가르쳐야 한다. 교사는 유아들의 잘못을 지적하고 벌을 주기보다는 바람직한 행동의 모델을 제시하고 일관성 있는 훈육을 하며, 칭찬과 격려를 많이 해 준다.

양육자로서의 역할은 어머니의 역할과 비슷하다고 할 수 있으나 단순한 보호의 기능만을 하는 것이 아니므로 유아의 성장과 발달에 대한 전문적 지식을 갖추어야 한다. '전문화 된 어머니(professional mother)'의 역할이 요구된다.

2 교수자로서의 역할

교사는 학습을 위해 학습 환경을 구성하고, 학습을 계획하며, 이를 수행하고, 평가한다. 교사는 유아에 대한 지속적인 관찰을 바탕으로 유아의 발달에 적합한 교육을 수행해야 한다. 교사들은 교육과정의 목표, 내용, 교수방법 등을 잘 알고 개별 교육기관의 조건에 따라 융통성 있는 교육을 지향해야 할 것이다.

교사는 지식이나 정보의 전달자, 지시자, 통제자가 아니라 유아들이 학습에 흥미를 느낄 수 있도록 적절한 동기를 유발시키고, 적절한 질문을 하고, 문제해결을 하고, 유아 스스로 능동적인 학습을 이끌어 나갈 수 있도록 적절히 도와주는 조력자로서의 역할을 하는 것이 바람직하다. 교사는 유아의 발달 수준과 개인차를 고려하여 학습을 계획하고 유아 간에 상호작용을 통해 학습이 일어나도록 노력한다. 유아에게 질문하고, 이야기 나누기를 하는 등 언어적 상호작용을 하며, 눈 맞춤과 미소 짓기, 쓰다듬기, 얼굴 표정 읽기 등의 비언어적 상호작용을 사용한다. 유아의 개별성을 고려하여 긍정적이고 지원적인 상호작용을 통하여 유아의 최적의 발달과 교육적 효과를 기대할 수 있다.

3 상담자로서의 역할

유아 내면의 갈등이나 부적응 행동이 발견될 때 이를 지도하거나 중재 및 상담을 함으로써 문제를 해결하고 정신적으로 건강하게 적응하도록 돕는다. 부적응 행동을 지도할 때는 유아가 보내는 메시지를 정확히 파악하여 원인을 알고 대처하는 것이 필요하다. 유아의 연령에 따른 전형적인 발달을 교사들이 숙지해야 하며, 인내심을 갖고 지도한다. 느린 기질이나 까다로운 기질 등 유아의 기질로 인한 행동 특성을 부적응 행동으로 잘못 판단하는 경우도 있으므로 유아의 독특한 특성을 인정하고 그에 따라 적절히 반응한다.

4 연구자로서의 역할

새로운 교수방법이나 최근의 교육 프로그램에 대한 동향, 유아 발달에 대한 지식 및 정보의 습득을 위해 끊임없이 노력한다. 또한 교육 활동을 계획하고 실행하면서 교사 자신의 교수 활동에 대해 반성적 사고를 하고 전문성 신장을 위해 노력한다.

5 교류자로서의 역할

부모와 지역사회의 요구를 파악하고 원활한 의사소통을 하는 것이 매우 중요하다. 부모가 어린이집이나 유치원에 신뢰감을 가지고 맡길 수 있도록 원만한 관계를 형성하고 유지하며, 부모로 하여금 기여할 수 있는 기회를 마련한다. 유아교육기관의 하루 일과나 행사, 자녀 양육에 관한 정보를 제공하고 보육일지, 가정통신문, 전화나, 게시판 등을 활용하여 부모와 의사소통한다. 부모와 정기적인 면담 기회를 갖고 유아의 발달이나 생활에 대한 정보를 교환하고 의견을 나눈다. 강연회나 워크숍, 수업 참관, 부모 참여 수업이나 행사에 부모를 참여시키고 기여하도록 한다.

지역사회와의 협력적인 관계를 통하여 풍부한 자원을 활용한다. 교사는 유아교육기관을 지역사회에 소개하고 유기적인 협력을 통하여 다양한 사회문화적 자원을 이끌어 낼 수 있다. 소방서나 경찰서, 은행 등 지역사회의 기관 방문, 지역 전문가 초청, 지역 행사 참여 등을 통해 유아들도 이웃을 돕는 의미 있는 시간을 가질 수 있다.

C·H·A·P·T·E·R

02

영유아교수방법의 유형

교수·학습 유형에는 여러 가지가 있는데, 교사 중심, 성인 중심의 교사 활동으로부터 점차 영유아 중심의 활동으로 발전하는 경향을 보이고 있다. 학습 효과 측면에서 볼 때 최상의 교수·학습 방법이 별도로 정해져 있는 것이 아니라, 여러 가지 상황 및 변인을 고려하여 적절하게 선택하고 융통성 있게 적용하는 것이 가장 중요하다. 영유아 주도적 접근으로 탐구학습, 문제해결학습, 협동학습, 발견학습과 프로젝트 접근법을, 교사 주도적 접근으로는 설명법과 개념학습법을 제시하고자 하였다.

1. 영유아 주도적 접근

영유아교수방법은 점차 교사 중심에서 영유아 중심의 활동으로 발전하는 경향을 보이며, 교수방법의 유형 역시 교사가 주도적인 역할을 하는 직접 교수 유형에서 영유아에게 좀 더 주도적인 역할을 하도록 격려하는 간접 교수 유형이 강조되고 있다. 그러나 중요한 것은 교수방법이 정해져 있는 것이 아니라, 여러 가지 상황이나 변인들을 고려하여 적절하게 선택하고 융통성 있게 적용하는 것이 필요하다는 점이다. 이를 위해 영유아 주도적 접근의 교수방법 유형을 살펴보면 다음과 같다.

1) 탐구학습

탐구학습 교수방법은 교사가 설명하거나 개념을 전달하기보다는 학습자인 유아가 설정한 질문에 대한 답을 발견해 나가는 과정에 중점을 두는 방법이다. 탐구학습에서 가장 기본적이면서도 중요한 전제는 유아의 능동적인 참여이다.

탐구학습은 교사로부터 주어지는 지식을 받아들이기만 하는 것이 아니라, 유아가 자신의 주변을 비판적으로 바라보고 문제에 대한 답을 스스로 찾아나가는 영유아 중심적 교수방법이다. 유아는 논리적인 탐구과정을 거치면서 고차원적인 사고 능력을 발달시킬 수 있다.

탐구학습은 교육철학자인 듀이(Dewey, 1933)의 실용주의 철학과 맥을 같이하여 직접 실행해 봄으로써 학습하는 방식을 중시한다. 또한 구성주의적 접근에 근거하고 있고, 문답법처럼 소크라테스(Socrates)의 대화법에 기원을 두며, 루소(Roussau)의 아동 중심 교육사상과 브루너(Bruner)의 발견학습을 바탕으로 하고 있다. 처음에는 교사에게 의존하지만 점점 교사의 사고는 감소되고 영유아 스스로 사고를 진행해 가면서 지식의 구조를 이해하고 발견해 나가는 내적 동기를 유발시키고자 한다.

(1) 탐구학습의 특징

탐구학습은 유동적이며 다양한 학습 내용에 적용할 수 있다. 교사의 설명으로 진행되는 수업에 흥미를 느끼지 못하는 영유아들도 탐구학습을 사용하게 되면 자신감을 얻고 학습에 대한 흥미를 기를 수 있다. 탐구학습은 학급 전체 영유아들이 모두 흥미를 느끼는 질문에 대해 함께 탐구하도록 하거나, 소집단으로 나누어 각각 다른 질문에 대하여 탐구하거나, 소집단들이 모두 같은 질문을 중심으로 탐구할 수도 있다. 또한 탐구학습은 학습과정에서 다양한 유아의 경험과 지식을 모두 수용하므로 전통적인 교과과정에서 간과될 수 있는 부분, 예컨대, 문화적 배경이 다르거나 빈곤 계층, 또는 장애를 가진 유아의 관심사까지 포괄할 수 있다.

- 영유아 각자가 구체적인 자료를 통한 활동에 참여할 경우에 인지적 역량을 키울 수 있다.
- 탐구적인 학습 활동을 성공적으로 마쳤을 때 영유아는 성공의 즐거움을 맛보고 새로운 문제에 도전하려는 강한 의욕을 갖게 되는 내적 동기 유발을 일으킬 수 있다.
- 영유아들이 가지고 있는 의문을 스스로 해결하고자 노력하므로 흥미 있고 중요한 문제의 특징을 알아낼 수가 있다.
- 탐구적 활동을 통하여 알게 된 내용은 장기간 동안 기억된다.
- 학습의 과정을 지식의 생성과정과 일치시키고자 하는 것이므로 학습의 결과보다 과정을 중요시한다.
- 탐구적인 활동을 통하여 유아는 발견하는 방법 그 자체를 배우게 된다.
- 영유아의 주체적인 학습을 강조한다.

(2) 마시알라스와 콕스(Massialas & Cox, 1966)의 탐구학습 모형

탐구학습을 실행하는 모형으로 마시알라스와 콕스가 제안한 내용은 안내, 가설, 정의, 탐색, 증거 제시와 일반화의 6단계로 구성된다.

- 안내: 문제 제기를 안내하는 단계이다. 영유아는 관심 있는 문제를 발견하고, 탐구하고자 하는 질문을 설정한다. 여기에서는 교사의 관심보다는 영유아의 관심이 우선되어야 한다. 영유아는 무엇에 관심이 있는지 잘 모르는 경우가 있기 때문에 자신의 관심사를 명확하게 알 수 있도록 돕는 것도 교사의 역할이 될 것이다.
- 가설: 인식한 문제와 관련하여 그 해결을 위한 가설을 세운다.
- 정의: 가설에 사용된 용어의 의미를 분명하게 정의하는 단계이다. 이는 앞으로의 탐색과정에서 교사와 영유아 간 의사소통을 원활히 하는 데 도움을 준다.
- 탐색: 설정된 가설들 중 탐색과정에서 타당성이 떨어지는 가설들은 기각하여 탐색의 범위를 좁혀 나간다.
- 증거 제시: 가설을 입증하는 증거를 제시하기 위해서는 먼저 자료 수집이 필요하다. 여기에서는 영유아가 원하는 정보를 어디에서 구할 수 있을지를 아는 것이 중요하다. 정보는 책, 인터넷, 전문가, 실험 등을 통해 얻을 수 있을 것이다. 수집된 정보는 탐구 질문에 적합한 것인지의 평가과정을 통해 가설을 증명하게 된다.
- 일반화: 탐구과정의 결과를 종합하여 처음 설정된 문제에 대한 결론을 내리는 단계이다.

(3) 탐구학습의 절차

1 탐구 문제 설정 및 상황 제시

탐구 활동을 자극시키기에 적절한 문제나 상황을 설정해야 하는데, 다음 사항을 고려해야 한다.

- 영유아들의 흥미를 불러일으키면서도 의미 있는 생각을 할 수 있어야 한다.
- 영유아들의 지적 능력 수준과 부합되어야 한다.
- 영유아들이 많은 질문을 제시할 수 있도록 일반적인 것이어야 한다.

2 탐구 활동의 계획 수립

- 탐구 주제에 따라 탐구집단을 조직한다.
- 탐구해야 될 질문과 관련된 하위의 토의 주제들을 나열한다.
- 각 질문에 대한 정보를 수집하는 데 필요한 자원의 출처를 의논한다.
- 영유아마다 수행해야 할 과제를 분담한다.

3 탐구 활동의 전개

교사는 각 집단이 탐구 목표를 제대로 추구해 나가는지를 알아보기 위해 다음의 내용을 점검해 본다.

- 각 집단은 의사 결정을 하고 성공적으로 해 나가고 있는가?
- 영유아는 각자 집단 구성원으로서 자신감과 독립심을 가지고 맡은 일을 잘 수행하고 있는가?
- 영유아들은 탐구하고 있는 일에 동기화되어 있으며, 열심히 참여하고 있는가?
- 집단 구성원 간에 조화롭게 탐구 활동을 하고 있는가?

4 탐구 활동 결과의 정리 및 발표

탐구 결과를 발표하는 일은 정보를 요약하고, 해석하고, 결론을 내리고, 결론에 대한 근거를 제시할 수 있는 기능을 기른다. 또한 탐구 결과를 표현할 수 있는 방법을 생각함으로써 창의성을 길러 주고 다양한 표현을 발견하게 된다.

5 탐구 활동의 평가

탐구 활동이 끝난 후에라도 영유아들은 탐구 경험을 반성해 보는 것을 통해 반성적 사고에 의한 학습을 하게 된다.

- 탐구 내용은 흥미로웠나?
- 탐구 경험을 통해서 무엇을 배웠나?

- 자기가 맡은 역할을 책임감 있게 해냈나?
- 힘든 점, 좋은 점은 무엇인가?

(4) 교사의 역할

교사는 영유아의 탐구에의 열정을 표면에 드러나지 않는 방식으로 계속 일깨워 주어야 한다. 이와 동시에 교사의 개입이 영유아의 탐구에 방해가 되어서도 안 된다. 그러므로 교사의 개입이나 중재의 시점과 방법이 중요하다. 교사가 구체적인 절차와 방향을 지시해 주면 탐구의 의미는 없어지고, 모든 것을 영유아에게 맡겨 버리면 효과적인 학습은 일어나지 못한다. 따라서 교사는 함께 참여하고 공동의 학습자가 되어 영유아의 인지과정을 관찰하고, 계획적인 질문도 하고, 탐구 활동이 진행되면서 여러 가지 대안적인 활동도 제시해 주어야 한다.

탐구적 교수·학습 계획을 위한 교사의 역할을 구체적으로 제시하면 다음과 같다(김진영·백혜리·최윤정, 2006).

- 다양하고 많은 자료를 준비하여 적극적인 선택과 탐색의 기회를 주어야 한다. 탐구 수업을 위한 계획은 지도, 도표, 그림, 그림책, 슬라이드, 예술작품 등 많은 자료를 활용할 수 있다.
- 탐구 활동을 위한 시간이 자유선택 활동, 음률 활동, 게임, 정리정돈 시간, 차례 지키기 등 하루 일과의 모든 활동 속에서 비형식적으로 경험되고, 사고하고 해결하는 방법을 탐색하는 습관을 기르도록 한다.
- 탐구 활동이 효과적으로 이루어지기 위해 교사의 질문이 무엇보다 중요하다. 질문은 수렴적 질문뿐 아니라 발산적이고 개방적 질문이 요구되며, 영유아의 표상 능력을 자극하고 자신의 경험을 객관화하는 질문을 던진다. 예컨대, 영유아가 정말 궁금해하면서 동시에 대답할 수 있는 질문이어야 하며, 이를 위해서는 대답하는 데 참고할 수 있는 정보가 있거나 영유아가 자신의 의견을 가질 수 있는 질문이어야 한다. 단순한 사실이 답이거나, 종교적 믿음에 근거한 질문이나 가치 판단이 필요한 대답을 요구하는 질문은 적절하지 않다. 예

컨대, "어린이날은 몇 월 며칠이죠?"라든지, "하나님은 바다를 왜 파랗게 만드셨을까?"와 같은 질문은 적절하지 않고, "바다는 왜 파란색일까?"라는 질문은 연구를 통해 답할 수 있으므로 적절한 질문이다.

- 영유아의 사고를 촉진할 수 있도록 영유아와 영유아, 영유아와 교사 및 교구와의 질적인 접촉을 지원한다.
- 탐구학습은 단일 활동으로 끝나는 것이 아니라, 장기적인 계획으로 진행되어야 한다.
- 교사는 촉진자, 자료 제공자, 안내자 역할 이상의 지나친 개입을 하지 말아야 하며, 함께 문제를 해결해 가는 동료로서 새로운 문제해결 방법을 안내하거나 개방적 발문을 장려한다.

(5) 탐구학습법의 유의점

영유아의 탐구학습을 돕는 교사는 영유아가 탐구하려고 하는 어떠한 내용에도 가치를 인정해 주는 허용적인 태도를 가진다. 또한 다양한 자료와 매체 등 영유아가 자신의 가설을 검증하기 위한 탐색이 가능하도록 교실 환경을 마련해 준다. 탐구학습은 하루 만에 결론에 이르지 못하는 경우가 많기 때문에 교사는 영유아의 학습과정을 기다려 줄 수 있어야 할 것이다. 무엇보다도 교사는 설명이나 개념 전달로 답을 제시하기보다는 영유아의 호기심과 사고를 자극하는 질문을 많이 하고, 영유아-교사 또는 영유아-영유아 간의 토론이 활발하게 이루어지도록 장려해야 한다.

- 기본학습에 대한 유아의 이해가 요구되므로 탐구 방법에 대한 사전 훈련이 필요하다.
- 자율적인 학습 능력이 결여된 유아들은 무관심에 빠질 우려가 있으므로 학습 동기를 갖도록 배려한다.
- 시행착오로 인해 시간이 많이 소모될 수 있으므로 체계적인 학습이 되도록 계획한다.

(6) 탐구학습의 예 1

<table>
<tr><th>반</th><th>○○반(만 5세)</th><th>집단 형태</th><th>소집단, 개별 활동</th></tr>
<tr><td>생활주제</td><td>교통기관</td><td>주제</td><td>교통기관의 구조</td></tr>
<tr><td>활동명</td><td>어느 것이 멀리 가나</td><td>활동 형태</td><td>과학 활동</td></tr>
<tr><td>목 표</td><td colspan="3">• 경사로의 기울기에 따라 물체의 굴러가는 속도가 다름을 안다.
• 바닥의 재질에 따라 물체의 굴러가는 속도가 다름을 안다.</td></tr>
<tr><td>교육과정 관련 요소</td><td colspan="3">탐구 생활: 탐구하는 태도 기르기–탐구과정 즐기기
탐구 생활: 과학적 기초능력 기르기–물체와 물질의 관심 가지기</td></tr>
<tr><td>활동 자료</td><td colspan="3">같은 모양과 크기의 놀이용 자동차 2개, 널빤지(25X70㎝) 3개(바닥을 울퉁불퉁하게 만든 널빤지 2개, 널빤지 1개), 벽돌 블록 여러 개
〈바닥을 울퉁불퉁하게 만든 널빤지〉
1. 널빤지(25X70㎝) 2개, 본드, 수수깡, 골판지를 준비한다.
2. 널빤지에 골판지의 골이 진 부분을 붙인다.
3. 널빤지에 수수깡을 3㎜ 간격으로 붙인다.</td></tr>
<tr><td>활동 방법</td><td colspan="3">1. 놀이용 자동차와 널빤지들을 이용한 여러 가지 놀이를 할 수 있도록 유도한다.
2. 널빤지와 벽돌 블록을 이용하여 다양한 방법으로 경사로를 만든 다음, 자동차의 움직임을 관찰하고 속도를 비교한다.
– 어떻게 하면 자동차가 더 빨리 굴러가게 할 수 있을까?
– 벽돌 블록을 어디에 놓으면 자동차가 더 잘 굴러갈까?
– 벽돌 블록을 한 개 놓았을 때와 두 개 놓았을 때의 속도가 어떻게 다를까?
3. 울퉁불퉁하게 만들어진 널빤지를 탐색하며 관련 활동을 예측한다.
– 널빤지의 표면을 손으로 만져 보자.
– 이 널빤지에 자동차를 굴리면 어떻게 될까?
– 어느 쪽 자동차가 더 잘 굴러갈까?
4. 평평한 널빤지에 굴렸을 때와 울퉁불퉁한 널빤지에 굴렸을 때 굴러가는 모양이 어떻게 다른지 관찰하고 관찰한 것을 이야기한다.
– 어떻게 굴러가니? 어느 쪽이 더 잘 굴러가니? 왜 그럴까?
5. 경사로의 기울기와 바닥의 재질에 따라 자동차의 굴러가는 속도가 다름을 비교한다.
– 자동차를 울퉁불퉁한 길에서도 더 빨리 굴러가게 할 수 있을까?
– 울퉁불퉁한 판 밑에 벽돌을 여러 개 쌓고, 평평한 판 밑에는 벽돌을 조금 쌓은 다음 자동차를 굴리면 어떻게 될까?
6. 여러 가지 방법으로 굴려 본 후 어떤 종류의 길이 가장 빠른지, 가장 느린지, 왜 그런지 등에 대하여 토의한다.</td></tr>
<tr><td>활동 유의점</td><td colspan="3">이 활동은 쌓기놀이 영역과 같은 넓은 공간을 필요로 한다.</td></tr>
<tr><td>활동 평가</td><td colspan="3">이 놀이를 통하여 경사로의 기울기와 바닥의 재질에 따라 물체의 굴러가는 속도가 달라짐을 이해하는지 평가한다.
– 경사로의 기울기에 따라 물체의 속도가 달라짐을 이해하는가?
– 바닥의 재질에 따라 물체의 속도가 달라짐을 이해하는가?</td></tr>
</table>

출처: 교육과학기술부(2009). 유치원지도서 8. 교통기관. 서울: 두산. pp. 234-235.

(7) 탐구학습의 예 2

주제	공기의 압력
1차 탐색	• 방법 모색하기 – 물 위에 종이배가 떠 있단다. 종이배가 오래 물 위에 떠 있으면 젖기 때문에 구해 주어야 한다. 준비된 물컵을 살펴보게 한 후 방법을 모색해 보게 한다. • 예측해 보기 – 물 위에 떠 있는 작은 배를 컵으로 덮을 수 있을까? – 컵 속에 물이 들어가지 않도록 할 수 있을까? – 컵을 눌러서 물이 들어가지 않도록 해보자(투명한 컵으로 물 위에 떠 있는 배를 천천히 덮어 씌워 본다).
1차 탐색의 결과	• 결과 알아내기 – 투명한 컵으로 물 위에 떠 있는 배를 천천히 덮어 씌웠더니 어떻게 되었니? – 투명한 컵 속으로 왜 물이 들어갔을까?
2차 탐색	• 방법 모색하기 (투명한 컵으로 물 위에 떠 있는 배를 빨리 밀착하여 덮어 씌워 본다) – 투명한 컵 속으로 물이 들어가지 않도록 할 수 없을까? • 예측하기 – 물이 들어가지 않도록 투명한 컵을 재빨리 덮어요. – 컵을 재빨리 덮으면 물이 들어가지 않을까? – 물이 들어가지 않게 하기 위해 컵을 재빨리 덮어 볼까?
2차 탐색의 결과	• 결과 알아내기 – 컵을 빨리 덮었더니 컵 속에 물이 들어갔니? – 아니요. 컵 속에 물이 들어가지 않았어요. – 컵 속에 물이 들어가지 않은 이유는 무엇일까? – 컵 속에 물이 들어가지 않으면 컵 속에는 무엇이 들어 있을까? – 빈 컵 속에는 공기가 들어 있어요. – 그렇구나. 공기가 들어 있어서 물이 들어오지 못했구나. – 그럼 천천히 덮어서 물이 들어간 컵 속에도 공기가 들었을까? – 물이 들어간 컵에는 공기가 들어갈 수 없어서 물만 있어요. – 그렇구나. 천천히 덮은 컵 속에는 물이 들어갈 때 공기가 다 빠져나왔구나. 그럼 컵 속에 공기가 없는 것은 물이 들어가기 전에 컵을 빨리 덮어서 공기가 빠져나오지 못한 것이구나.

출처: 전남련·김기선·성은숙·이은임·엄은옥·이경선·강은숙(2011). 영유아교수학습방법. 서울: 신정. pp. 63-64.

2) 문제 중심 학습

문제 중심 학습은 듀이(Dewey)의 반성적 사고에 기초하여 영유아의 생활에서 부딪치는 문제를 해결해 가는 과정에서 지식, 기능과 태도를 향상시키는 학습 방법을 말한다. 즉, 영유아들은 당면한 문제를 해결하기 위해 필요한 정보와 기술을 다양한 방법으로 찾아보고, 도출된 여러 가지 대안을 비판적으로 검토함으로써 문제해결력을 기르게 된다. 교사는 촉진자로서 영유아가 스스로 탐색하며 학습하려는 문제를 신중하게 선택하는 것을 돕고 학습과정에서 문제해결 기술을 발달시키며 영유아에게 의미 있는 정보가 제공되도록 하는 임무를 담당한다.

문제 중심 학습은 당면한 문제에 대한 해결 방법을 스스로 찾아나간다는 점에서 자기주도적인 학습이 가능하도록 돕는다. 또한 문제를 해결하였다는 성취감과 자신의 삶에서 문제를 적극적으로 발견하려는 비판적 시각, 필요한 자료를 적극적으로 찾아나서는 도전 의식과 정보 능력 등을 기를 수 있다.

(1) 문제 중심 학습의 개념과 특징

문제 중심 학습은 문제에 의하여 학습이 진행되는 상황을 뜻하며, 영유아는 문제를 해결하기 위하여 정보나 기술이 필요하다는 것을 알게 된다. 영유아는 정보에 접근하는 방법과 비판적으로 사고하는 방법과 문제해결 기술을 사용하는 방법을 알아야 한다. 문제 중심 학습에서 영유아는 점차 교사로부터 독립성을 키워 가며 교사는 교육에 필요한 자료를 제안하고 안내해 주는 역할을 한다. 교사는 영유아를 격려하고 영유아들이 학습과정에서 잘못된 방향으로 가지 않도록 안내하며 정보를 제공하거나 정보의 원천을 제시해 주고 함께 학습해 나가는 것이다(Aspy, Aspy, & Quinby, 1993).

문제 중심 학습은 능동적 학습을 중시하며 다음의 특징을 갖는다(이순형 외, 2007).

- 학생 중심 학습법이다.
- 학습은 소집단에서 이루어진다.
- 교사는 촉진자나 안내자이다.
- 문제를 중심으로 학습이 조직화되며, 문제가 학습을 자극한다.
- 문제가 문제해결 기술을 발달시키는 동력이다.
- 자기주도적인 학습을 통해서 새로운 정보를 얻는다.

문제 중심 학습에서는 전통적인 교사와 학생의 역할이 변화된다. 영유아는 자신의 학습에 대해 더 많은 책임을 지게 됨으로써 학습 동기와 성취감이 높아지고 평생 새로운 것을 학습할 수 있는 태도를 기를 수 있으며, 성인이 되어서는 자신의 직업 영역에서 맡은 일을 더 잘 수행할 수 있게 된다(MCLI, 2001). 문제 중심 학습에서 학습은 영유아의 일상생활 경험과 관련 있고 학습과정은 학습 내용이 실제로 사용될 방식과 유사하게 이루어진다. 교사는 영유아의 문제해결 과정에서 자원이 되어 주고 지도하고 평가하고 안내하는 역할을 한다.

(2) 문제 중심 학습의 단계

일반적인 문제해결 학습의 단계를 살펴보면 다음과 같다.

- 문제의 선정: 영유아의 일상생활에서 발생하는 문제가 선정된다.
- 문제의 명료화: 무엇이 문제인지를 명확히 한다.
- 가설 수립: 문제해결을 위한 가설을 여러 가지 세우고, 문제해결 계획을 수립한다.
- 자료 수집 및 분석: 가설을 검증하기 위해 자료를 수집하고 분석한다.
- 추론: 분석한 자료를 토대로 가설의 타당성을 추론한다.
- 가설 확인: 자료 분석 결과를 증거로 하여 가설을 입증한다.

(3) 문제 중심 학습법의 유의점

영유아에게 주어진 문제가 자신의 능력을 넘어서는 것이라고 판단될 때, 문제 해결을 포기하거나 좌절감을 느낄 수도 있다. 교사는 영유아의 능력, 흥미, 욕구, 사전 경험 등을 고려하여 문제를 조정해 주어야 한다. 그리고 문제에 대한 해결 방법의 다양한 가능성을 발견하도록 촉진하고 안내하는 역할을 담당해야 할 것이다.

문제 중심 학습의 예: 나영이의 신발 끈 매기

- 문제의 발생: 바깥놀이 시간에 나영이가 신발 끈을 매지 못해 교사에게 도움을 요청한다.
- 문제의 선정: 그동안 나영이는 엄마가 신발 끈을 매어 주었기 때문에 그 방법을 익힐 기회가 없었다. 교사는 어떻게 하면 나영이가 혼자 신발 끈을 맬 수 있을지 그 방법을 알아보자고 제안하였다.
- 문제의 명료화: 나영이가 혼자서 신발 끈을 맬 수 있는 쉬운 방법을 알려 주자.
- 가설 수립: 신발 끈을 맬 수 있는 방법을 다양하게 생각해 본다.
- 자료 수집 및 분석: 이 문제를 해결하는 데 관심이 있는 친구들이 '신발 끈 팀'을 구성하였다. 신발을 자세히 관찰하고 끈 매는 방법을 보여 주는 동영상을 보기도 하면서 다양한 자료를 수집하고 분석하였다.
- 추론: 수집된 다양한 자료들을 토대로 나영이가 끈 매기를 연습하기 쉬운 줄을 선택하여 그 방법을 익히도록 하였다.
- 문제의 해결: 나영이는 신발 끈을 스스로 맬 수 있게 되었다.

출처: 임부연·오정희(2009). 영유아 교수 학습방법. 서울: 동문사. p. 85.

문제 중심 학습은 1단계 문제의 선정, 2단계 문제의 명료화, 3단계 가설 수립, 4단계 자료 수집 및 분석, 5단계 추론, 6단계 가설 확인으로 이루어진다.

단계	내용	적용의 예
1단계 문제의 선정	유아의 일상생활에서 발생하는 문제가 선정된다.	• 문제 발생 점심시간에 국에 모든 반찬을 섞어 반찬 고유의 맛을 음미할 기회가 없다. • 문제 선정 유진이는 집에서 항상 엄마가 국에 밥을 말아 먹이고 등원시켜 다양한 반찬의 맛을 음미할 기회가 없었기 때문에 반찬을 골고루 먹어 보고 맛을 느낄 수 있을지 알아보고자 하였다.
2단계 문제의 명료화	무엇이 문제인지를 명확히 한다.	유진이가 반찬의 이름을 알 수 있도록 하고 무엇으로 어떻게 요리를 한 것인지 알려 주도록 한다.
3단계 가설 수립	문제해결을 위한 가설을 여러 가지 세우고, 문제해결 계획을 수립한다.	반찬이 무엇으로 어떻게 요리된 것인지 알 수 있는 방법을 생각해 본다.
4단계 자료 수집 및 분석	가설을 검증하기 위해 자료를 수집하고 분석한다.	반찬의 이름을 알고 먹으면서 맛을 이야기할 수 있는 친구와 함께 먹도록 하며 음식 재료로 조리가 되는 과정을 동영상이나 조리실을 견학하여 직접 볼 수 있도록 한다.
5단계 추론	논리적인 추론을 거쳐 해결안을 결론으로 채택하는 단계이다.	반찬은 하나씩 먹으면서 맛을 느끼는 것이며 여러 가지를 섞으면 맛을 알 수 없고 맛도 좋지 않음을 느끼도록 하였다.
6단계 가설 확인	자료 분석 결과를 증거로 하여 가설을 입증한다.	유진이는 반찬을 먹으면서 이름을 자신있게 말하게 되었고 무슨 맛인지 맛의 느낌도 표현하게 되었다.

출처: 전남련·김기선·성은숙·이은임·엄은옥·이경선·강은숙(2011). 영유아교수학습방법. 서울: 신정. pp. 62-63.

3) 협동학습

협동학습은 집단 상황에서 집단 구성원들 간의 긍정적인 상호의존을 바탕으로 하여 동일한 학습 목표를 향해 구성원들이 함께 활동하는 학습 방법이다(Slavin, 1983). 협동학습은 교수·학습의 과정에 참여한 영유아 간의 관계를 강조하여 모든 영유아가 협력하여 공동의 목표를 달성하도록 하는 방법이다. 교사가 대집단의 영유아들에게 학습 내용을 안내하고 활동에 대한 동기를 유발시킨 후, 4~6명의 영유아로 구성된 소집단 활동이 이루어진다. 소집단에서는 모든 구성원이 일정한 역할을 담당하도록 하며, 충분한 소집단 활동이 이루어진 후, 영유아들은 활동의 결과물을 전체 영유아들과 공유할 수 있도록 발표하고, 교사와 다른 소집단의 영유아들로부터 결과에 대한 피드백을 받는다. 따라서 집단 구성원 간의 토의나 서로의 생각에 대한 평가와 명료화가 이루어지므로 비판적 사고도 촉진될 수 있다(Gokhale, 1995).

협동학습에서는 교사가 가르치고 영유아가 배우는 교수·학습의 전통적인 관계를 넘어, 영유아가 가르치기도 하고 배우기도 하는 경험을 모두 할 수 있다. 영유아들은 협동학습을 통하여 또래와의 긍정적인 상호작용을 경험하며, 자신감과 성취감, 집단에 대한 책임감 등을 기를 수 있다.

(1) 협동학습의 요소

협동학습은 집단 상호작용, 사회적 기술, 긍정적 상호의존, 구성원의 책임감과 평가 요소가 포함되어야 한다(Lang & Evans, 2006).

- 집단 상호작용: 협동학습은 집단 구성원들 간의 직접적 면대면 상호작용이 있어야 하며 집단은 주어진 학습과제 수행을 촉진할 수 있어야 한다.
- 사회적 기술: 협동학습이 제대로 이루어지려면 구성원들이 대인 관계와 집단에서의 관계를 원만하게 유지하는 데 필요한 사회적 기술을 가지고 있어야 한다.
- 긍정적 상호의존: 협동학습을 하는 상황에서 집단은 함께 일하고 구성원들끼리 서로 지원하며 공동의 목표를 가지고 일을 분담하고 교재교구나 정보를 구성원들이 공유해야 한다.
- 구성원의 책임감: 협동학습을 할 때 집단 구성원 개개인은 모두 주어진 학습

과제를 충분히 파악하고 자신이 맡은 역할을 충실히 하여 집단에 대한 책임을 다해야 한다.

- 평가: 협동학습을 하는 소집단 구성원들은 학습과정과 결과를 함께 되돌아보고 서로 의견을 나누며 함께 평가해야 한다.

(2) 협동학습 유형

협동학습의 유형은 Jigsaw 모형, 성취과제 분담, 어깨동무학습 등을 들 수 있다(이순형 외, 2007).

1 Jigsaw 모형

Jigsaw(Aronson, Blaney, Stephin, Sikes, & Snapp, 1978) 모형은 또래끼리 서로 가르치도록 하기 위해 개발된 방법이다. 적용하는 방법은 5~6명으로 집단을 구성하고 학습 내용을 집단의 숫자와 같은 수로 나눈다. 각 집단의 유아 한 명에게 학습 내용 한 부분씩을 할당하고 집단별로 같은 부분을 맡은 유아들끼리 모여서 맡은 부분을 같이 학습한다. 그 후 각자 원래의 집단으로 돌아가서 다른 유아들에게 각자가 학습한 내용을 가르친다. 각 집단의 유아들이 각자 다른 부분을 학습하여 서로 가르쳐 주는 형식이므로 주의를 집중하는 데 도움이 되는 학습 방법이다.

2 성취과제 분담

학습성취과제 분담학습은 동기이론에 바탕을 두고 개발된 것으로서 학습 능력이 서로 다른 4~5명의 영유아로 학습팀을 구성하여 일주일 단위로 새로운 내용을 함께 학습한다(Slavin, 1978). 이 방법은 집단 구성원들이 역할을 분담하지 않고 공동 학습하는 방식이지만 평가는 개인적으로 한다. 그러나 개인이 성취한 만큼 팀에 대해서도 가산점이 부여되므로 팀 안에서 구성원들 간에 경쟁적인 협력이 이루어지고 팀 간에도 학습 동기를 높인다.

3 어깨동무학습

어깨동무학습은 5~6명으로 구성된 이질적 집단이 주어진 학습과제를 협동적으로 수행하고 평가도 집단별로 받는 방법이다(Johnson & Johnson, 1974). 따라서 개인적인 성취보다는 집단 전체의 성취가 중요하므로 협동이 중요하다. 집단 구성원들은 서로 의견이나 정보를 교환하고 질문하고 응답하며 격려하고 서로 학습 내용을 이해하는 정도를 확인한다. 어깨동무학습은 이러한 모든 협동 행동에 대해서 보너스 점수를 주기도 한다.

(3) 협동학습 절차

협동학습은 다음의 3단계에 따라 실시될 수 있다.

1 1단계: 대집단 수업 안내

수업에서 교사는 전체 수업의 개요를 안내하고, 이때 직접 말로 할 수도 있고, 도서, 비디오, OHP 등 시청각 자료를 이용할 수도 있으며, 도움이 되는 다양한 자원을 많이 동원할 수 있다. 교사는 전체 학급을 대상으로 도입, 전개, 연습의 순으로 수업에 대한 안내를 한다.

2 2단계: 소집단 학습 활동

소집단 구성원 수는 보통 4~6명으로 구성한다. 이때 소집단 구성원은 성별, 정신 능력, 성격 등을 고려하여 최대한 이질적으로 구성한다. 소집단이 구성되면 소집단 구성원 각자의 역할 분담을 정하도록 한다. 각자의 역할은 수업 내용에 따라, 처음에는 소집단 리더를 선출해서 소집단 활동의 진행을 순조롭게 하며, 나중에 소집단 활동이 정착되면 소집단 영유아 모두가 교대로 리더를 경험할 수 있도록 한다. 그 외에 기록 담당, 자료 담당, 발표 담당 등의 역할을 협의해서 분담한다. 영유아가 소집단 활동의 규칙을 토론하고 교사가 게시판이나 칠판에 기록하여 게시한다.

3 3단계: 평가 활동

전체 영유아가 모여 집단별로 소집단 활동 결과물을 발표한다. 교사는 일정 수준 이상의 모든 소집단 활동에 대해 칭찬이나 보상을 해 주고, 영유아와 함께 결과물을 해당 영역에 전시하여 감상한다.

(4) 교사의 역할

협동학습 상황에서 서로 갈등이 유발될 때 교사는 활동의 의미를 파악하여 갈등을 해결하면서 서로 협동할 수 있도록 의견을 제시하는 것이 필요하다. 구체적인 교사의 역할은 다음과 같다.

① 영유아가 함께 놀 수 있는 물, 모래, 쌓기놀이 등의 개방적 놀이 자료와 활동을 제공함으로써 공동 작업하는 기회를 갖게 한다.
② 하루의 일과나 학습 활동에 대해 영유아가 함께 계획을 세우고, 방법을 결정하고, 서로의 의견을 조정하는 협동적 계획과정이 효과적이다.
③ 제한된 놀이 자료를 제공함으로써 공유 기회를 갖게 한다.
④ 교사는 직접적 교수보다는 안내자의 역할을 한다.

협동학습의 예: 우리 동네 지도 그리기

- 사전 활동으로 '우리 동네 돌아보기'를 한다.
- 유아들을 5명씩의 모집단으로 구성한다.
- 학습할 내용을 5개 준비한다.

A. 우리 동네에 있는 병원의 종류와 역할
(소아과, 내과, 치과, 이비인후과 등)
B. 우리 동네에 있는 학교의 종류와 역할
(어린이집, 유치원, 초등학교, 중·고등학교, 대학교 등)

C. 우리 동네에 있는 가게의 종류와 역할
(신발가게, 과일가게, 옷가게, 철물점, 문구점, 마트 등)
D. 우리 동네에 있는 쉼터의 종류와 역할
(놀이터, 노인정, 공원 등)
E. 우리 동네에 있는 도로에서 볼 수 있는 것
(차도, 인도, 횡단보도, 신호등, 육교 등)

- 집단 구성원 각자에게 하나씩 학습 내용을 맡긴다.
- 같은 학습 내용을 맡은 구성원끼리 전문가 집단을 이루어 함께 토의하고, 맡은 부분의 지도를 그려 본다.
- 원래의 모집단으로 돌아가 다른 구성원들에게 전문가 집단에서 그려 온 지도를 설명한다.
- 모집단별로 학습한 내용을 전지에 그려 우리 동네 지도를 완성한다.
- 각 집단에서 그린 지도를 발표한다.

출처: 임부연·오정희(2009). 영유아 교수 학습방법. 서울: 동문사. p. 83.

(5) 협동학습의 유의점

협동학습의 과정에서 각 소집단 내의 협동은 이루어지나, 소집단 간의 경쟁은 오히려 두드러져 능력이 우수한 친구들만 동료로 받아들이려고 하는 현상이 발생할 수도 있다. 교사가 소집단을 구성할 때에는, 유아 전체의 특징을 잘 파악하여 학습이 이루어지는 정도가 어느 한 집단에 치우치지 않도록 고려해야 한다. 그리고 유아들이 스스로 집단을 구성할 때에는, 교사가 먼저 모든 유아 개개인의 장점을 믿고 유아도 친구에 대한 신뢰감을 가질 수 있도록 지도해 주어야 한다.

4) 발견학습

(1) 발견학습의 개념

발견학습은 브루너(Bruner)가 제시한 학습 모형이며, 내용 면에서는 '지식의 구조'를 중심으로 하는 학습이고, 방법 면에서는 학습자의 '발견적인 절차'에 따른 학습이고, 목표 면에서는 '탐구적인 사고 방법의 형성'을 위한 학습자 중심의 학습이다(송기주, 1996).

발견학습은 일상생활과 직접 관련이 없는 학습 내용을 학습자가 기계적으로 암기하고 연습하는 전통적인 수용학습에 대한 개선에서 비롯된 학습 모형이고, 학습을 지식의 발견과정에 따라 학습시켜 학습자가 이를 재발견하게 하는 학습 방법이다.

브루너(Bruner)는 인지 발달의 결과를 사고 능력의 계발로 보았다. 브루너(Bruner)에 의하면, 교과의 기본적인 개념이나 원리를 이해하는 것은 지식 전이의 기초가 되며(Bruner, 1960), 학습자가 스스로 어떤 것을 발견할 때 기억의 가능성은 보다 높아진다(Bruner, 1961). 브루너(Bruner)가 제안한 발견법(heuristics) 또는 발견학습(discovery learning)은 학습자들이 학습과정에 능동적으로 참여하며, 교과의 내용이 최종적인 형태로 제시되는 것이 아니라 개념과 원리, 규칙과 관계 등을 학습자 스스로 발견하도록 하는 학습이다.

발견학습은 간단한 개념을 스스로 이해하는 학습 내용에서부터 정보를 재구성하고 재조직하여 새로운 지식을 산출할 수 있는 학습 내용에 이르기까지 다양한 학습의 수준을 포함한다. 또한 능동적인 학습을 촉진시키기 위한 수업은 학습자를 수동적으로 남겨두는 수업보다 교사와 학습자에게 더 많은 역할, 더 구체적이고 적극적인 역할을 요구한다.

브루너(Bruner)가 주장한 '지식의 구조'는 어떤 학문이나 교과에 포함되어 있는 기본적인 사실, 개념, 명제, 원리, 규칙 등을 통합적으로 체계화한 것이다(변영계, 1999). 브루너(Bruner)에 의하면, 학습자는 학습자의 발달 단계에 맞게 구조화, 조직화된 교과의 학습 내용을 통해 지식이나 기술의 '구조'를 학습할 수 있으며, 교사는 학습자가 지식의 구조를 발견하는 과정을 능동적으로 경험하도록 학습 환경을 조성해 주어야 한다.

발견학습은 학습 활동에 학습자의 능동적인 참여가 강조되고 교사는 학습보조자의 역할을 수행하게 되는 학습자 중심의 학습 형태이다. 발견학습은 교과의 내용, 즉 학습자에게 가르쳐야 할 내용을 최종적인 형태로 제시하는 것이 아니라, 학습의 최종 형태, 즉 원리나 법칙을 찾아내는 활동이나 정보들 간의 관계를 학습자 스스로 발견하고 조직하도록 도와주는 학습이다. 학습자의 탐구적인 사고능력의 발달을 목표로 하는 발견학습에는 학습 방법(how to learn)과 학습 내용(what to learn)이 긴밀히 연관되어 있는데, 브루너(Bruner)는 이러한 학습 방법과 학습 내용을 나선형 교육과정으로 구체화시켰다.

(2) 발견학습의 과정과 특징

1 발견학습의 과정

ㄱ. 문제 발견: 문제의식을 가지고 구체적인 사실 경험을 조사한다.

ㄴ. 가설설정: 학습자의 직관적 사고를 통해 가설을 설정한다.

ㄷ. 가설검증, 분석, 종합 등을 통하여 객관화한다.

ㄹ. 적용: 학습자가 스스로 여러 관계의 규칙성과 유사성을 찾아내기 위하여 현실 장면에 직접 적용해 본다.

2 발견학습의 특징

ㄱ. 지식의 기본 구조에 대한 철저한 학습을 한다.

ㄴ. 학습 효과의 전이를 중요시한다.

ㄷ. 학습의 결과보다 과정과 방법을 중요시한다.

(3) 발견학습법의 단계와 내용

단계	내용
1단계 자료 제시–관찰 단계	교사가 학습 목표 도달에 적합한 자료를 제시하면 유아는 이 자료를 가지고 가능한 모든 관찰을 하는 단계
2단계 보충 자료 제시–관찰 단계	유아들이 행동 관찰을 바탕으로 개념을 형성하거나 일반화하는 등 추상적인 표현을 원만히 할 수 있게 필요한 보충 자료를 제시하여 자기 나름의 더 많은 관찰을 하고 개념을 유도하는 기회를 마련하도록 하는 단계
3단계 추리 단계	교사는 여러 가지 관찰된 사실 간의 일정한 형식을 찾아 기술하도록 이끌어감으로써 개념 또는 일반화된 추리를 얻어내는 단계
4단계 정리 단계	한 개념에 대한 여러 가지 표현을 하나로 정리하는 단계로 추리 단계에서 얻는 개념은 정확한 것이 되기 어려우므로 한 개념을 유아 스스로 토론하여 요약된 개념을 만드는 단계
5단계 응용 단계	4단계에서 형성한 개념을 여러 경우에 적용함으로써 활동의 범위를 넓혀가는 단계

출처: 전남련·김기선·성은숙·이은임·엄은옥·이경선·강은숙(2011). 영유아교수학습방법. 서울: 신정. pp. 61–62.

(4) 발견학습의 교육적 의의

① 교과의 구조를 알거나 기본적인 원리나 법칙을 발견하게 함으로써 기본 분류 체계의 형성을 알게 한다.

② 나선형 교육과정 등이 분류 체계의 계획들을 위해서 이상적이다.

③ 직관적 도약이라는 교육적 추측의 중요성을 지적한다.

④ 시청각 매체와 같은 수업보조물이 많이 이용된다.

5) 프로젝트 접근

프로젝트 접근은 듀이(Dewey)의 진보주의 교육철학을 바탕으로 킬패트릭(Kilpatrick)이 체계화한 프로젝트법(the Project Method)을 캐츠(Katz)와 차드

(Chard)가 영유아의 학문적, 인지적, 정서적 발달에 맞게 재조직한 것이다. 이는 한 명이나 소집단 또는 대집단의 유아가 특정 주제를 깊이 있게 탐구하는 방법으로, 기존의 유아교육기관에서 다양하게 접목시킬 수 있기 때문에 '방법'이나 '모델'이라는 말보다 '접근'이라는 말을 사용한다(Katz & Chard, 1989).

하나의 프로젝트에는 교육과정의 전 과정에서 실행되는 모든 활동이 모두 포함될 수 있다. 문학, 언어, 수, 과학, 조형, 동작, 사회 등의 교과교육이 통합적으로 이루어질 수 있으며, 이를 통해 영유아의 통합적 지식이 구성될 수 있다. 지난 20여 년 간의 관련 연구들에서 프로젝트 활동이 유아의 발달과 학습에 효율적임이 입증되어 왔다. 영유아들의 심미적, 도덕적 민감성뿐만 아니라, 지적 발달을 포함하여 학습에 유아의 마인드를 몰입시킬 수 있도록 하였다.

(1) 프로젝트 접근의 목적

캐츠와 차드(Katz & Chard, 1989)가 제시하는 프로젝트 접근의 목적은 다음과 같다.

- 영유아의 주변 세계 이해를 증진하고 긍정적인 학습 성향을 발전시킨다.
- 체계적 교수나 자발적 놀이를 통해 유아가 학습한 내용을 프로젝트 활동을 통해 보완·강화한다.
- 영유아의 학습을 실생활과 연결한다.
- 영유아의 집단에 대한 소속감과 공동체 의식을 발달시킨다.
- 교사가 도전하는 마음을 가지고 자신의 일을 수행하도록 한다.

(2) 프로젝트 접근의 단계

프로젝트 접근의 단계를 살펴보면 다음과 같다.

- 준비 단계: 주제 선정하기, 교사의 예비 주제망 구성하기, 자원 목록 만들기
- 도입 단계: 경험 나누기 및 표현하기, 교사와 유아의 공동 주제망 구성하기, 질문 목록 구성하기
- 전개 단계: 조사, 탐구, 현장 견학 활동, 전문가 면담하기
- 표상 활동 단계: 그림 그리기, 기록하기, 그래프나 도표 작성하기, 조형물 만들기, 극놀이 등의 다양한 방법으로 표상하기
- 마무리 단계: 전시, 발표, 초대와 평가하기

(3) 프로젝트 접근의 주제 선정

영유아가 프로젝트의 전 과정에 적극적으로 참여하도록 하기 위해서는 주제 선정의 과정에서부터 유아의 관심이 반영되어야 한다. 주제 선정 시 고려할 점은 다음과 같다(지옥정, 2009).

- 영유아들의 일상생활, 직접 경험과 관련된 친숙한 주제
- 주제와 관련된 실물이나 현장 견학 및 함께 활동할 수 있는 전문가 등을 주변에서 쉽게 찾을 수 있는 주제
- 여러 교과 영역이나 학문 영역을 통합적으로 다룰 수 있도록 하는 주제
- 영유아들 간에 서로 더 잘 이해하고 도울 수 있는 상호 협동의 기회를 제공하는 주제
- 탐구와 조사 활동, 문제해결을 위한 충분한 기회를 제공하는 주제
- 그리기, 쓰기, 만들기, 구성하기, 극화 활동하기, 음률 활동하기 등 다양한 표현 활동을 위한 아이디어를 제공하는 주제
- 영유아들이 문자나 수의 가치를 인식하도록 하는 주제
- 영유아들이 유아교육기관 밖에서도 쉽게 정보원을 찾을 수 있는 주제
- 부모와의 의사소통을 촉진하는 주제
- 교사의 입장에서도 관심과 흥미가 느껴지는 주제

2. 교사 주도적 접근

교사 주도적 접근은 교사가 주도적으로 지식이나 정보를 영유아에게 전달함으로써 수업을 주도하는 접근을 말한다. 교사가 영유아를 대상으로 말하거나 시연함으로써 수업을 진행하거나 사실이나 상황을 전달하기 때문에 직접 교수 접근이라고 부르기도 한다. 교사 주도적 접근법은 짧은 시간에 많은 내용을 전달하는 데 유용하기 때문에 대집단 활동 시 사실을 전달하거나 처음 배우는 개념을 전체적으로 전달할 때 적절하며, 그 방법으로는 설명법과 개념학습법이 있다.

1) 설명법

(1) 설명법의 정의

교사 주도적 접근법의 대표적 방법인 설명법은 오랜 기간 동안 가장 흔하게 사용되어 온 방법이며, 교사의 설명에 의해 수업이 진행되는 교수학습 방법이다. 설명법은 교사가 영유아에게 교육 내용을 잘 알 수 있도록 말해 주는 방식으로 교사가 사전에 교수할 내용을 준비하고 그것을 대집단으로 모인 영유아들에게 설명해 주는 방식이다(임부연·오정희, 2009).

설명법은 개별 영유아에게 같은 내용을 반복해서 전달해야 하는 번거로움을 덜어 주고, 한번에 많은 내용을 전달할 수 있다는 장점이 있다. 특히 학습 능력이 미숙한 영유아의 경우 교사가 적극적으로 수업을 진행함으로써 학습 내용을 효과적으로 전달할 수 있다.

그러나 교사의 언어만으로 전달하는 설명법은 영유아의 발달 특성상 이해와 흥미 유지에 한계가 있을 수 있다. 따라서 구체적인 사물이나 영상 자료 등 적절한 교수 매체를 활용하는 것이 필요하다.

(2) 오스벨의 모형

오스벨(Ausubel, 1963)은 설명식 수업의 효과를 높이기 위한 방안으로 선행조직자를 제안하였다. 학습하게 될 중요한 내용에 영유아가 관심을 기울일 수 있도록 선행지식을 미리 학습시켜 줌으로써 새로운 정보나 지식을 습득하는 데 도움을 줄 수 있다고 하였다. 선행조직자는 학습 전에 제시되는 정보로서 학습자들이 학습하게 될 내용을 조직화하고 해석하는 데 사용된다. 선행조직자는 학습하게 될 중요한 내용에 관심을 기울이도록 유도하며 학습할 개념 간의 관계를 형성하게 하며 이미 알고 있는 개념을 일깨워 줌으로써 학습할 내용을 이해하는 데 필요한 사전 지식을 이끌어 내는 기능도 한다. 예컨대, 바닷속 생물에 대해 학습하기 위해 바닷속 생물이 등장하는 동화책을 보여 주거나 여러 가지 바닷속 생물 그림이나 동영상을 통해 먼저 보여 줌으로써 영유아의 지식 습득을 도울 수 있다.

2) 개념학습법

(1) 개념학습법의 정의

개념이란 학습 내용을 계획, 구성하는 데 필요한 조직 요소이며 지식이나 정보를 이끌어 내는 아이디어의 핵심 요소이다. 즉, 개념이란 영유아가 대상이나 사건들에 관하여 사고를 형성해 가는 가장 기본적인 생각으로서 영유아기는 개념 발달이 급속히 이루어지는 시기이다.

개념학습법이란 영유아들의 개념에 대한 이해를 돕고 가설검증의 실천 기회를 통해 유아들이 분석적인 사고 기술을 갖도록 도움을 주기 위한 모델로서 구성주의 입장에서 활용하는 학습 방법 중의 하나이다. 예컨대, 만일 '변화'란 개념을 전달한다고 가정해 보자. 변화란 사물의 모양이나 성질 같은 것이 달라지는 것을 말한다. 따라서 유아 자신, 계절, 주변 사물, 주변 환경, 가족의 변화, 감정 등 모든 영역에서 방법을 추출할 수 있으며 개념에 접근해 갈 수 있다. 즉, 내가 어렸을 때와 지금의 모습, 옷, 머리, 신발의 바뀐 형태, 유치원 환경의 변화, 친구, 주변의 변화, 동네에서 이사를 오고 가는 일도 변화할 수 있다. 도로가 새로 난 것, 빵집 진열장의 변화, 백화점 놀이터의 움직이는 자동차도 변화의 대상이 될 수 있다(이은화·김영옥, 2000).

(2) 개념 발달의 특징

영유아의 개념 발달의 특징에 대해 살펴보면 다음과 같다(김진영 외, 2006).

첫째, 영유아의 개념 발달은 위계적이고 누가적인 과정을 거쳐서 이루어진다. 유아는 '동물'이라는 개념을 획득하기에 앞서 '개'나 '고양이'라는 개념을 먼저 이해하게 된다.

둘째, 영유아는 하나의 개념이 불변하는 절대적인 것으로 인식한다. 유아는 '사과'는 항상 '사과'이고 '과일'은 항상 '과일'로 인식하게 된다. 때로는 '사과'가 사과파이나 잼으로 바뀔 수 있다는 사실이나 이유를 이해하지 못한다.

셋째, 영유아는 추상적인 개념을 이해하는 데 어려움을 겪는다. 유아는 '개'라는 개념보다 '애완동물'이라는 개념을 이해하는 데 어려움을 겪게 된다.

넷째, 개념 발달은 연속적인 형태로 진행된다. 단순한 상태에서 복잡한 상태로, 구체적인 것에서 추상적인 것으로, 무식별에서 식별된 상태로, 분산된 상태에서 조직적 상태로, 자아 중심적 상태에서 사회 중심적인 상태로의 연속성을 따른다.

다섯째, 영유아가 개념의 명칭을 사용한다고 해서 그 개념을 이해하고 있다고 보기는 어려우며, 학습해야 할 개념의 명칭을 모르더라도 개념을 학습할 수 있다.

(3) 개념학습 전략

영유아가 개념을 정확히 사용할 수 있도록 학습시키는 것은 쉬운 일이 아니다. 효율적인 개념수업은 개념학습 기능의 발달을 촉진시켜 주는 것이어야 하며, 개념

학습 기능은 학습자가 스스로 경험한 세계를 어떤 범주나 구성으로 조직, 분류할 수 있는 기능을 말한다. 개념습득을 위한 효율적인 전략은 다음과 같다(김진영 외, 2006).

- 가능하면 직접 보거나 만져 볼 수 있는 실제적이고 구체적인 사례를 제공한다.
- 영유아들이 자신의 추론과정을 설명할 수 있도록 격려해 준다.
- 경험이나 지각과 관계없는 추상적인 것이나 가설적인 상황에 대하여 유아에게 추론하게 하는 것은 무리가 있다.
- 이미 조직된 형태로 개념을 제시하기보다는 먼저 예를 제시해 주고 유아들이 개념의 규칙을 스스로 찾아낼 수 있도록 한다.
- 관찰과 기술의 기능을 개발시키도록 도와준다.
- 혼동할 수 있는 자료나 정보보다는 사례를 사용하는 것이 효과적이다.
- 변별하기 쉬운 사물에서 시작하여 점점 어려운 것으로 진행해 간다.

(4) 개념학습법의 유의점

영유아에게 개념을 정확히 사용할 수 있도록 학습시키는 것은 쉬운 일이 아니다. 효율적인 개념수업은 학습자가 스스로 경험한 세계를 어떤 범주나 구성으로 조직, 분류할 수 있도록 촉진시켜 주어야 한다(이현옥·박정선, 2007). 이를 위하여 먼저 영유아가 직접 보고 만질 수 있는 실제적이고 구체적인 사례를 제공한다. 이때 유아의 생활세계를 고려한 경험을 제공하는 것이 효과적이다. 또한 조직된 개념을 제시하기보다는 사례를 통해 영유아들이 개념을 찾아낼 수 있도록 격려하되 변별하기 쉬운 사물에서 시작하여 점점 어려운 것으로 순차적으로 제시하도록 한다.

(5) 개념학습을 이용한 활동의 예

<table>
<tr><th>활동명</th><td>풍선 전화기</td><th>활동 영역</th><td>탐구생활, 언어생활</td></tr>
<tr><th>대상 연령</th><td>만 5세</td><th>집단 크기</th><td>소집단, 개인</td></tr>
<tr><td>목 표</td><td colspan="3">• 소리의 전달에 대하여 관심을 가진다.
• 풍선 전화기를 이용하여 소리를 전달할 수 있다.</td></tr>
<tr><td>활동 자료</td><td colspan="3">풍선, 종이컵(2개)</td></tr>
<tr><td>활동 방법</td><td colspan="3">유아들이 좋아하는 풍선놀이를 하다가 풍선을 입에 붙이고 소리를 낼 때 풍선이 진동하는 것에 관심을 보인다.

도입
– 과학 영역에 풍선과 종이컵을 제시해 두고 유아들로 하여금 관찰해 보게 한다.
– 종이컵 2개에 서로 실을 연결한 것과 연결하지 않은 종이컵 2개를 만져 보면서 관찰하게 한다.
– 풍선과 종이컵을 이용하여 전화기를 만들어 보도록 유도한다.

전개
– 너희들 전화기로 엄마 아빠와 전화해 본 적이 있니?
– 실로 연결된 두 종이컵으로 전화를 하면 말소리가 어떻게 들릴까?
– 풍선을 사이에 두고 종이컵을 연결하여 말을 하면 어떻게 들릴까?
– 그냥 종이컵을 귀에 대고 말소리를 전하는 것과 풍선을 사이에 끼고 전하는 것은 어떻게 다르니?
– 풍선을 사이에 끼고 말소리를 전하면 왜 크게 들릴까?

확장 활동
– 풍선 속에 물을 넣고 실험해 보면서 차이를 알아본다.</td></tr>
<tr><td>평가 및
유의점</td><td colspan="3">– 풍선을 종이컵 사이에 끼워 밀착시키고 종이컵을 귀와 입에 공기가 들어가지 않도록 밀착해 소리를 전달했는가?
– 풍선을 통한 소리의 전달이 어떻게 다른지 이해하는가?</td></tr>
</table>

출처: 전남련·김기선·성은숙·이은임·엄은옥·이경선·강은숙(2011). 영유아교수학습방법. 서울: 신정. p. 48.

C·H·A·P·T·E·R

03

영유아교수방법의 원리

교수방법의 원리를 자발성의 원리, 직관의 원리, 개별화의 원리, 놀이 중심의 원리, 탐구학습의 원리, 생활 중심의 원리, 통합의 원리, 구체성의 원리, 다양성의 원리 측면에서 살펴보며, 교사의 역할과 교수·학습 전략에 대하여 개관하였다.

1. 교수방법의 원리

1) 자발성의 원리

자발성(spontaneity)이란 영유아의 내부로부터 자라나려는 의욕이나 가능성, 또는 능력을 말한다. 영유아기는 특히 이러한 자발성이 매우 강한 시기로서 영유아가 이루어 내는 많은 부분의 학습이 거의 자발적인 시도를 통한 모방이나 놀이의 형태로 이루어진다.

영유아는 능동적인 학습자로서 끊임없이 활동적으로 움직이고 탐색하는 특징이 있다. 타인의 교수에 의해 수동적으로 채워지는 존재가 아니라 자신의 신체와 모든 감각기관을 동원하여 만지고 보고 듣고 냄새 맡는 등 적극성을 갖는 존재이다. 영유아는 이러한 적극적 활동을 통해 자신의 욕구와 호기심을 충족시키며 폭넓은 자기 발견의 기회를 얻게 된다. 수면 시간을 제외하고는 거의 모든 시간을 스스로 끊임없이 관찰하고 탐색하고 모방하고 수정해 나가면서 자연 발생적인 학습을 이루어간다.

교육의 효과는 학습자의 내재된 동기를 유발시켜 배움에 대한 의욕이 북돋아질 때 극대화될 수 있다. 자발성의 원리는 자기 활동의 원리, 흥미의 원리, 동기유발의 원리 등 유사한 명칭으로 여러 이론가들에 의해 주장되어 왔는데 공통적으로 영유아의 자기 활동을 촉진시키는 '동기 부여'를 강조해 왔다.

영유아의 감각적 기호를 고려하여 다양하고 창의적인 방법으로 학습 자료를 준비하여 학습의 목적에 대한 인식을 갖도록 배려하여야 한다. 영유아에게 매력적인 교수 자료는 교육의 내용이 영유아의 발달 단계나 능력에 맞고 유아의 관심과 흥미를 불러일으킬 수 있도록 구성된 것을 말한다. 예컨대, 교수 자료가 영유아의 현재 관심사를 반영하거나 친근한 인물이나 생활 경험이 등장하는 내용으로 꾸며져 있다든지, 또는 영유아의 주의를 끌 만한 새롭고 신기한 요소가 들어 있어 호기심을 유발시키는 경우를 들 수 있다.

학습에 대한 목적의식을 갖도록 하여 동기를 유발시키는 방법도 소홀히 하여서는 안 된다. 단지 흥미에만 이끌려 이것저것 건드려보다가 끝맺음을 하지 못하고 마는 경우가 생기게 되는데 장기적인 측면에서 보면 이것은 교육적으로 바람직하지 못한 습관을 형성할 수 있다.

이러한 영유아의 자발적인 학습을 촉진하기 위한 직접적인 방법으로는 보상, 즉 교사가 칭찬이나 발표 기회를 제공하는 등 영유아의 노력을 인정해 주고 그것이 다른 영유아들에게 하나의 자극으로 받아들여지게 하여 학습 목표에 대한 관심을 불러일으킬수 있도록 하는 편이 효과적이다.

2) 직관의 원리

교육이란 경험에 의한 성장이다. 이것은 추상적인 언어 위주의 교육이 아닌 영유아의 체험과 직접 경험을 통한 교육의 중요성을 가리키는 말이다. 직관의 원리는 이처럼 감각적 경험이나 직접 경험을 강조하는 것으로 직접 경험의 원리라고도 한다.

영유아기가 감각기관으로부터 전달되는 자극에 예민하게 반응하며 이를 기초로 지식의 인지적 구조를 확대해 나가는 시기인 만큼 영유아의 직접 경험에 호소하는 교수방법이 매우 중요하다. 현재 영유아교육기관 현장에서는 추상적인 개념이나 원리를 유아에게 구체적이고도 감각적인 방법으로 제시하기 위해 여러 가지 시청각 자료를 활용하고 있다.

교육 장면에서 창의적인 여러 가지 방법으로 다양하게 시청각 자료를 구성하여 영유아의 제한된 생활 경험을 넓히고 감각적 지각력을 길러 주려는 노력이 필요하다. 또한 영유아가 학습에 직접적으로 참여하여 실제로 사물을 조작하고 다루며 적극적으로 체험할 수 있는 직접 참여의 기회도 제공하여야 한다.

영유아교육기관이라는 제한된 시간과 공간 속에서도 직접 참여의 기회와 경험을 확대하여 영유아에게 보다 넓고 풍부한 학습의 기회가 일어나게 만들어 주어야 한다. 구체적인 방법으로 실외놀이 환경을 여러 가지 자연 사물로 풍부하게 하고, 교실 내 환경도 양파 기르기나 개구리알 키우기 등 작은 동식물 기르기로 다양하게 꾸며 영유아가 접하는 자연환경의 범위를 넓혀 주는 것이 좋다.

그리고 지역사회 견학 및 참여의 기회를 자주 가지게 하여 주변 환경에 대한 심리적 유대감 속에서 예민한 지각력을 기르도록 해야 한다. 이러한 활동들을 통해 자신을 둘러싼 주위 세계에 대해 풍부한 이해와 지식을 쌓아가도록 하는 것이 바람직하다.

3) 개별화의 원리

영유아는 발달 속도, 지적 능력, 성격, 가치, 태도 등의 다양한 측면에서 각기 차이가 있다. 이러한 개별 영유아의 독특한 요구와 발달적 특성을 개인차라고 하며 다음과 같은 측면에서 개인차가 나타날 수 있다.

- 영유아는 학습의 기능이 서로 다르다.
- 영유아는 서로 다른 학습의 속도를 보인다.
- 영유아는 서로 다른 흥미를 가지고 있다.
- 영유아는 똑같은 방법으로 문제를 해결하지 않는다.
- 영유아는 서로 다른 학습 동기를 가지고 있다.
- 영유아는 특정 시점에서 동일한 학습 능력과 학습 준비도를 가지고 있지 않다.

이러한 개인차를 최대한 고려하여 교수 활동을 수행하는 것을 개별화 교수·학습 원리라고 할 수 있다. 즉, 개별화 원리는 영유아의 발달 상태나 능력에 개인차가 있기 때문에 영유아의 개성을 존중하면서 학습 내용이나 가르치는 방법을 다양한 안내에 따라 영유아가 수행하도록 하는 활동 방법을 말한다. 이러한 개별화 교수·학습 원리는 어린이의 학습이 발달에 적합해야 한다는 데 근거한다. 발달의 적합성(developmentally appropriate)에는 연령 적합성(age appropriateness)과 개인 적합성(individual appropriateness)의 개념이 포함된다(NAEYC, 1987). 즉, 연령 적합성은 영유아의 학습에서 발달 수준, 흥미, 욕구들을 고려하는 것을 의미한다. 인간의 성장과 발달은 보편적이고 예측 가능한 순서에 따라 이루어지므로 영유아의 신체, 인지, 정서, 사회성 등 모든 영역의 발달 수준에 적합하면서 영유아의 흥미, 욕구 수준에 알맞은 교육적 경험과 자극을 제공해야 한다는 것이다. 한편 개인 적합성이란 모든 영유아가 성격, 신체 조건, 지적 능력, 가족 배경 등이 서로 다를 뿐 아니라 학습 형태와 성장 속도가 각기 다른 독특성을 지니고 있으므로 각 개인의 특성에 적합한 영유아 학습이 이루어지도록 해야 한다는 의미이다. 예를 들어, 여러 가지 학습 방법 가운데 시각을 통한 학습이 효율적인 영유아가 있는가 하면 감각 경험이 더 효율적인 영유아가 있다. 또 학습 속도가 빠른 영유아, 학습 속도가 느린 영유아 등 다양하므로 이러한 개별적 학습 형태와 속도에 따라 적절한 학습 경험이 주어져야 한다.

이처럼 영유아들은 각자 다른 외모만큼이나 서로 다른 성격과 능력, 흥미, 가정적 배경 등 모든 면에서 차이가 있다. 이러한 개인차는 교사가 영유아 개개인을 지도할 때 고려하여야 할 모든 지도의 출발점이라 할 수 있다. 개인차가 고려되지 않을 때 영유아는 좌절감과 함께 자신에 대해 불만족하거나 또는 자신은 모든 면에서 남보다 우월하다는 자기 과시를 지향하게 될 뿐만 아니라 영유아 각자가 지니고 있는 고유한 능력이 개발되지 않은 채 사장되는 경우가 생긴다.

그러므로 교사는 우선 영유아 개개인을 '개별적인' 인력으로 인식하고 그들이 각자 지니고 있는 개인차 및 개성을 충분히 이해하고 존중하여야 한다. 영유아는 자신이 교사에게 특별한 존재이며 인정받고 있다고 느낄 때 자신감을 가지게 되고 나아가 자신의 가능성을 스스로도 인정하고 노력하게 되는 것이다. 영유아에 따라 같은 내용의 슬라이드를 보더라도 지각이 느린 경우가 있고 또는 유난히 정교한 소근육 발달이 더디어 일정한 패턴의 색칠하기가 매우 어설픈 영유아도 있다. 개인차를 인정하는 교육에서는 유아가 자신을 또래와 동일 기준상에 놓고 비교하게 하기보다는 자신이 하는 활동 자체를 소중하게 여기도록 배려를 해야 할 것이다. 예를 들어, 똑같이 복사된 나뭇잎 색칠하기 활동은 결국 유아들이 자신의 능력을 다른 사람과 비교할 기회를 갖게 하지만, 실외에서 각자 자신이 주운 나뭇잎을 가지고 들어와 윤곽을 그리고 색칠하기를 한다면 능력별 비교보다는 그 작업 자체가 가지는 개인적인 의미가 더 소중해질 수 있다. 이밖에도 대집단 활동 외에 2~4명 정도로 구성된 소집단 활동이나 개인 활동의 기회를 많이 제공하도록 한다.

개별화 교육은 개인차를 고려한 가장 이상적인 방법이지만 교사 대 영유아의 비율이 높은 영유아교육기관 현장에서는 이를 실천하는 데 여러 가지 어려움이 따른다. 2019 개정 누리과정인 유아 및 놀이 중심 교육과정의 의미는 한 연령 내에서 개인 간 차이와 한 개인의 발달 영역별 발달 속도 차이인 개인 내 차이, 그리고 지역 간 다양한 배경에 따른 사회문화적 차이를 모두 고려해야 한다는 의미이다. 따라서 교사들은 수준별 교육이 수준 간의 단절이 아닌 발달의 연속선에서 이루어져야 한다는 인식을 분명히 하고 이에 관한 실제적이고 전문적인 훈련을 쌓은 후 효율적인 교수 활동을 진행해 나가야 할 것이다. 또한 교사는 영유아의 특성에 따라 교재교구를 다양한 수준별로 준비하여 영유아의 능력에 맞게 활용하고 모든 교육 활동에서 집단의 규모를 융통성 있게 조절하여 개인적 특성을 고려할 수 있도록 배려해야 할 것이다.

4) 놀이 중심의 원리

유치원의 창시자인 프뢰벨(Friedrich Fröbel)은 "놀이란 아동 발달의 최고 위상"이라고 말한 바 있다. 즉, 놀이야말로 주변의 사물을 탐색하고 세계에 대한 이해를 넓혀 가는 가장 자연 발생적인 탐구 행위인 것이다. 이처럼 영유아기 어린이는 놀면서 배운다. 자발적인 놀이 욕구에 의해 적극적으로 탐색하고 경험하며 주변의 인적, 물적 환경과 다양한 상호작용을 맺게 되므로 폭넓은 학습 기회를 가질 수 있다. 또한 놀이의 자유로운 분위기에서 융통성 있게 활동하면서 창의력이 촉진될 수 있을 뿐 아니라 반복적 놀이 활동을 통해 경험이 심화되고 확대되어 학습 효과를 높일 수 있다.

이와 같이 놀이 중심의 원리는 영유아가 자발적이고 능동적으로 놀이에 참여하여 놀이 활동을 즐길 때 효율적으로 학습이 일어날 수 있다는 가정에서 비롯된다. 이는 다음과 같은 놀이의 특성을 통해 파악해 볼 수 있다.

- 영유아의 효과적인 학습은 학습자의 자발적인 동기를 전제로 한다. 즉, 강요에 의한 학습보다 배우고자 하는 자발적 동기에 의한 학습이 효과적임을 뜻한다. 여러 활동 중에서 놀이는 유아의 자발적인 욕구에 의한 행동이기 때문에 효과적인 학습의 기본 조건이 갖춰져 있다고 하겠다.
- 영유아는 놀이를 하면서 적극적으로 탐색하고 선택, 결정하며 주변의 인적·물적 환경과 다양한 상호작용을 한다. 이러한 적극적인 참여를 통해 학습의 효과를 높이고 폭넓은 학습 기회를 가질 수 있다. 또한 놀이에서는 사건이나 행동이 반복되는 경향이 있어서 경험이 심화되고 확대되어 학습 효과를 높일 수 있다.
- 영유아들에게는 구체적인 경험을 통한 학습이 효과적인데 이러한 학습 원리가 놀이 중에 가장 이상적으로 실현될 수 있다.
- 마지막으로 놀이의 자유롭고 융통적이며 자기 선택적인 요소로 인해서 영유아의 자기 발견적 학습이 촉진될 수 있다(이숙재, 2001).

즉, 영유아는 자발적으로 놀이에 참여하고 즐기며 활동을 하는 동안 기능을 숙달하고 경험을 확장시키며 새로운 도전을 하게 되어 결과적으로 전인적이고 통합적인 발달을 이루게 된다. 따라서 교사는 발달적으로 적절하고 다양한 놀잇감과 교재교구를 지속적으로 제공해 주어 영유아가 능동적으로 놀이를 주도해 갈 수 있도록 격려해야 한다.

사실 의도적인 교수·학습을 고려하지 않아도 영유아의 생활 중 대부분은 놀이로 이루어진다. 예를 들어, 출생 후 본능적으로 시도하는 빨기도 혼자 놀이의 일종이며, 성인의 등에 업히기도 구경놀이의 형태로 분류될 수 있을 정도로 놀이는 영유아의 생활 그 자체인 것이다. 그러므로 영유아의 학습 활동은 성인의 경우와는 달리 놀이 활동을 중심으로 구성되고 진행되어야 가장 효과적이다. 실제로 영유아교육 현장에서는 대부분의 교육 활동들이 놀이의 형태로 계획되어 영유아들이 즐겁게 참여하는 가운데 지정의(知情意)를 습득하도록 하고 있다.

그러나 교사들이 유의할 것은 영유아는 환경에 적극적으로 참여하여 자신의 탐구를 스스로 주도해 나가는 능동적 행위의 주체자라는 점이다. 즉, 영유아 스스로가 놀이 활동을 구성하고 계획하는 데 적극적으로 참여할 수 있도록 하고 교사는 이를 격려하고 안내하며 놀이 동무로서 함께 활동을 이끌어 가는 동반자의 역할을 하여야 한다는 점이다. 또한 교육 활동이 진정으로 놀이로서의 성격을 지니고 교육적이 되기 위해서는 영유아가 자연스럽게 놀이에 몰두하여 시종일관 호기심과 흥미를 유지할 수 있어야 하며 교사는 어떤 개입이나 주의를 흐트러뜨리는 요소를 방지하여 환경적 여건을 효율적으로 구성하는 것도 중요하다.

간혹 영유아 학습의 놀이적인 성격을 이해하지 못하는 부모들이 있다. 그래서 놀이의 형태로 이루어지는 영유아의 교육 활동을 단순히 아이들을 놀려 두는 상태, 교사가 그저 자유방임적으로 방치해 두는 상태로 생각하여 불만족을 나타내는 경우도 있다. 유치원에서 막 돌아온 자녀를 향해 흔히 부모들은 "오늘은 유치원에서 뭘 배웠니?"라는 질문을 하곤 한다. 즉, 모든 교육 활동이란 무엇인가 명확한 것을 체계적인 노력으로 습득하는 것이라는 성인 기준의 개념을 가지고 있는 것이다. 그러나 유치원에서의 활동은 조작놀이, 수놀이, 게임, 극놀이, 블록 및 다양한 구성놀이, 옥외놀이, 견학 등의 활동을 중심으로 하여 목표보다는 과정 자체를 통해 인지적인 개념이나 언어적 상호작용 능력, 사회적 기술 등을 학습하도록 하는 놀이 중심의 교수·학습 원리를 광범위하게 도입하고 있다.

5) 탐구학습의 원리

영유아의 생활을 관찰해 보면 항상 매우 분주하게 무엇인가에 몰두하며 추진해 나가고 있음을 알 수 있다. 영유아는 스스로 탐색하고 자신의 감각을 통하여 사물이나 현상을 직접 경험하기를 좋아한다. 영유아들은 스스로 세상을 경험하고 탐색할 시간과 그들이 학습한 것을 반성할 시간을 가질 때 가장 잘 학습할 수 있다. 즉, 이같은 직접적인 경험들 속에서 스스로 발견하고 탐구하는 과정을 통해 학습이 이루어지는 것이다. 예를 들어, 땅바닥에 기어가는 벌레를 엎드려서 유심히 살펴보고 있는 아이의 머릿속에는 한 생물의 생태 원리에 대한 내적인 질문과 대답의 과정이 되풀이되고 있으며, 책에 쓰여진 생태계에 관한 체계적인 지식의 한 부분이 이미 직감적으로 파악되고 있을 수도 있다.

이같은 영유아의 탐구심은 유아의 교수·학습 활동에 있어 기본 원리를 이루고 있다. 따라서 교육 활동을 계획할 때는 영유아 자신이 능동적으로 학습에 참여하도록 구성해야 한다. 구체적으로 영유아가 스스로 발견하는 과정을 통해 여러 가지 문제해결의 기술 및 물리적, 논리수학적, 사회적 지식을 학습하도록 하며 독립적인 학습 태도를 기르고 주위 환경과의 적극적인 상호작용을 통해 인식 행위의 능동적인 주체자가 되도록 배려하는 것이다. 탐구적인 영유아는 성인의 도움 없이도 주변 환경을 스스로 탐색해 나가 효과적인 학습을 하기도 한다. 특히 영유아의 탐구적인 자세는 때로 어느 정도의 모험심을 동반하기도 하는데, 부모와의 애착 형성이 잘되어 자신에 대한 부모의 사랑에 신뢰심을 가진 영유아일 경우 주위 환경을 모험적으로 탐색하는 데 보다 적극성을 띤다고 한다(Smith & Conolly, 1980).

교사는 영유아들의 이러한 능동적인 탐색과 반성을 격려할 수 있는 교재와 활동을 선택하여 구성하고, 학습 활동은 계획-수행-반성의 순환이 이루어질 수 있도록 계획해야 할 것이다.

6) 생활 중심의 원리

영유아는 자신의 실제 생활 환경 및 경험을 통하여 사물에 대한 지식과 태도, 다양한 기술을 학습해 간다. 일상생활이야말로 영유아의 중요한 학습 환경인 셈이다. 영유아들은 자신에게 의미 있고 흥미 있는 활동에 몰입하고 새로운 아이디어를 만들어 내어 학습을 잘할 수 있다. 미리 계획한 주제망이나 활동 계획에 국한하여 교수·학습을 운영하기보다는 그것을 전체 진행 구조로 활용하고, 매일의 활동 속에서 유아들이 제시하는 아이디어, 흥미, 관심을 반영하여 학습과정이 더욱 풍요롭고 흥미 있도록 하는 것이 좋다. 즉, 아직은 조직적이고 인위적으로 구성된 교육기관의 의도적 교육 활동에 익숙하지 않은 영유아이기 때문에 영유아의 모든 교육 활동은 가능한 한 일상생활에 바탕을 두고 무리없이 진행되어야 한다. 이는 영유아의 실제 생활에서 일어나는 흥미와 관심, 요구, 의문 등을 교육 활동의 소재로 삼아 영유아의 실생활과 밀접한 관련 속에서 진행시켜 나가야 함을 뜻한다.

구체적으로 우선 영유아의 주변에서 일어나는 사건, 매일의 생활과 연결된 체험 등을 통하여 교육 활동을 전개하는 것이 중요하다. 이렇게 함으로써 영유아는 교육 활동에 친근감을 느끼게 되어 적극적으로 참여하게 되고 보다 구체적인 경험을 할 수 있게 된다. 또한 영유아의 생활과 직접 관련이 있는 지역사회 내의 여러 기관 및 직업들, 유치원 친구들과의 경험, 계절이나 날씨, 명절에 관련된 경험, 일상적 생활습관 등의 요소를 교육 활동에 도입하는 것도 중요하다. 예를 들어, 지역사회 내 경찰서, 병원 등의 기관을 견학한다거나 어버이날을 앞두고 가족의 역할과 어버이와 나와의 관계를 생각해 보는 활동을 하거나 간식을 나눠 먹으면서 일대일 대응 개념 및 수 개념을 학습하고 식사 예절을 학습하게 할 수 있다. 또한 화장실 사용을 통해 청결과 질서의 개념을 학습하게 하거나 게임을 통해 규칙의 개념과 규칙 준수의 사회성을 인식하게 할 수 있다. 이렇게 다양한 종류의 활동들 속에는 생활 중심의 원리가 도입되어 있는 것이다.

7) 통합의 원리

일반적으로 영유아가 자발적으로 시작하는 활동은 통합성을 가지는 경우가 많다. 예를 들면, 음악 소리를 듣고 춤을 추게 될 때 음악과 동작 영역의 교육 내용이 통합되고, 듣기의 언어생활과 춤추기의 표현생활, 신체활동에 참여하는 건강생활 영역의 교육 내용이 통합된다. 이처럼 영유아기의 발달은 인지·신체, 정서, 사회성 등의 발달 영역별로 각각 나누어서 이루어지지 않는다. 또한 학습이 산수, 음악, 미술 등의 교과별로 구분되는 것도 아니다. 예를 들어, 인지 발달이 이루어지려면 안정적인 정서 발달이 선행되어야 하며 미술 활동을 하면서도 수개념을 학습할 수 있다. 이와 같이 영유아의 학습은 모든 발달 영역을, 또 모든 교과 영역을 통합하여 이루어진다. 또한 영유아교육과정에서 5가지의 생활 영역은 어느 한 가지도 중요하지 않은 것이 없다. 그러므로 교사는 영유아들이 조화롭고 균형 잡힌 성장 발달을 할 수 있도록 도와주어야 한다.

통합성이란 교육기관에서 운영되는 그 어떠한 활동이라도 영유아들의 신체적, 사회적, 정의적, 인지적, 언어적 발달이 조화를 이루면서 통합하여 성장할 수 있게 해야 한다는 것을 의미한다. 유치원 교육과정에서도 “적절한 시기와 상황을 맞추어 통합적으로 운영될 수 있도록 교육 활동을 계획한다.”라고 하여 교육과정의 통합성을 명시하고 있다. 즉, 영유아교육은 개개인의 전인적 발달을 위하여 전인 교육이 이루어져야 하며, 이를 위해 신체, 사회, 정서, 언어, 인지 등의 발달 영역들 간의 조화, 활동 영역 간의 연계, 교육 내용들 간의 연결 속에서 통합성이 유지될 수 있도록 교수·학습 활동이 계획되어져야 한다. 통합적 접근은 영유아에게는 흥미 있는 것을 주제로 하여 가르쳐야 한다는 듀이(Dewey)의 교육철학에서부터 시작한다. 또한 영유아들이 분리된 개념을 학습하는 것보다는 생활과 관련하여 총체적으로 경험할 때 개념에 대한 학습이 잘 이루어진다는 영유아의 발달적 특성도 반영하고 있다. 이에 따라 영유아를 위한 교육 내용은 영유아에게 관심이 있는 주제를 중심으로 여러 교육 내용, 생활 영역, 활동 영역들이 연결되는 활동들을 구성하도록 해야 한다.

교과목을 중심으로 학습 경험을 구성하기보다는 한 주제를 중심으로 학습 경험을 구성할 때 보다 생산적으로 통합된 교육과정을 조직할 수 있으므로 활동이 더욱 활발히 이루어질 수 있다. 이 경우에 주제의 탐색이 보다 능동적으로 이루어질 수 있으므로 특히 어린 영유아에게는 통합교육을 실시하는 것이 더욱 중요하게 인식된다. 따라서 한 주제를 중심으로 학습 경험을 조직할 때 그 주제를 여러 측면에서 다양한 방식으로 학습하기 위해서는 특정한 한 가지의 영역 중심이 아니라 영역들 간의 통합된 활동으로 접근해야 한다.

다시 말해 통합의 원리는 교육 활동에 있어 영유아의 제반 발달적 측면들의 통합, 생활 영역별 활동들 간의 통합, 또한 영유아교육기관과 지역사회와의 연계성 등을 강조한 것이다. 즉, 성인의 의도적 교육 활동처럼 지식이나 학문의 성격별로 분리되어 행해지는 것이 아니라 교육 내용들이 서로 연결되어 통합적으로 행해짐으로써 영유아의 전인적인 발달을 돕고 영유아의 생활과 교육 경험이 일관성 있게 연결되도록 하는 것이다. 우선 영유아의 제반 발달적 측면들 간의 통합을 보면 신체, 언어, 인지, 정서, 사회성의 발달이 한 활동 속에 골고루 통합되어 영유아가 어느 한 측면의 발달에 치우치지 않고 전인적인 성장을 이루어갈 수 있도록 배려함을 뜻한다.

영역별 활동들 간의 통합 역시 영유아의 기본생활, 신체운동, 사회관계, 의사소통, 자연탐구, 예술경험 등 여러 영역이 서로 연결되어 통합되는 것을 뜻한다. 교육기관과 지역사회와의 통합은 견학이나 자원인사의 초청, 병원놀이, 상점놀이 등의 역할놀이 등을 통해 교육기관 안팎의 경험들이 서로 통합되어 이루어져야 함을 뜻한다. 이같이 교육 내용을 통합적으로 다루기에 가장 효과적인 방법은 영유아들이 관심을 가지는 큰 주제를 설정하여 그 주제에 관련되는 교육 활동들을 연결하여 구성하는 방법이다. 즉, 하루 또는 일정 기간의 모든 학습 활동들을 한 가지 주제에 관련되는 것으로 다양하게 꾸미면서 각 영역별 발달과 다양한 생활 측면을 다루도록 구성하는 것이다. 예를 들어, 여름이 다가오면 '바다'라는 주제를 설정할 수가 있는데, 이와 관련하여 행할 수 있는 교육 활동으로는 바다 풍경에 관한 그림 그리기, 바다에 가본 경험 이야기하기, 파도 소리를 녹음으로 들으면서 느낌을 표현하는 동작이나 율동하기, 바다에 관계된 동요 부르기나 동시, 동화 듣기, 푸른색을 주색으로 하는 콜라주 만들기, 종이배 만들기, 파란색을 포함하는 삼원색을 기억하고 이를 혼합하여 색깔의 차이를 식별하기와 같은 수많은 다양한 활동들을 전개할 수가 있다.

이처럼 하루 또는 한 주간의 일과가 하나의 주제를 중심으로 운영되면 영유아들은 교육 내용을 일관성 있게 학습하게 되고 주제의 심화와 학습의 효율화가 이루어지게 된다. 또한 한 가지 주제를 통해 여러 가지 학습 활동이 진행되어 가는 동안 영유아들은 그 주제와 관련된 일상적 경험에도 매우 예민한 관찰을 하게 되고 의미를 부여하게 되며 스스로 탐구해 보고자 하는 의욕이 일게 되어 주제와 관련된 학습 활동을 스스로 제안하기도 한다. 현재 열린 교육(open education) 프로그램을 이루고 있는 통합된 주제나 프로젝트 활동을 그 예로 들 수 있는데 이 방법을 실행하기 위해서는 하루 또는 한 주간의 교육 활동이 통합된 일과(integrated day)로 운영되어야 효율적이다.

8) 구체성의 원리

영유아기 어린이의 학습은 단계적으로 이루어진다. 코스텔닉, 소더맨과 와이런(Kostelnik, Soderman, & Whiren, 1993)에 의하면 단계적 학습은 다음과 같이 이루어진다.

(1) 단순한 것의 학습에서 복잡한 것의 학습

영유아기 학습은 단순한 것에서부터 시작된다. 예를 들어, 영유아의 개에 대한 학습과정을 살펴보면 처음에는 영유아가 주변에서 보는 털이 있는 모든 동물을 '개'라고 단순하게 생각하나 점차 인지 발달이 이루어지면서 개와 고양이의 차이점을 인식할 수 있게 되며 나중에는 여러 종류의 개의 차이점을 구별하는 등 복잡한 내용을 학습할 수 있다.

(2) 익숙한 것의 학습에서 낯선 것의 학습

영유아는 익숙한 것을 먼저 학습하고 이를 토대로 하여 새롭고 낯선 것을 학습한다. 즉, 처음에는 주변에서 항상 접하는 사물이나 사건에 관해 학습하다가 점차 낯선 상황이나 사물에 대해 학습한다.

(3) 자신에 관련된 것의 학습에서 타인에 관련된 것의 학습

영유아는 자기중심적으로 생각하기 때문에 초기에는 '나'에 관련된 학습을 하며 점차 흥미 영역을 타인에게로 확대해 나간다.

(4) 전체 학습에서 부분 학습

영유아는 모든 경험을 할 때 처음에는 전체적으로 지각을 하고 이해를 하다가 점차 특정 부분에 대해 세밀한 이해력을 발달시키게 된다.

(5) 구체적 학습에서 추상적 학습

영유아기 초기에는 실제 사물과의 신체적 접촉을 통해 구체적인 학습을 하다가 점차 언어에 의한 추상적 학습으로 진전된다.

(6) 행동적 학습에서 상징적 학습

발달 초기에는 행동을 함으로써 이 세상에 대한 표상을 발달시키나 점차 그림이나 글자, 숫자 등의 상징을 통해 학습한다.

(7) 탐색적 학습에서 목표 지향적 학습

영유아기는 주변 세계에 많은 관심과 흥미를 갖는다. 이런 관심과 호기심에서 가능한 수단을 동원하여 탐색을 하면서 자기 발견(self discovery)의 학습 기회를 갖는다. 그러나 영유아가 성장하면 외부에서 의도된 목표 달성을 위한 학습을 많이 한다.

(8) 부정확한 학습에서 보다 정확한 학습

영유아기는 여러 가지 시행착오를 겪으면서 학습을 하기 때문에 초기에는 부정확한 학습을 하지만 인지 발달이 이루어지면 정확한 학습이 가능하다.

(9) 충동적 학습에서 자기 통제적 학습

영유아기는 활동적이고 충동적인 특징이 있는데 학습에서도 이런 특징이 그대로 나타난다. 그러나 성장함에 따라 목표 달성을 위해 통제된 학습이 가능하다.

위의 학습 원리를 종합하면 영유아의 학습은 구체적인 것에서 추상적으로 이루어진다고 정리할 수 있다. 영유아는 출생하면서부터 접하는 다양한 구체적 사물이나 놀잇감, 교재교구 등에 대해 강한 호기심을 보이며 탐색을 한다. 사물과의 직접 경험을 통해 사물의 특성과 기능을 이해하게 되고 사고 능력이 증진된다. 즉, 영유아의 학습은 주로 구체적인 경험을 통해, 구체적인 학습에서 추상적인 학습으로 이루어진다고 할 수 있다.

구체성이란 눈에 보이는 사물과 사건을 뜻하므로 영유아의 학습을 위해 제공되는 활동과 교구는 만지고 조작할 수 있는 실물이 효과적이다. 유치원 교육과정에서도 "교재교구는 다양한 정보를 얻을 수 있는 교수 매체를 활용하되, 가능한 한 구체적이고 직접적인 경험을 주는 실물 자료를 사용한다."라고 하여 학습의 구체성을 명시하고 있다. 그러므로 영유아들에게 문자와 숫자와 같은 상징의 의미를 도입하기 이전에 실물을 가지고 실제 상황을 통한 놀이 기회를 주어야 한다. 예를 들면 영유아에게는 돌과 스펀지를 실제 만져 봄으로써 단단하고 부드러움을 비교하는 것이 단순히 기억에 의해 물질을 비교하는 것보다 더 쉽다. 이처럼 영유아는 구체적인 사물을 가지고 충분히 조작하여 학습이 이루어진 후에야 비로소 추상적이고 상징적인 학습으로 발전시켜 나갈 수 있다. 미국유아교육협회(NAEYC)는 유아를 위한 교수·학습 전략으로써 유아의 구체적인 조작 없이 워크북, 시험지, 색칠 공부, 미술 활동에 있어 성인이 만든 모델을 모방하게 하는 것은 6세 이전의 유아에게는 적합하지 않다고 지적하고 있다. 영유아교육 현장에서 영유아에게 구체적인 조작 없이 초등학교 교육 내용을 그대로 제시하거나 일일 학습장, 시험지 등의 교수방법들이 마치 지능 개발을 촉진해 주는 것과 같이 오인되고 있는 현상은 큰 문제점이라 할 수 있다.

따라서 영유아를 위한 학습 활동과 교재교구는 구체적이고 실제적이어야 하며 영유아의 생활과 관련된 생활 중심적인 것이어야 한다. 즉, 매일의 생활 속에서 일어나는 일상적 경험으로부터 실제적으로 학습이 시작되는 것이 보다 효과적이며 이 원리에 근거하여 제시된 Olsen의 효율적인 학습 방법은 다음과 같다.

Olsen에 의한 학습 방법

- 1단계: 지역사회 경험을 통한 직접적 학습(자원인사, 면담, 견학, 조사, 연구, 현장 실습, 학교 캠핑, 지역 사회 활동)
  ⇒ 감각적 접촉
- 2단계: 표현적 활동을 통한 직접적 학습(제도하기, 그림 그리기, 모형 만들기, 벽화 만들기, 연극, 조립)
  ⇒ 개인적인 중계 활동
- 3단계: 시청각 자료를 통한 대리 학습(지도, 표, 그래프, 실물, 표본, 모형, 라디오, 녹음 자료, 텔레비전)
  ⇒ 기계적인 제시
- 4단계: 언어를 통한 대리 학습(책, 잡지, 신문, 강의, 토의, 토론, 편지, 수필)
  ⇒ 보고서 공식, 추상적 상징

※ 1에서 4단계로 갈수록 추상적(4에서 1단계로 갈수록 구체적)이다.

출처: 전선영·유향선·김은실·문용은(2002). 유아 교사를 위한 교수매체의 이론과 실제.

9) 다양성의 원리

영유아기는 학습 경험이나 교육 환경이 다양할 때 효과적인 학습을 한다. 학습 내용이나 환경이 단조로우면 영유아의 연령이 어릴수록 흥미를 상실하여 자발적인 학습이 불가능해질뿐 아니라 제한된 경험만 하게 된다. 따라서 다양한 경험을 통해 능동적인 학습이 이루어지려면 영유아 개인의 흥미와 능력에 따라서 다양한 경험을 할 수 있도록 배려하고 다양한 교육 환경이 제공되어야 한다.

교사는 영유아들에게 다양한 활동과 자료 중에서 선택할 수 있는 기회를 주어야 한다. 선택할 수 있는 기회를 주기 위해서는 다양한 활동과 교구를 준비하고 스스로 활동에 참여하도록 유도하고 쉽게 활동에 참여할 수 없거나 선택할 수 없는 영유아는 교사가 도와주어야 한다. 유치원 교육과정에서도 "교육과정은 주제, 영유아의 요구 및 상황에 따라 다양한 활동을 통하여 여러 번 다룰 수 있다.", "교육 활동은 발표, 토의, 관찰, 실험, 조사·견학 등 영유아들이 직접 참여할 수 있는 다양한 수업 방법들을 활용한다."라고 하여 다양성을 명시하고 있다.

다양한 흥미와 능력을 가진 영유아들에게 개인차를 고려한 효과적인 교수·학습이 이루어지게 하기 위해서는 다양한 교수·학습 환경을 제공하는 것이 필요하다. 현대의 영유아들은 과거에 비해 더 풍부한 경험을 많이 하고 있는데 이로 인해 오히려 개인차가 커질 수 있으므로 영유아의 연령뿐만 아니라 흥미와 능력에 따라 더욱 다양한 교육 환경, 즉 다양한 수준의 교재교구 및 놀잇감을 제공해 주는 것과 여러 방면의 교수 전략을 활용하는 것이 중요해지고 있다. 미국 유아교육협회(NAEYC)의 준거는 이러한 관점 아래 다음과 같은 사항을 제안하고 있다(NAEYC, 1991).

- 영유아들이 선택할 수 있는 다양한 수준의 활동과 교재교구를 준비한다.
- 소집단 활동이나 개별 활동에 참여하도록 영유아에게 선택권을 준다.
- 스스로 쉽게 활동을 선택할 수 없는 영유아를 도와준다.
- 자기 스스로 선택한 활동을 통해서 영유아가 주도하고 실험해 보는 경험을 하게 한다.

종합하면 영유아에게 제시되는 활동은 균형을 이루어 다양하게 전개되어야 한다. 즉, 활동적/조용한 활동, 실내/실외 활동, 개인/소·대집단 활동, 교사 선택/영유아 선택 등의 균형이 이루어져야 한다. 유치원 교육과정에서도 "하루의 교육 활동은 동적인 활동과 정적인 활동, 실내 활동과 실외 활동, 개별 활동과 대·소집단 활동, 유아 주도 활동과 교사 주도 활동 등이 균형있게 이루어지도록 한다."라고 명시하여 활동의 균형성과 다양성을 강조하고 있다.

2. 교사의 중재 전략

1) 교사의 교수방법 전략

영유아들은 다양한 방법으로 학습하기 때문에 학습을 지지해 줄 수 있는 방법 또한 다양하다. 따라서 활동을 계획할 때는 이러한 다양성을 고려하는 것이 중요하다. 교사는 학습 목표와 관련하여 영유아들의 학습을 촉진하기 위한 교수방법을 주의 깊게 고려하여 선택해야 한다.

그동안 교수방법에 있어서 직접적인 방법이 더 효과적인지 간접적인 방법이 더 효과적인지에 관심을 가져왔다. 그러나 최근에는 직접적인 교육이나 간접적인 방법이 개별 영유아의 욕구나 활동의 목표에 따라 달라질 수 있다고 여겨진다. 따라서 교육 목표와 방법 사이에 조화가 이루어질 때 영유아들이 학습을 잘하며 이러한 조화를 창조하기 위해서 가능한 교수 전략과 활동 계획의 전략을 구체화하는 방법이 다양해야 한다. 교사는 하루 일과를 통해 영유아의 발달과 학습을 촉진하고 지원하는 역할을 수행해야 한다. 영유아와의 상호작용 시 교사의 교수 유형은 비지시적 유형에서 지시적 유형에 이르기까지 여덟 가지로 구분할 수 있다(Bredekamp & Rosegrant, 1992).

브레드캠프와 로즈그란트(Bredekamp & Rosegrant, 1992)는 교사의 교수 전략으로 인정하기, 모델 보이기, 촉진하기, 지원하기, 비계 설정하기, 함께 구성하기, 시범 보이기, 지시하기라는 여덟 가지 유형을 제시하였다. 이러한 교수 전략들을 비지시적(nondirective) 행동에서부터 지시적(directive) 행동까지의 양극단 사이에 존재하는 일련의 연속체라고 보았다. 가장 비지시적인 인정하기(acknowledge), 그다음으로 모델 보이기(model), 촉진하기(facilitate), 지원하기(support), 비계 설정하기(scaffold), 함께 구성하기(co-construct), 시범 보이기(demonstration)의 순서로 점차 지시의 정도가 증가되어 가장 지시적인 유형으로는 지시하기(direct)를 들 수 있다. 그 각각의 교수 전략에 대한 설명은 다음과 같다.

비지시적(nondirective) 교수 유형			중재적(mediating) 교수 유형			지시적(directive) 교수 유형	
인정 하기 (acknowledge)	모델 보이기 (model)	촉진 하기 (facilitate)	지원 하기 (support)	비계 설정 하기 (scaffold)	함께 구성 하기 (co-construct)	시범 보이기 (demonstrate)	지시 하기 (direct)

(1) 인정하기

인정하기는 영유아에게 관심을 보여 주고 영유아가 활동을 계속할 수 있도록 긍정적인 격려를 하는 것이다. 즉, 어떤 활동에서 영유아의 참여가 지속되도록 주의를 기울이거나 긍정적 격려를 하는 것이다. 영유아를 인정한다는 것은 영유아로 하여금 즐겁게 활동에 참여하도록 격려해 주거나 영유아의 활동을 존중해 주고 칭찬하는 것이다.

그러나 칭찬이 지나치면 활동에 대한 동기를 약화시킬 수도 있다. 따라서 적절한 수준의 인정이 중요하다. 또한 사실에 근거하여 긍정적이고 명확하게 인정하고 격려하는 것이 중요하다. 예를 들면, "가지고 놀던 장난감을 제자리에 잘 정리하였구나!", "친구들이 잘 들을 수 있도록 분명한 목소리를 잘 말해 줬구나!", "빨간색 꽃 그림이 살아 있는 것처럼 선명하구나!", "파랗게 칠한 하늘이 시원해 보이는구나!" 등과 같이 활동 상황에 근거해 긍정적으로 격려해 주는 것이 좋다. 다시 말해 인정하기 전략을 사용할 때에는 지나치거나 모자라지 않도록 적절한 수준으로 인정해 주는 것이 중요하며 또한 사실에 근거하여 긍정적이고 명확하게 인정하고 격려하는 것이 중요하다.

(2) 모델 보이기

모델 보이기란 교사가 교실에서 일어나기를 바라는 바람직한 행동 방법을 직접 영유아에게 보여 주는 것이다. 모델 보이기는 암시적인 측면과 명시적인 측면으로 나눠 볼 수 있다. 암시적인 모델 보이기는 지시적 성격을 띠지 않는 데 비해 명시적인 모범 보이기는 다소 지시적일 수 있다.

명시적 모델 보이기는 영유아의 활동에서 꼭 필요한 정보나 힌트를 주거나 조언을 하는 것 등을 의미하며 따라서 이는 다소 지시적일 수 있다. 그 예로 학기 초에 교사는 '화장실 사용법' 혹은 '교구 사용법'을 가르칠 때 명시적 모델 보이기를 사용할 수 있다.

암시적 모델 보이기란 행동 혹은 암시나 자극 등을 사용하여 교실 내에서 영유아에게 기술이나 적절한 행동 양식을 지시하지 않고 교사가 직접 실천하여 보여 주는 것이다. 그 예로는 교사가 영유아에게 기대하는 행동(예 교실에서 조용히 말하기, 공손한 태도, 간식 먹기 전에 손 씻기 등)을 매일의 생활에서 실천함으로써 암시적으로 모델 행동을 보이는 경우를 들 수 있다. 즉, 교실에서 시끄럽게 떠들지 말아야 한다면 교사는 스스로 조용히 말하는 모습을 보일 것이고 공손하게 말하는 태도가 중요하게 여겨진다면 교사가 영유아들에게 친절하고 다정하게 말하면서 암시적으로 모범 행동을 보이는 것이다.

이렇게 교실에서의 바람직한 행동을 제시하기 위해 교사가 직접 행동으로 보여 주는 모델 보이기 방법은 학습의 잠재적인 효과를 가져올 수 있다.

(3) 조성·촉진하기

조성·촉진하기는 영유아가 다음 수준의 기능이나 과제를 할 수 있도록 교사가 일시적으로 개입하여 도와주는 것이다. 즉, 영유아의 활동을 격려하며 영유아가 스스로 문제해결을 할 수 있도록 다리를 놓아주는 역할을 하는 것이다. 예를 들어, 영유아가 두발자전거를 탈 때 균형 감각을 가지도록 하기 위하여 잠깐 두발자전거의 뒤를 잡아주는 것 같은 도움을 말한다. 또한 영유아가 균형 감각을 획득하여 걸으려고 할 때 잠시 잡아주거나 실수를 두려워하지 말고 활동을 해 보도록 격려하는 것도 조성·촉진하기 행동의 예가 될 수 있다.

다시 말해 조성·촉진하기는 영유아가 준비되었을 때 다음 단계로 진행할 수 있도록 일시적인 도움을 제공하는 것이라고 할 수 있다.

(4) 지원하기

지원하기는 조성·촉진하기와 유사하나 지속적으로 도움을 제공하는 것을 의미하며 교사의 참여 정도가 높다. 조성·촉진하기에서는 교사가 도움을 주는 상황에서 영유아 스스로 활동을 전개해 나가는 것으로 어떤 상황에서 행동의 시작과 끝 모두를 영유아 자신이 주도한다. 그러나 지원하기에서는 영유아가 적극적으로 활동을 할 수 있도록 교사가 분명히 도움을 제공하며 영유아는 교사와 함께 시작과 끝을 결정한다. 즉, 촉진하기는 영유아가 주도하며 도움을 받는 형태이며 지원하기는 교사가 보다 능동적으로 관여하여 피드백을 제공하는 방법이다.

지원하기의 예로는 자전거에 보조바퀴를 달아 주고 자전거 타기에 익숙해지면 떼어 내는 것같이 영유아가 도움이 더 이상 필요하지 않다고 할 때까지 지원해 주는 행동을 들 수 있다. 자전거 타는 것을 도와주기 위해 자전거를 잡아주는 행동으로 촉진하기와 지원하기를 비교하자면, 촉진하기에서는 영유아가 교사에게 자전거를 붙잡아 주고 놓을 때를 결정하여 말하지만 지원하기에서는 영유아와 교사가 함께 의논하여 결정한다고 할 수 있다.

(5) 비계 설정하기(지지하기)

비계란 영유아들의 학습을 위해 외부적 지지를 제공하고 점차 제거하는 과정이다. 비계 과정은 교사가 영유아가 목표를 성취하도록 최대한의 도움을 주고 일차적인 책임을 가지는 것으로 시작하지만 이 책임감은 영유아가 도움 없이 목표를 성취할 수 있을 때까지 점차적으로 영유아에게 이동된다. 즉, 비계란 영유아들이 그들 자신이 완벽하게 성취할 수 있는 것보다 높은 단계를 수행하는 것을 도와줄 전문가와 활동을 함으로써 인지, 언어, 사회적, 그리고 신체적 기술을 확장할 기회를 가지게 되는 것이다. 전문가는 성인이나 또래가 될 수 있다.

비계 설정하기에서 교사는 능동적으로 활동을 준비하여 영유아가 현재의 능력에 따라 활동할 수 있도록 도움을 준다. 즉, 교사는 영유아가 기대되는 능력에 도달하도록 적합한 학습 방법을 사용하여 도움을 주거나 도전의 기회를 마련하여 주는 행동을 하게 된다. 이 전략은 영유아의 현재 발달 수준을 높이기 위해 도움을 주는 교수 전략으로 비고츠키(Vygotsky)의 이론에 기초한 행동이며, 지지하기라고도 한다. 다시 말해 영유아의 현재 발달 수준에 기초하여 교사가 기대하는 수준으로 도달할 수 있도록 도움을 주고 도전해 볼 수 있는 기회를 제공해 주는 것을 말한다.

영유아가 자신의 잠재적 가능성을 발휘하여야 학습 목표를 달성할 수 있는 경우에 비계 설정을 하는 것은 필수적이다. 교사는 각 영유아가 스스로 하고 싶지만 도움이 없으면 하기 어려운 활동과제를 알아 내어 이를 이해하도록 도움을 준다. 이때 교사는 영유아의 주인 의식이나 동기를 약화시키는 일이 없이 영유아가 새로운 수준의 능력이나 이해로 나아갈 수 있도록 상호작용을 해야 한다. 즉, 교사는 관찰을 통해 영유아가 현재 어느 단계에 있는지 파악하여 새로운 능력이나 이해 수준으로 발전할 수 있도록 상호작용한다.

(6) 함께 구성하기

함께 구성하기는 문제나 과업에 있어서 영유아와 함께 배우고 해결해 나가는 것을 의미한다. 즉, 교사와 영유아가 모두 학습자이면서 교사가 되어 적극적으로 함께 활동하는 형태이다. 이때 교사는 영유아와 함께 활동을 하거나 과업을 해결해 가는 등 함께 프로젝트를 수행하면서 모두 학습자이면서 동시에 교사가 된다. 이러한 함께 구성하기는 비계 설정하기보다 좀 더 지시적인 교수 유형으로 그 예로는 프로젝트 활동을 들 수 있다. 교사가 영유아와 함께 쌓기놀이를 한다든지 역할놀이 영역에서 각자 역할을 맡아 소꿉놀이를 하는 활동이 그 예가 될 수 있다.

(7) 시범 보이기

교사가 능동적인 역할로 영유아에게 시범을 보이고 영유아는 그 결과를 관찰하는 학습 방법이다. 교사의 의도적인 시범 보이기는 영유아가 빠르고 쉽게 학습할 수 있도록 해 준다. 교사의 시범은 영유아가 행한 활동이 분명히 잘못된 방법으로 이루어졌을 때 이를 고쳐 주기 위한 한 방안이 될 수 있다. 시범 보이기는 함께 구성하기보다 좀 더 지시적인 교수 유형이다. 적극적인 참여자는 교사이고 영유아는 시범의 결과를 관찰하는 것이다. 활동이 확실히 잘못된 방향으로 진행되고 있거나 안전하지 않다고 판단될 경우 의도적으로 사용하기에 적합한 교수 전략이다.

(8) 지시하기

지시하기는 교사가 영유아에게 요구되는 행동의 방향을 구체적으로 제시하는 어떤 활동을 일정한 방법으로 하도록 전달하는 것을 의미한다. 즉, 이 방법은 영유아에게 제공되는 과제가 반드시 특정한 방법으로 수행되어야 할 때, 행동의 방향을 구체적으로 제시할 때 사용하는 방법이다. 이 전략은 가능한 한 시행착오가 없는 학습이 이루어지도록 지시하기 때문에 활동 순서나 활동 방법의 획일성을 강요하는 형태라고 할 수 있다. 이때 교사는 가능한 시행착오 없이 학습이 이루어지도록 지시를 명확히 해야 한다.

위에서 제시한 여덟 가지 교수 전략은 교사의 중재 정도에 따라 지시적 형태에서 비지시적 형태의 성격을 갖는다. 교사의 교수방법은 학습의 여러 상황에 따라 달라질 수 있으므로 여러 유형 중에 어떤 방법이 가장 이상적이라고 보기는 어렵다. 그러나 이들 중 어느 한 유형에만 의존하는 전략은 비효과적이며 적절한 지시적 및 비지시적 교수방법을 적용하는 능력을 발휘해야 한다. 즉, 이상의 교수 행동은 매일매일의 상황과 영유아의 발달 수준, 교육 환경, 교육 자료, 교사의 교육적 의도 등에 따라 다양하게 사용될 수 있으며, 영유아가 학습의 주체자로서 스스로 발달과 학습을 주도해 나갈 수 있도록 도움을 주는 방향에서 수행되어야 한다. 이를 위해서 교사는 때로는 명확히 지시를 하기도 해야 하고 영유아가 스스로 하도록 기다리기도 해야 한다(김진영·백혜리·최윤정, 2006).

교사의 교수 전략에 대한 최근 연구도 다양한 교수 전략들을 단일 차원의 연속체로 보는 관점을 비판하고 복합적인 차원에서 새롭게 이해하자는 제안을 하고 있다. 따라서 교수·학습 전략 또한 각 상황에 따라 적절하게 통합해서 활용해야 할 것이다.

C·H·A·P·T·E·R

04

표준보육과정과 교수방법

표준보육과정은 어린이집의 0~5세 영유아들에게 국가수준에서 제공하는 보편적이고 공통적인 보육의 목표와 내용을 제시한 것이다. 이 중 3~5세 교육과정인 '누리과정'은 어린이집과 유치원의 공통 교육과정으로, 본 장에서는 0~1세 보육과정과 2세 보육과정을 다루고자 한다. 국가수준의 어린이집 표준보육과정을 시행하는 목적은 영유아의 전인적인 성장과 발달을 돕고 민주 시민으로서의 자질을 길러 영유아가 심신이 건강하고 조화로운 사회 구성원으로 자랄 수 있도록 하는 데 있다.

1. 기본생활

1) 성격

기본생활 영역은 '건강하게 생활하기', '안전하게 생활하기'의 두 가지 내용 범주로 구성된다. '건강하게 생활하기'에서는 신체의 청결과 위생, 즐거운 식사, 편안한 수면과 휴식, 배변의 경험과 습관 형성 등 건강한 생활습관의 기초를 형성하고자 한다. '안전하게 생활하기'에서는 영아가 놀이와 일상생활에서 안전하게 지내고 위험한 상황에서 어른의 지시에 따라 주의하고 대피하여 자신의 안전을 지키는 것을 경험하는 내용이다.

2) 연령별 목표

가. 0~1세

건강하고 안전한 일상생활을 경험한다.

① 건강한 일상생활을 경험한다.
② 안전한 일상생활을 경험한다.

나. 2세

건강하고 안전한 생활습관의 기초를 형성한다.

① 건강한 생활습관의 기초를 형성한다.
② 안전한 생활습관의 기초를 형성한다.

3) 연령별 내용 범주와 내용

가. 0~1세 내용 범주와 내용

내용 범주	내용	내용 이해
건강하게 생활하기	도움을 받아 몸을 깨끗이 한다.	0~1세 영아가 몸을 깨끗이 할 때의 기분 좋음을 경험하며 위생과 청결에 대한 기본적인 감각을 기르는 것으로, 교사의 도움을 받아 손과 몸을 씻고 이를 닦는 경험을 하는 내용이다.
	음식을 즐겁게 먹는다.	0~1세 영아가 먹는 것에 대한 즐거움을 알고, 수유·이유식·고형식 등 다양한 음식을 섭취하는 과정을 즐겁게 경험하는 내용이다.
	하루 일과를 편안하게 경험한다.	0~1세 영아가 어린이집에서의 수면, 휴식, 놀이 등의 일과를 건강하고 편안하게 경험하는 내용이다.
	배변 의사를 표현한다.	0~1세 영아가 대소변의 마려움을 인식하고 배변 의사를 나타낼 수 있도록 하여 배변 훈련을 준비하는 내용이다.
안전하게 생활하기	안전한 상황에서 놀이하고 생활한다.	0~1세 영아가 안전한 상황에서 놀이하고 생활하도록 하는 내용이다.
	안전한 상황에서 교통수단을 이용해 본다.	0~1세 영아가 차량으로 이동할 경우 안전 장구를 착용하고 안전하게 이용하는 경험을 하도록 하는 내용이다.
	위험하다는 말에 주의한다.	0~1세 영아가 위험하다는 말을 듣고 이에 반응을 보이며 주의할 수 있도록 하는 내용이다.

나. 2세 내용 범주와 내용

내용 범주	내용	내용 이해
건강하게 생활하기	자신의 몸을 깨끗이 해 본다.	2세 영아가 스스로 손과 몸 씻기 및 이 닦기 등을 시도하고 경험하며, 위생적이고 청결한 생활습관의 기초를 형성하는 내용이다.
	음식에 관심을 가지고 즐겁게 먹는다.	2세 영아가 위생적인 환경에서 다른 사람과 더불어 다양한 음식을 즐기며, 건강한 식사 습관의 기초를 형성하는 내용이다.
	하루 일과를 즐겁게 경험한다.	2세 영아가 놀이, 휴식(수면), 식사 등 어린이집의 규칙적인 일과 속에서 즐겁게 생활하고, 일과 중 옷을 입고 신발을 신는 등의 자조 기술을 시도하며 자율감을 형성하는 내용이다.

내용 범주	내용	내용 이해
건강하게 생활하기	건강한 배변 습관을 갖는다.	2세 영아가 배변과 관련된 신체조절 능력 발달을 바탕으로 즐겁게 배변 훈련을 시도하고 경험해 보도록 함으로써 건강하고 자율적인 배변 습관을 형성하는 내용이다.
안전하게 생활하기	일상에서 안전하게 놀이하고 생활한다.	2세 영아가 안전한 상황과 장소에서 놀이 및 일상생활을 하고 주변의 위험 요소에 주의를 기울이거나 이를 조심하여 안전하게 지내도록 하는 내용이다.
	교통수단을 안전하게 이용해 본다.	2세 영아가 교통수단을 안전하게 이용해 보는 경험을 통해 교통수단의 위험을 인식하고 사고 위험으로부터 자신을 보호하는 안전 습관의 기초를 형성하는 내용이다.
	위험한 상황에 대처하는 방법을 경험한다.	2세 영아가 사고, 화재, 재난 등 위험한 상황에서 어른의 지시에 따라 대피하거나 대처하는 방법을 경험해 보도록 함으로써 비상 시 대처 능력의 기초를 형성하는 내용이다.

4) 교수방법

기본생활 영역은 일생의 기초이며 생활의 기본이 되는 건강, 영양, 안전에 관한 지식과 기술을 습득하고 바르게 생활하는 태도를 기르는 내용으로 구성되어 있다. 교사는 영아의 발달 특성에 맞게 교수 활동을 하여 바른 습관을 형성하도록 지속적이고 반복적으로 일상생활을 제공해야 한다.

가. 0~1세

건강하게 생활하기에서 교사는 영아와 신뢰감을 형성하고 자신의 의사를 언어로 표현하지 못하는 영아가 자신만의 방식으로 욕구를 표현할 때 즉시 반응하고 해결해 주어야 한다. 기저귀를 갈거나 수유 후 영아의 몸이 청결하게 유지되도록 하고 수유나 이유를 할 때 영아와 안정적이고 따뜻한 상호작용을 하여 먹는 일이 즐거운 일상이 되도록 돕는다. 월령에 맞게 충분한 휴식과 활동을 조절하여 몸에 무리가 가지 않도록 하며 영아기는 면역력이 약하고 생리적 변화가 심하므로 교사는 늘 민감하게 영아를 관찰하고 적절한 조치를 취해야 한다.

안전하게 생활하기에서는 영아가 지내는 교실이 안전한 환경이 되도록 조성하고 주의 깊게 영아를 관찰한다. 또한 응급 상황에서 당황하지 않고 적절한 조치가 이루어지도록 비상연락 체계에 대해 늘 숙지하고 있어야 한다. 기본생활습관이 형성되는 영아기부터 놀잇감 사용 안내, 위험한 물건에 대한 주의, 차량 내 안전 등 안전에 대한 습관이 형성되도록 지도하며 안전 점검표에 따라 정기적으로 시설물을 점검한다.

나. 2세

건강하게 생활하기에서는 영아에게 식사, 수면, 배변과 청결 등에 긍정적인 기본생활습관이 길러지도록 다양한 방법을 통해 지속적으로 지도하며, 스스로 손 씻기, 이 닦기 등 기본적인 건강 습관이 길러지도록 지도하고 격려해 준다. 바르게 앉아서 먹기, 도구를 바르게 사용하기, 골고루 먹기 등을 지도하되 영아의 의사를 존중하여 단기간에 행동 지도를 하려고 무리한 요구를 하지 않는다. 또한 배변 훈련이 시작되는 시기이므로 놀이처럼 즐거운 경험이 되도록 지도하며 개인차를 인정해 준다.

안전하게 생활하기에서는 환경의 위험 요소를 제거하거나 안전장치를 통해 안전한 보육 환경을 조성하여 놀이 중 안전사고를 예방하며, 정기적으로 교통안전교육, 약물오남용안전교육, 화재대피 훈련을 실시하여 안전에 대한 이해와 태도를 가지게 한다. 또한 안전 점검표에 따라 정기적으로 실내외 시설물과 물품의 위험요인을 점검하고 영아에게 응급 상황이 발생하였을 때 가족과 관계 기관에 재빨리 연락하고 적절한 조치를 취한다.

놀잇감이나 생활도구의 안전한 사용법을 지도하고 안전한 곳에서 놀이할 수 있도록 돕는다. 신호등, 횡단보도 등 교통안전을 위한 규칙을 알려 주고 정기적으로 안전교육을 실시한다.

2. 신체운동

1) 성격

신체운동 영역은 '감각과 신체 인식하기', '신체활동 즐기기'의 두 가지 내용 범주로 구성된다. '감각과 신체 인식하기'에서는 영아가 다양한 자극에 대해 오감으로 반응하고 감각기관으로 주변과 자신의 신체를 탐색하면서 스스로 인체를 인식하며 움직이는 경험을 하도록 한다. '신체활동 즐기기'에서는 영아가 자신의 몸을 움직이며 대소근육의 조절력을 키우고 이를 기반으로 이동운동, 제자리 운동 등을 통해 실내외 여러 가지 신체활동을 즐길 수 있도록 한다.

2) 연령별 목표

가. 0~1세

감각으로 탐색하고 신체활동을 즐긴다.

① 감각 탐색을 즐긴다.
② 신체활동을 즐겁게 경험한다.

나. 2세

감각을 활용하고 신체활동을 즐긴다.

① 감각을 활용하고 신체를 인식한다.
② 신체활동을 즐긴다.

3) 연령별 내용 범주와 내용

가. 0~1세 내용 범주와 내용

내용 범주	내용	내용 이해
감각과 신체 인식하기	감각적 자극에 반응한다.	0~1세 영아가 시각, 청각, 촉각, 후각, 미각의 오감으로 다양한 감각 경험을 통해 자극을 느끼고 그 자극에 반응하는 내용이다.
	감각으로 주변을 탐색한다.	0~1세 영아가 시각, 청각, 촉각, 후각, 미각의 오감으로 주변의 사물을 포함한 환경을 탐색하는 내용이다.
	신체를 탐색한다.	0~1세 영아가 자신의 손이나 발 등을 입에 넣어 보거나 바라보고 팔, 다리, 몸통 등의 움직임을 탐색하는 가운데 자신에 대해 인식하게 되는 내용이다.
신체활동 즐기기	대소근육을 조절한다.	0~1세 영아가 목 가누기, 뒤집기, 앉기, 서기 등의 대근육 조절 능력을 발달시키는 것으로, 신체 균형을 잡으면서 안정되게 자세를 유지할 수 있는 능력을 키우는 내용이다.
	기본 운동을 시도한다.	0~1세 영아가 몸을 한 곳에서 다른 곳으로 이동하는 기기, 걷기 등의 이동운동과 제자리에서 몸을 축으로 하여 원하는 방향이나 물체를 향해 움직여 보는 뻗기, 흔들기 등의 제자리 운동을 시도해 보는 내용이다.
	실내외 신체활동을 즐긴다.	0~1세 영아가 몸을 움직이는 것에 활발히 참여하고 도구를 이용하여 다양하게 시도하며 실내뿐만 아니라 실외에서도 신체운동을 하고 인근 놀이터나 공원, 지역사회 시설 등을 활용하여 신체활동을 즐기는 내용이다.

나. 2세 내용 범주와 내용

내용 범주	내용	내용 이해
감각과 신체 인식하기	감각 능력을 활용한다.	2세 영아가 다양한 감각기관을 활용하여 주변의 시설과 환경을 탐색하면서 사물의 특성과 환경을 인식하는 경험을 하게 하는 내용이다.
	신체를 인식하고 움직인다.	2세 영아가 자신의 신체를 탐색하면서 자신의 신체에 대해 인식하고 움직이는 경험을 하게 하는 내용이다.

내용 범주	내용	내용 이해
신체활동 즐기기	대소근육을 조절한다.	2세 영아가 몸의 균형을 잡고 몸을 자유롭게 움직이면서 대소근육을 조절하는 경험을 하게 하는 내용이다.
	기본 운동을 즐긴다.	2세 영아가 신체의 위치를 바꾸면서 몸을 한 곳에서 다른 곳으로 옮기는 이동운동이나 장소를 움직이지 않고 제자리에서 움직이는 비이동 운동을 경험하게 하는 내용이다.
	실내외 신체활동을 즐긴다.	2세 영아가 실내외 다양한 신체활동과 도구를 이용한 신체활동에 참여하면서 즐거움을 느끼는 경험을 하게 하는 내용이다.

4) 교수방법

신체 움직임은 세상을 탐색하고, 자신을 인식하며, 움직이고자 하는 욕구를 충족하게 하는 도구가 된다. 즉, 영아는 신체를 통한 다양한 활동 속에서 신체 및 운동 능력을 발달시키며, 정서적 만족을 경험함으로써 영아기의 신체운동 능력은 발달과 적응 및 전인교육을 위한 기본적이고도 중요한 부분이다. 따라서 교사는 영아의 신체적 특성을 정확하게 이해하고 교수방법을 계획하여 적용해야 한다.

가. 0~1세

0~1세의 영아기는 감각운동 발달의 기초가 되는 시기임을 고려하여 시각, 청각, 촉각, 후각, 미각 등의 감각적 자극을 제공한다. 이를 위해 일상생활 속에서 모빌, 간단한 그림이 있는 책 등 크기, 모양, 색깔, 형태가 다른 사물을 보여 주면서 시각적 자극을 제공하고, 악기 놀잇감 음악 들려주기, 여러 가지 음조의 목소리 들려주기 등의 활동을 통해서 청각적 자극을 제공하며, 여러 가지 물체를 손으로 만져 보게 함으로써 각기 다른 촉감을 느껴 보도록 한다. 특히 이 시기의 영아에게는 교사와의 상호작용을 통한 감각 자극이 매우 중요한 시기로 교사는 영

아에게 눈 맞춤을 해 주고 부드러운 이야기를 하면서 안아 주고 가볍게 흔들어 주고 토닥여 주는 등의 다양한 감각 자극을 제공해 주는 것이 좋다.

신체를 이용한 놀이를 통하여 자연스럽게 신체를 인식하도록 도우며, 영아가 몸을 움직일 때 신체 부분이나 움직임에 대해 언어로 표현해 준다. 또한 다양한 표정도 따라 하게 하면서 자신의 신체 부분을 탐색하고 자기 인식이 생기도록 도우며, 자신에 대한 긍정적인 신체상이 형성될 수 있도록 긍정적인 표현을 해 준다.

이 시기는 기기, 걷기 등 이동운동이 가능해지면서 주변을 더욱 적극적으로 탐색해 간다. 그러므로 영아가 뒤집고 기는 등의 대근육 활동, 앉기, 서기 등의 균형 잡기 등을 잘 수행할 수 있도록 교사가 도움을 준다. 또한 교사는 이 시기의 영아에게 소근육의 힘, 조절력과 시각 발달을 기초로 눈과 손이 협응하여 동작할 수 있는 능력이 발달할 수 있도록 돕는다. 영아가 자유롭게 몸을 움직일 수 있도록 개방된 공간을 제공하고, 안전을 위하여 반드시 교사가 지켜보도록 하며, 영아가 다양한 움직임을 시도해 볼 수 있도록 격려한다. 영아는 신체 발달 속도가 매우 빠르므로 시간에 따라 달라지는 영아의 움직임과 신체조절 능력을 잘 관찰하여 적절하게 상호작용할 수 있도록 해야 한다.

신체활동을 위해 높이가 낮은 오르고 내리기 기구, 매트, 스폰지 블록 중 대근육 활동을 촉진할 수 있는 기구를 제공하며, 물건 잡기, 밀고 당기기 등의 손을 이용하는 다양한 활동과 놀잇감을 제공한다. 교사는 영아의 활동에 대한 충분한 시간적 여유를 주고 개별적인 발달 능력의 차이를 고려하여 영아 개개인의 발달 단계에 맞는 활동을 할 수 있도록 배려한다. 영아의 신체 발달 속도가 매우 빠르므로 시간에 따라 달라지는 영아의 움직임과 신체조절 능력을 잘 관찰하여 적절하게 상호작용할 수 있도록 해야 한다.

나. 2세

2세 영아는 다양한 감각을 느낄 수 있으며 감각에 따라 다르게 반응할 수 있는 시기이므로, 교사는 영아들이 감각적 차이를 느끼고 변별할 수 있도록 환경을 구성하며 다양한 경험을 제공하도록 한다. 일상생활의 경험을 활용하여 소리 듣기, 찾아보기, 냄새 맡기, 만져 보기, 맛보기 등 감각적 경험을 할 수 있도록 지도한다. 이를 통하여 사물의 특성을 이해하고 인식하게 하여 인지적 발달을 돕는다. 또한 신체활동을 통해 신체의 각 부분의 특성과 명칭을 알고 신체를 탐색할 수 있는 기회를 제공한다.

2세 영아가 오르고 내리며 몸을 기울이고 푹신한 물체에서 균형을 유지할 수 있도록 지도한다. 공간의 크기나 형태에 따라 신체를 조절하며 몸을 움직여 보도록 한다. 영아가 균형을 잡고 대소근육을 키우며 균형 감각을 키울 수 있는 놀이기구를 제공한다. 또한 끼우기, 쌓기, 조절하기, 맞추기 등 간단한 조작 교구를 활용하여 소근육 발달과 눈과 손의 협응력을 키울 수 있다.

교사는 규칙적으로 바깥 활동을 계획하여 영아가 산책이나 뛰기, 또는 영아용 바깥놀이기구를 활용할 수 있는 기회를 제공한다. 특히 바깥에서 활동할 때는 안전에 각별히 주의하여야 하며, 지켜야 할 규칙을 지속적으로 말해 주고 영아 스스로 위험한 상황을 예방할 수 있도록 지도하여야 한다. 교사는 영아기의 신체 발달 특성을 잘 이해하고 빠르게 변화하는 영아의 움직임과 신체조절 능력을 잘 관찰하며 개인차를 고려하여 활동을 계획해야 한다.

3. 의사소통

1) 성격

의사소통 영역은 '듣기와 말하기', '읽기와 쓰기에 관심 가지기', '책과 이야기 즐기기'의 세 가지 내용 범주로 구성된다. '듣기와 말하기'에서는 영아가 주변의 소리에 관심을 가지고 구분하여 들을 수 있는 기회와 환경을 제공하고, 일상 대화나 동요·동시·동화 등을 잘 듣고 이해할 수 있도록 한다. 또한 영아가 언어적·비언어적 의사소통을 할 수 있는 기회와 환경을 제공하고, 바른 태도와 정확한 발음으로 자신의 생각이나 경험을 대상과 상황에 맞게 표현할 수 있도록 한다. '읽기와 쓰기에 관심 가지기'에서는 영아가 주변의 글자나 그림책에 흥미를 가지고 이해하는 능력을 길러 읽기에 흥미를 느낄 수 있도록 할 뿐만 아니라 영아가 소근육을 사용하여 끼적거리기를 해 보며 글자의 느낌을 경험하도록 한다. '책과 이야기 즐기기'에서는 책을 읽어 주어 다양한 책과 이야기에 관심을 가지고 상상하기를 즐기도록 하며 말놀이와 이야기 짓기에 흥미를 갖고 참여하도록 돕는다.

2) 연령별 목표

가. 0~1세

의사소통 능력의 기초를 형성한다.

① 일상생활에서 듣기와 말하기를 즐긴다.
② 읽기와 쓰기에 관련된 관심을 가진다.
③ 책과 이야기에 관심을 가진다.

나. 2세

의사소통 능력과 상상력의 기초를 기른다.

① 일상생활에서 듣기와 말하기를 즐긴다.
②. 읽기와 쓰기에 관심을 가진다.
③ 책과 이야기에 재미를 느낀다.

3) 연령별 내용 범주와 내용

가. 0~1세 내용 범주와 내용

내용 범주	내용	내용 이해
듣기와 말하기	표정, 몸짓, 말과 주변의 소리에 관심을 갖고 듣는다.	0~1세 영아가 주변 사람의 표정과 몸짓에 관심을 가지고 반응하며, 주변에서 들리는 말소리와 소리에 관심을 보이면서 다양한 말과 소리를 주의를 기울여 들으며 소통하는 내용이다.
	상대방의 이야기를 들으면서 말소리를 낸다.	0~1세 영아가 주변에서 말하는 이야기를 주의를 기울여 들으면서 다양한 발성과 옹알이로 반응하고 점차 적극적으로 말소리를 내며 소통하는 내용이다.
	표정, 몸짓, 말소리로 의사를 표현한다.	0~1세 영아가 표정과 몸짓의 비언어적인 방법을 포함하여 점차 말소리와 같은 언어적인 방법으로 표현하게 되면서 소통의 방식을 다양하게 활용하여 의사를 표현하는 내용이다.
읽기와 쓰기에 관심 가지기	주변의 그림과 상징에 관심을 가진다.	0~1세 영아가 자신 주변의 친숙한 그림이나 표지판, 상표와 같은 주변의 친숙한 상징에 관심을 가지는 내용이다.
	끼적이기에 관심을 가진다.	0~1세 영아가 손에 무엇인가를 쥐고 벽이나 바닥 면에 끼적이기를 시도하며 의도적으로 움직여 어떤 결과가 나타나는지 관심을 가지는 내용이다.
책과 이야기 즐기기	책에 관심을 가진다.	0~1세 영아가 다양한 형태의 책을 탐색하는 경험을 하며 책에 대한 관심을 가지고 책과 자신의 경험을 관련짓고 상징 행동을 하며 상상해 보면서 책에 대한 선호가 생기는 내용이다.
	이야기에 관심을 가진다.	0~1세 영아가 이야기를 자주 접하게 되면서 점차 자신이 좋아하는 이야기에 대한 선호가 생기게 되는 것과 관련되는 내용이다.

나. 2세 내용 범주와 내용

내용 범주	내용	내용 이해
듣기와 말하기	표정, 몸짓, 말에 관심을 갖고 듣는다.	2세 영아가 상대방의 표정, 몸짓, 말에 관심을 갖고 적극적으로 들으며, 상대방의 생각과 의도를 파악하고, 다양한 말과 소리의 차이에 관심을 가지고 듣는 내용이다.
	상대방의 이야기를 듣고 말한다.	2세 영아가 상대방의 말 혹은 이야기를 듣고 반응하며 자신의 느낌, 생각을 상대방에게 말하는 경험을 하는 내용이다.
	표정, 몸짓, 단어로 의사를 표현한다.	2세 영아가 표정과 몸짓의 비언어를 포함하여 단어 혹은 말로 자신의 의사를 표현하여 상대방과 소통하는 경험을 하는 내용이다.
	자신의 요구와 느낌을 말한다.	2세 영아가 상대방에게 자신의 요구와 느낌을 자유롭고 편안하게 말하는 경험을 하는 내용이다.
읽기와 쓰기에 관심 가지기	주변의 그림과 상징, 글자에 관심을 가진다.	2세 영아가 주변 인쇄물의 그림이나 표지판, 상표와 같은 상징, 자신의 이름과 같이 친숙한 글자에 관심을 가지며 상징 읽기를 시도하는 내용이다.
	끼적이며 표현하기를 즐긴다.	2세 영아가 다양한 쓰기 도구를 이용하여 의도적으로 끼적이며 이를 상징화하며 표현하는 것에 관심을 갖고 즐기는 내용이다.
책과 이야기 즐기기	책에 관심을 가지고 상상한다.	2세 영아가 주변의 다양한 책을 보는 것을 즐기며 책의 내용을 자유롭게 상상하는 내용이다. 영아는 선호하는 책이 생기고, 책을 만들기도 하며 책 보기를 즐기게 되는 내용이다.
	말놀이와 이야기에 재미를 느낀다.	2세 영아가 다양한 표현의 말과 이야기 짓기를 즐기면서 말과 이야기의 변화에 재미를 느끼게 되는 내용이다.

4) 교수방법

영아기는 언어 발달의 결정적 시기이며, 언어 발달 능력은 인지 발달 이외의 다른 영역, 즉 사회성, 정서, 신체의 활동 측면과도 상호작용 관계를 맺고 있어 언어 지도는 매우 중요하다. 따라서 교사는 영아의 언어 발달 단계를 잘 숙지하고 듣기, 말하기, 읽기, 쓰기가 동시에 통합적으로 이루어지도록 활동을 계획·적용해야 하고, 문해 활동에 도움이 되는 환경과 분위기를 조성하여야 한다.

가. 0~1세

자신의 이름을 부르면 반응할 수 있도록 지도하며 영아가 말을 못 알아듣더라도 말로 반응하여 일상 경험과 관련된 듣기 경험을 제공한다. 놀잇감과 관련된 다양한 흉내 내는 말을 사용하여 영아와 상호작용하고 운율이 있는 짧은 말을 들려주어 관심 있게 들을 수 있도록 지도한다. 행동이 언어와 연결될 수 있도록 우유 먹자, 기저귀 갈자 등 일상적 행동과 활동을 구체적인 언어로 표현해 준다. 또한 영아가 쿠잉이나 옹알이로 소리를 낼 때 주의 깊게 들어주며, 눈을 맞추고 정다운 목소리로 반응하고 교사의 말을 영아가 모방하여 말해 보게 한다. 인형이나 그림, 사진, 그림책 같은 여러 가지 자료를 갖추어 언어적 상호작용을 많이 할 수 있는 환경을 마련해 주고, 매일매일 대화를 하여 영아가 새로운 말과 발음을 익히며 의사소통 기술을 습득할 수 있도록 한다.

영아에게 친숙한 그림이나 표지판, 상표 등을 제공하여 상징에 관심을 가질 수 있도록 하고 교실에 끼적이기 공간을 마련하고 쓰기도구와 다양한 질감의 종이를 제공하여 영아가 손과 팔을 의도적으로 움직이는 즐거움과 선을 그을 때 나타나는 흔적을 즐기는 정도의 끼적이기 활동을 경험할 수 있도록 돕는다.

넘기기 쉬운 딱딱한 종이 책, 여러 가지 촉감을 느낄 수 있는 헝겊 책, 비닐 책 등 다양한 책을 제공하고 책을 읽어 줄 때 그림에 묘사된 구체적인 상황에 대해 질문하여 그림과 글의 연결을 돕는다. 영아가 자주 이야기를 접하도록 하여 이야기 듣는 것을 즐길 수 있도록 한다.

나. 2세

영아에게 높은 소리와 낮은 소리, 큰 소리와 작은 소리, 빠른 소리와 느린 소리 등 다양한 소리를 들려줌으로써 다양한 소리의 차이를 느끼고 집중해서 듣는 태도를 기를 수 있도록 돕고 친숙한 낱말에 흥미를 보이며 관심 있게 듣도록 지도한다. 또한 교사가 하고 있는 일이나 생각을 영아에게 짧은 이야기로 들려주어 영아가 상황에 맞는 어휘와 표현을 익히도록 한다. 또한 이 시기는 말하고 싶은 것은 많으나 표현이 잘 안 되는 시기이므로, 교사는 영아가 천천히 말할 수 있도록 기다려 주고 열심히 들어주도록 한다. 2세 영아는 어휘수가 급격히 증가하는 때이고 가작화 활동이 활발해지는 시기이므로 전화(마이크)놀이, 인형놀이 등의 놀이를 하게 하여 혼잣말을 하거나 성인의 말투를 흉내 내며 인형과 대화놀이를 할 수 있도록 환경을 마련해 준다.

이 시기에는 책에 그림과 글자가 있다는 것을 인식하는 것에서부터 교사가 읽어 주는 글에 관심을 갖고 그림책을 읽는 흉내를 내는 정도의 활동을 하도록 한다. 영아에게 적합한 책과 환경 인쇄물을 제공하여 영아가 관심을 갖도록 하고 그림책을 읽어 줄 때 그림을 손가락으로 짚으며 글과 그림을 연결하여 내용을 인식하도록 돕는다. 또한 끼적이기를 통해 손목의 힘이 길러지고, 자신만의 그림을 그리며, 글자와 비슷한 모양을 그려 내기도 하고, 끼적이면서 영아의 생각을 담은 혼잣말을 하는 등 쓰기 활동이 이루어지도록 무해한 크레파스나 두꺼운 펜, 커다란 도화지, 신문지, 달력 뒷장 등을 제공해 준다.

교사는 영아가 책에 관심을 가질 수 있도록 다양한 질감과 재질, 크기의 책을 제공한다. 또한 이야기를 즐길 수 있도록 다양한 책을 읽어 주고 책의 내용을 자유롭게 상상할 수 있도록 질문을 하고 새로운 이야기 짓기로 확장하여 활동한다.

4. 사회관계

1) 성격

사회관계 영역은 '나를 알고 존중하기', '더불어 생활하기'의 두 가지 내용 범주로 구성된다. '나를 알고 존중하기'에서는 영아가 자신의 독특한 자아에 대해 인식하고, 기본적인 욕구와 감정을 나타내며 자신에게 친숙한 것을 알아 가며 자신을 긍정적으로 여기도록 하는 내용이다. '더불어 생활하기'에서는 영아가 가족, 또래와 지역사회의 구성원으로서 관련된 다른 사람들과의 관계를 이해하고, 기본적인 규칙과 약속을 알고 지킬 수 있도록 하여 사회관계의 기초를 경험하도록 하는 내용이다.

2) 연령별 목표

가. 0~1세

나를 인식하고, 친숙한 사람과 관계를 맺는다.

① 나를 고유한 존재로 안다.
② 안정적인 애착을 형성하고, 또래, 교사와 함께 지낸다.

나. 2세

나를 알고, 다른 사람과 더불어 생활하는 경험을 한다.

① 나를 알고 긍정적으로 여긴다.
② 다른 사람과 즐겁게 지내기 위한 태도를 기른다.

3) 연령별 내용 범주와 내용

가. 0~1세 내용 범주와 내용

내용 범주	내용	내용 이해
나를 알고 존중하기	나를 인식한다.	0~1세 영아가 자신의 몸을 스스로 움직이기 시작하면서 자신의 신체를 탐색하고, 교사와 개별적으로 상호작용하는 일상적 경험을 통해 자신을 다른 사람과 독립된 존재로 인식하는 내용이다.
	나의 욕구와 감정을 나타낸다.	0~1세 영아가 자신의 생리적 욕구와 감정을 나타내고 이에 대한 민감하고 따뜻한 반응과 돌봄을 받는 경험을 통해 자신의 욕구와 감정 표현에 익숙해지는 내용이다.
	나와 친숙한 것을 안다.	0~1세 영아가 이름이나 친숙한 물건 등 자기에게 속한 것이 있다는 것을 일상에서 경험하면서 자신의 고유성을 인식하는 내용이다.
더불어 생활하기	안정적인 애착을 형성한다.	0~1세 영아가 교사에게 정서적 유대와 심리적 안정감을 갖고 자신의 욕구와 관심을 표현함으로써 자신이 안전하게 보호받고 있다는 것을 인식하는 내용이다.
	또래에게 관심을 가진다.	0~1세 영아가 교사 외에 다른 영아와 함께 지내는 경험을 통해 자연스럽게 자신과 구별되는 다른 존재로서 또래가 있다는 것을 인식하고 또래에게 관심을 가지는 내용이다.
	다른 사람의 감정과 행동에 관심을 가진다.	0~1세 영아가 주변의 다른 사람이 표현하는 감정과 행동을 보고 자신이 여러 가지 감정을 표현하는 것처럼 다른 사람도 감정과 행동을 나타내는 존재임을 알고 관심을 가지는 내용이다.
	반에서 편안하게 지낸다.	0~1세 영아가 자기가 속한 반의 쾌적한 환경, 반응적인 교사, 불편함을 주지 않는 또래, 규칙적인 일과 운영 속에서 생활하며 정서적 안정감을 가지고 편안하게 지내는 내용이다.

나. 2세 내용 범주와 내용

내용 범주	내용	내용 이해
나를 알고 존중하기	나와 다른 사람을 구별한다.	2세 영아가 자신과 다른 사람의 신체적 특징, 능력, 성별 등을 바탕으로 구별함으로써 자신이 고유한 존재임을 인식하도록 하는 내용이다.
	나의 감정을 표현한다.	2세 영아가 즐거움이나 기쁨, 슬픔이나 두려움, 화남 등 자신의 욕구나 감정을 인식하고, 다른 사람이 알도록 적절한 말과 표정, 행동으로 표현할 수 있도록 하는 내용이다.
	내가 좋아하는 것을 한다.	2세 영아가 자신이 좋아하는 것, 관심이 생기는 것을 찾아 직접 해 보는 경험을 통해 자신이 스스로 무엇을 한다는 것에 만족감을 느끼며 자신에 대한 긍정적인 인식을 갖게 하는 내용이다.
더불어 생활하기	가족에게 관심을 가진다.	2세 영아가 주변의 친숙한 사람 중에서도 가족이 보다 특별한 대상임을 알고 가족에게 관심과 소속감, 애정을 가지고 표현할 수 있도록 하는 내용이다.
	또래와 함께 놀이한다.	2세 영아가 또래와 함께 놀이하는 경험을 통해 또래에게 자연스럽게 관심을 가지고 또래의 모습과 행동을 모방하면서 또래 관계를 익히도록 하는 내용이다.
	다른 사람의 감정과 행동에 반응한다.	2세 영아가 다른 사람의 기쁨이나 즐거움과 같은 긍정적인 감정뿐만 아니라 슬픔, 화남, 두려움, 아픔 등의 부정적인 감정을 알아차린다. 상대방의 감정에 같이 기뻐하고, 공감하며, 돕거나 위로를 하는 등의 반응을 할 수 있도록 돕는 내용이다.
	반에서의 규칙과 약속을 알고 지킨다.	2세 영아가 자신이 자주 경험하는 상황에서 지켜야 할 간단한 규칙이나 약속이 있다는 것을 인식하고 이를 스스로 지키고자 노력하도록 돕는 내용이다.

4) 교수방법

사회관계 영역에서는 영아의 자기존중감 형성을 격려함으로써 영아가 스스로의 소중함을 알고 주도적으로 자신의 놀이를 스스로 선택하여 즐겁게 하는 데 도움을 주고자 한다. 그리고 영아가 자신과 다른 사람의 정서를 올바르게 이해할 수 있도록 하여 다양한 사회적 관계에서 이러한 정서 이해 능력을 적절히 활용할 수 있도록 한다. 또한 이 영역에서는 영아가 가족 및 또래와 긍정적인 관계를 형성함으로써 능력 있는 공동체 구성원으로서의 자질을 계발하는 데 도움을 주고자 한다.

가. 0~1세

교사와 함께 거울 보기 등의 활동을 통해 영아가 자신의 신체를 인식하고 타인과 구별된 자신을 인식할 수 있는 활동을 계획하고 영아의 이름을 불러 주어 자신의 이름에 반응할 수 있도록 한다. 영아가 기본적인 욕구와 분화되는 자신의 감정을 느끼고 말과 행동으로 나타낼 수 있도록 정서적 지지를 해 준다. 또한 영아가 자신과 자신의 것을 인식할 수 있도록 개별적인 침대, 침구, 서랍장, 그 밖의 개인 소지품에 영아의 얼굴 사진을 붙여 주고 이름을 적어 준다.

교사는 영아와 일대일로 마주 보며 자주 스킨십을 해 주어 애정을 표현한다. 영아의 언어적, 비언어적 신호를 해석하여 민감하게 반응해 주며, 기질적 특성을 이해하고 반응 속도와 생물학적 리듬을 파악하여 조화로운 관계를 유지하여야 한다. 특히 교사와 안정적인 애착을 형성한다. 환경을 집과 같은 분위기로 조성하여 영아의 심리적 안정을 도우며 함께 생활하는 친구에게 관심을 갖도록 지도한다.

나. 2세

영아가 노래, 놀이, 이야기 등을 통하여 자신의 신체를 인식하고 타인과 다른 자신을 인식할 수 있도록 돕는다. 영아가 자신이 좋아하는 것을 알고 선택할 수 있도록 놀잇감을 다양하고 넉넉하게 준비하며 언어적 상호작용을 통해 영아가 자신이 좋아하는 것을 인식하도록 돕는다. 또한 영아가 자신의 감정을 자유로이 표현할 수 있는 분위기를 조성하고 감정을 표현할 때 수용해 준다. 이 시기는 언어가 발달하는 시기이므로 영아의 정서를 교사가 언어로 표현해 주어 다양한 정서를 인식하도록 돕는다.

영아가 더불어 생활하는 것을 돕기 위하여 교사는 영아의 가족에 관심을 갖고 영아에게 표현하여 가족에 대한 인식을 돕는다. 이 시기는 병행놀이를 하는 시기이지만 또래와의 놀이가 즐거움을 알 수 있도록 기회를 제공하고 다른 친구들과 함께 놀이하고 생활하기 위해서 지켜야 할 기본적인 규칙과 약속이 있다는 것을 일관성 있게 지도한다. 특히 이 시기는 또래 관계에 관심을 갖게 되므로 놀잇감을 넉넉하게 준비하고 적당한 공간을 마련하여 분쟁을 사전에 예방하고 상대방의 감정을 공감할 수 있도록 그 상황에서의 감정을 이야기해 주며 친사회적으로 표현할 수 있는 기회를 제공한다.

5. 예술경험

1) 성격

예술경험 영역은 '아름다움 찾아보기', '창의적으로 표현하기'의 두 가지 내용범주로 구성된다. '아름다움 찾아보기'에서는 영아가 주변의 친근한 자연이나 생활 환경에서 음악적·동작적·가작적·미술적 요소에 관련된 현상이나 사물을 흥미롭게 보며 집중하여 탐색하고 아름다움에 관심을 가질 수 있도록 한다. '창의적으로 표현하기'에서는 영아가 음악·움직임·모방·미술 경험을 마음껏 시도하고 표현하며 자유롭게 즐기도록 한다.

2) 연령별 목표

가. 0~1세

아름다움을 느끼고 경험한다.

① 자연과 생활에서 아름다움에 관심을 가진다.

② 예술적 경험을 표현한다.

나. 2세

아름다움을 느끼고 즐긴다.

① 자연과 생활에서 아름다움을 느끼고 관심을 가진다.

② 예술을 통해 자유롭게 표현한다.

3) 연령별 내용 범주와 내용

가. 0~1세 내용 범주와 내용

내용 범주	내용	내용 이해
아름다움 찾아보기	자연과 생활에서 아름다움을 느낀다.	0~1세 영아가 자신을 둘러싼 일상적인 환경에서 소리나 움직임, 색과 모방 등에 호기심을 기울이며 미적이고 감성적인 경험을 통해 아름다움을 인식하는 과정으로 발전시켜 나가는 내용이다.
	아름다움에 관심을 가진다.	0~1세 영아가 일상생활에서 자연이나 사물의 아름다움을 감상하고 즐길 수 있는 내용을 다룬다. 또한 반복적으로 경험하는 친근한 사람의 목소리, 주변의 소리와 리듬 있는 소리 그리고 익숙한 노래 등에 관심을 가지며 아름다움의 요소를 경험하는 가운데 이를 즐기는 내용을 다룬다.

내용 범주	내용	내용 이해
창의적으로 표현하기	소리와 리듬, 노래로 표현한다.	0~1세 영아가 자신을 둘러싼 환경에서 들려오는 다양한 소리, 리듬과 노래, 그리고 움직임에 주의를 기울여 관심을 두다가 익숙한 노래나 리듬을 선호하며 이를 표현하는 내용을 다룬다.
	감각을 통해 미술을 경험한다.	영아가 감각을 통해 미술 표현을 시도하고 단순한 미술을 경험하며 즐기는 내용이다. 우연하게 미술 경험을 하다 결과물을 만들어 내고, 미술을 경험하는 과정에서 재료와 익숙해지며 재료를 이용하여 스스로 만들어 내는 창의적 표현을 즐기는 내용을 다룬다.
	모방 행동을 즐긴다.	영아가 익숙하고 의미 있는 사람과 상호작용하며 타인의 표정이나 모습, 움직임을 모방하는 것에서부터 단순한 상징을 놀이로 즐기는 내용을 다룬다. 영아는 모방 행동을 통해 새로운 행동을 만들어 내고 상대의 모방을 유도하며, 영아가 이를 다시 모방하는 순환 관계를 보여 주는 내용을 다룬다.

나. 2세 내용 범주와 내용

내용 범주	내용	내용 이해
아름다움 찾아보기	자연과 생활에서 아름다움을 느끼고 즐긴다.	2세 영아가 무심히 지나칠 수 있는 일상의 자연이나 생활 속 공간, 사물 등의 아름다움에 주의를 기울여 아름다움을 풍부하게 느끼며, 자신과 또래의 다양한 예술적 표현을 감상하고 즐기는 내용이다.
	아름다움에 관심을 갖고 찾아본다.	2세 영아가 다양한 소리나 리듬 등의 음악적 요소, 색이나 형태 등과 같은 미술적 요소, 사람과 사물, 동식물의 움직임에서 아름다움을 발견하고 경험하는 내용이다.

내용 범주	내용	내용 이해
창의적으로 표현하기	익숙한 노래와 리듬을 표현한다.	2세 영아가 일상에서 익숙해진 노래를 부르고 간단한 리듬을 표현하는 것을 즐기는 내용이다.
	움직임과 춤으로 자유롭게 표현한다.	2세 영아가 운율 있는 소리나 노래, 또는 보고 만지고 맛보는 등 감각적 경험에서의 느낌을 움직임이나 춤으로 표현하는 내용이다.
	미술 재료와 도구로 표현해 본다.	2세 영아가 스스로 다루기 적절한 재료와 도구를 이용하여 자유롭게 미술 표현을 시도하고 이 과정을 즐기는 내용이다.
	일상생활 경험을 상상놀이로 표현한다.	2세 영아가 일상생활에서 경험한 사건에 포함된 대상이나 상황을 상상놀이로 표현하며 즐기는 내용이다.

4) 교수방법

영아가 일상생활 속에서 다양한 감각 자극을 통해 아름다움을 느끼고 관심을 가지며 자유롭게 표현할 수 있도록 돕는다. 다양한 예술적 경험은 영아들에게 음악, 움직임, 극 및 미술의 기본 요소에 대한 개념을 증진시켜 표현 능력을 키우고 감상의 즐거움을 알게 해 준다. 예를 들어, 영아들은 리듬 있는 소리나 음악을 듣고 그 속에서 음악적 요소를 이해하는 방법을 배우고, 노래하거나 리듬 악기를 연주할 때, 음악적 요소들에 집중하여 즉흥적 리듬이나 음악으로 표현하게 된다. 음악 활동은 또한 신체 움직임이나 미술, 극놀이와 연결되기도 하는데, 이런 통합적 경험은 영아가 자신의 느낌을 풍부하게 하고 좀 더 세분화된 표현 기술을 익히게 하며 다양한 사물과 상황에 대한 관심을 가지게 하는 데 중요하다.

가. 0~1세

영아가 자연물, 사물, 환경의 아름다움에 관심을 가지고 즐길 수 있도록 적절한 실내외 활동을 계획한다. 영아가 주변 사물에 눈을 고정하거나, 소리가 나거나 움직이는 사물 또는 사람 쪽으로 시선을 돌리고 친근한 사물이나 사람을 오랫동안 쳐다보고, 미소 짓기 등의 반응을 보일 때 교사는 자연스럽고 따뜻하게 반응해 주어야 한다. 마라카스, 탬버린, 노래가 나오는 조작 놀잇감 등을 제공하여 다양한 소리를 들을 수 있도록 하며, 주변의 일상 사물을 가지고 소리를 내는 것도 즐길 수 있도록 격려하고 다양한 재질과 색, 모양의 재료들을 제공해 주어 자유롭게 놀이할 수 있도록 한다.

영아가 소리 내기를 즐길 수 있도록 다양한 소리 내는 도구를 제공하며 의성어, 의태어, 반복되는 부분이 많은 노래의 일부분이나 리듬 있는 운율을 교사의 음성으로 자주 들려준다. 영아가 자신의 몸을 비춰 볼 수 있는 거울은 이 시기 영아의 모방 행동에 중요하므로 영아의 몸 전체를 비춰 볼 수 있는 크기의 안전거울을 제공한다. 리듬감 있게 영아의 팔과 다리를 만지면서 교사가 쭉쭉 늘려 주거나 몸을 위아래로 약간씩 들어 주면서 영아가 적극적으로 움직일 수 있는 기초를 마련해 주고 교사가 하는 대로 따라 할 수 있도록 다양한 움직임을 보여 준다. 미술 경험을 통해 다양한 재료와 익숙해질 수 있도록 하고 쥐기, 누르기, 던지기, 뜯기, 문지르기, 비벼 보기 등 단순한 미술 경험의 기초가 될 수 있는 감각적 경험의 기회를 제공하여 창의적 표현을 돕는다.

나. 2세

일상생활에서 경험할 수 있는 주변 환경과 사물들을 영아가 자유롭고 반복적이며 적극적으로 탐색할 수 있도록 기회를 제공한다. 또한 다양한 자연의 소리나 움직임, 변화를 보고 들을 수 있도록 실외 활동을 자주 계획하도록 한다.

노래와 리듬, 움직임과 춤, 미술 표현, 상상놀이 등의 다양한 방법으로 생각과 느낌을 자유롭게 표현할 수 있도록 한다. 이를 위하여 악기가 잘 보이는 개방된 곳에 교구장을 준비하여 영아가 악기를 쉽게 꺼내어 악기의 소리, 장단, 리듬, 강약 등을 탐색할 수 있도록 격려하며, 교사의 신체를 사용하여 여러 가지 소리를 만들어 영아에게 들려주고 영아와 함께 소리 만들기를 해 보는 등, 여러 가지 활동을 해 볼 수 있다. 이 시기에는 영아 자신과 관련된 노래, 우리나라 전통놀이에서 부르는 노래, 전래동요 등을 직접 불러 주거나 테이프와 CD로 자주 들려주도록 하며, 영아의 가작화 행동을 격려하고 교사도 영아의 행동을 따라 하거나 함께 가작화하는 등 적극적으로 반응해 준다. 교사는 밀가루 반죽, 크레파스, 물감, 색연필, 사인펜, 연필 등의 기본적 미술 재료를 마련해 주고 미술도구를 적절히 사용하는 기술을 습득할 수 있도록 한다.

6. 자연탐구

1) 성격

자연탐구 영역은 '탐구과정 즐기기', '생활 속에서 탐구하기', '자연과 더불어 살기'의 세 가지 내용 범주로 구성된다. '탐구과정 즐기기'에서는 영아가 주변의 사물과 자연 현상에 대하여 관심을 가지고 보고 듣고 느끼고 궁금해하며 탐색을 즐기는 내용이다. '생활 속에서 탐구하기'에서는 영아가 일상생활에서 수량과 공간을 인식하고 비교하며 규칙성을 인식하는 등 구체적인 경험과 조작 활동으로 수학의 기초능력을 기르도록 한다. '자연과 더불어 살기'에서는 영아가 주변의 사물, 생명체, 자연 현상에 대하여 관심을 가지고 능동적이고 적극적으로 탐색하는 과정에서 과학적 기초 지식을 습득하도록 한다.

2) 연령별 목표

가. 0~1세

주변 환경과 자연에 관심을 가진다.

① 일상에서 탐색을 즐긴다.
② 주변 환경을 탐색한다.
③ 생명과 자연에 관심을 가진다.

나. 2세

주변 환경과 자연을 탐색하는 과정을 즐긴다.

① 일상에서 탐색하는 과정을 즐긴다.
② 주변 환경에 관심을 가지고 탐색한다.
③ 생명과 자연에 관심을 가진다.

3) 연령별 내용 범주와 내용

가. 0~1세 내용 범주와 내용

내용 범주	내용	내용 이해
탐구과정 즐기기	주변 세계와 자연에 대해 호기심을 가진다.	0~1세 영아가 주변의 물체와 물질, 동식물, 자연물, 자연 현상 등에 대해 궁금해하고 알고자 하며 작은 변화를 발견하고 즐거워하는 내용이다.
	사물과 자연 탐색하기를 즐긴다.	0~1세 영아가 주변의 물체, 자연물 등을 다양한 방법, 또는 영아 나름의 방법으로 탐색하기를 즐기는 내용이다.
생활 속에서 탐구하기	친숙한 물체를 감각으로 탐색한다.	0~1세 영아가 주변에서 쉽게 발견할 수 있는 친숙한 물체와 물질, 사물, 자연물을 시각, 청각, 촉각 등의 감각을 이용하여 탐색하는 내용이다.

내용 범주	내용	내용 이해
생활 속에서 탐구하기	물체의 수량에 관심을 가진다.	0~1세 영아가 놀이와 일상생활에서 물체가 있다가 없어지는 경험을 하면서 물체의 있고 없음과 물체의 많고 적음에 관심을 가지는 내용이다.
	주변 공간과 모양을 탐색한다.	0~1세 영아가 뒤집고, 눕고, 앉고, 기고, 서고, 걷고, 오르내리며 몸으로 공간을 탐색하며, 주변에서 접하는 물체를 늘어놓고, 쌓고, 끼우고, 굴리면서 모양을 탐색하는 내용이다.
	규칙성을 경험한다.	0~1세 영아가 일상에서 반복적인 하루 일과 흐름을 경험하고, 일상생활과 놀이에서 자연스럽게 소리, 리듬, 동작, 모양 등에 나타나는 규칙성을 경험하는 내용이다.
자연과 더불어 살기	주변의 동식물에 관심을 가진다.	0~1세 영아가 풀, 꽃, 나무, 곤충, 동물 등 주변의 익숙한 동식물의 모양이나 색, 소리, 움직임, 냄새, 촉감 등에 관심을 가지는 내용이다.
	날씨의 변화를 감각으로 느낀다.	0~1세 영아가 일광욕을 하거나 산책, 바깥놀이를 하면서 바람, 햇빛, 비 등을 직접 감각으로 느끼는 내용이다.

나. 2세 내용 범주와 내용

내용 범주	내용	내용 이해
탐구과정 즐기기	주변 세계와 자연에 대해 호기심을 가진다.	2세 영아가 자신이 관심 있는 물체와 물질, 동식물, 자연물, 자연 현상 등에 대해 주의를 기울이고 궁금해하며 호기심을 가지는 내용이다.
	사물과 자연을 반복하여 탐색하기를 즐긴다.	2세 영아가 자신이 관심 있는 물체와 물질, 자연물을 주도적으로 반복하여 탐색하기를 즐기는 내용이다.
생활 속에서 탐구하기	친숙한 물체의 특성과 변화를 감각으로 탐색한다.	2세 영아가 주변에서 쉽게 발견할 수 있는 친숙한 물체와 물질의 모양, 색, 냄새, 소리, 질감과 같은 특성을 감각을 이용하여 탐색하고, 물체와 물질을 만지고 누르고 구부리고 섞어 보면서 물체의 변화를 탐색하는 내용이다.
	물체의 수량에 관심을 가진다.	2세 영아가 일상생활에서 익숙한 물체의 많고 적은 양을 구별하고 수에 관심을 가지는 내용이다.
	주변 공간과 모양을 탐색한다.	2세 영아가 자신의 몸과 물체를 움직여 자신과 사물, 사물과 사물 간의 위치, 방향, 거리 등의 관계를 탐색하고 주변에서 자주 접하는 물체의 모양을 탐색하는 내용이다.

내용 범주	내용	내용 이해
생활 속에서 탐구하기	규칙성에 관심을 가진다.	2세 영아가 일상생활과 놀이를 통해 사물이나 사건, 자연의 변화가 일정한 순서로 반복되는 것에 관심을 가지는 내용이다.
	주변 사물을 같고 다름에 따라 구분한다.	2세 영아가 관심 있는 사물이나 놀이 자료를 영아 나름대로의 같고 다름의 기준에 따라 구분하는 내용이다.
	생활 도구에 관심을 가진다.	2세 영아가 일상생활에서 사용하는 다양한 도구에 관심을 가지고 일상에서 직접 도구를 사용해 보는 내용이다.
자연과 더불어 살기	주변의 동식물에 관심을 가진다.	2세 영아가 주변의 반려동물이나 작은 곤충, 친숙한 동물, 꽃과 나무 등의 모양, 소리, 움직임에 관심을 가지는 내용이다.
	날씨와 계절의 변화를 감각으로 느낀다.	2세 영아가 바깥놀이나 산책을 나가서 바람, 눈, 비, 추위, 더위 등 자연 현상에 따라 변화하는 날씨와 계절을 감각으로 느끼는 내용이다.

4) 교수방법

영아기 때부터 주변의 사물과 자연환경에 대해 관심을 가지고 탐구하며 문제를 해결해 간다. 따라서 수학적 개념 및 과학적 개념의 습득과 이해 그 자체만을 중요시하기보다는 개념을 습득하게 되기까지의 토대가 되는 사고 발달과 탐구과정, 탐구 기술을 동시에 중요시한다. 특히 2세 미만과 2세 영아에게는 개념보다는 주변에 관심을 가지고 여러 가지 감각을 활용하여 탐색하고 반복 활동하는 기회를 충분히 제공함으로써 탐구의 기초를 다지는 것이 중요하다.

가. 0~1세

0~1세 영아는 감각을 이용해 환경을 탐색한다. 영아가 가까운 환경에서 시작하여 점차 반경을 넓혀 주변에 관심을 갖고 탐색할 수 있도록 교사는 의도를 가지고 영아와 상호작용한다. 영아는 기질과 성향에 따라 조용하고 미세한 탐색을 주로 하는 영아, 반경이 크고 행동 강도가 높은 탐색을 즐기는 영아가 있다는 점을

고려하며, 반복적이고 지속적으로 탐구할 수 있는 기회를 제공한다. 또한 빨기를 이용한 탐색 욕구가 강한 시기이므로 주변을 세심하고 청결하게 정리하여 영아의 안전에 각별히 유의한다.

일상생활에서 하나, 둘, 있다, 없다, 적다, 많다 등의 어휘를 사용하여 수학적 경험을 할 수 있게 격려해 준다. 다양한 모양의 사물을 제공하여 영아가 주변의 물체를 통해 모양을 탐색할 수 있도록 돕고 단어가 반복되는 어휘놀이와 죄암죄암, 도리도리 등의 노래를 통해 반복과 규칙성을 지각할 수 있도록 프로그램을 구성한다. 영아에게 주변 동식물의 모양, 소리, 움직임을 관찰할 수 있는 기회를 제공하고 실외놀이, 산책의 기회를 충분히 주어 자연의 변화를 감각적으로 느낄 수 있도록 한다.

나. 2세

일상생활의 여러 가지 경험을 통하여 탐구심을 가지며, 다양한 사물과 현상을 탐색할 기회를 충분히 제공하여야 한다. 관심 있는 사물에 대해 반복적이고 주도적으로 탐색하여 영아가 호기심을 가지고 문제를 해결할 수 있도록 격려한다. 영아와 함께 일상생활에서 수 이름을 사용하여 세어 보는 경험을 하고 수학적 어휘를 적절하게 사용해 보도록 격려해 주며, '어느 것이 더 많지?', '누가 먼저 가지고 있었니?' 등의 질문을 통해 수학적 사고를 하도록 격려해 준다. 놀이를 통해 일대일 대응, 같은 것끼리 나누어 보기 등의 수학적 사고를 기르는 활동을 한다. 동작, 언어, 색 등이 단순하게 반복되는 규칙성을 이해할 수 있는 놀이를 계획하여 제공한다. 또한 일상에서 사용되는 도구를 직접 사용해 볼 수 있는 기회를 제공한다.

C·H·A·P·T·E·R

05

누리과정과 교수방법

누리과정은 유치원과 어린이집 교육과정의 각기 다른 문제점을 해결하고 3~5세 유아에게 양질의 교육과 보육을 제공해야 한다는 취지 아래 마련되었다. 2019 개정 누리과정에서는 유아가 각자 자신에게 가장 적합한 방식으로 스스로 놀이하며 배운다는 점에 주목하여 유아가 주도하는 놀이를 강조하였다. 그러므로 교사는 유아 놀이의 가치와 의미를 이해하고, 자율성과 다양성을 가지고 유아의 놀이를 통한 배움을 지원하도록 노력해야 한다.

1. 구성 방향

1) 3~5세 모든 유아에게 적용할 수 있도록 구성한다.
2) 추구하는 인간상 구현을 위한 지식, 기능, 태도 및 가치를 반영하여 구성한다.
3) 신체운동·건강, 의사소통, 사회관계, 예술경험, 자연탐구의 5개 영역을 중심으로 구성한다.
4) 3~5세 유아가 경험해야 할 내용으로 구성한다.
5) 0~2세 보육과정 및 초등학교 교육과정과의 연계성을 고려하여 구성한다.

2. 목적과 목표

1) 목적

누리과정의 목적은 유아가 놀이를 통해 심신의 건강과 조화로운 발달을 이루고 바른 인성과 민주 시민의 기초를 형성하는 데에 있다.

2) 목표

가. 자신의 소중함을 알고, 건강하고 안전한 생활습관을 기른다.
나. 자신의 일을 스스로 해결하는 기초능력을 기른다.
다. 호기심과 탐구심을 가지고 상상력과 창의력을 기른다.
라. 일상에서 아름다움을 느끼고 문화적 감수성을 기른다.
마. 사람과 자연을 존중하고 배려하며 소통하는 태도를 기른다.

3. 3~5세 누리과정의 영역별 목표

I. 신체운동·건강

실내외에서 신체활동을 즐기고, 건강하고 안전한 생활을 한다.

① 신체활동에 즐겁게 참여한다.
② 건강한 생활습관을 기른다.
③ 안전한 생활습관을 기른다.

1) 내용 체계

내용 범주	내용
신체활동 즐기기	신체를 인식하고 움직인다.
	신체 움직임을 조절한다.
	기초적인 이동운동, 제자리 운동, 도구를 이용한 운동을 한다.
	실내외 신체활동에 자발적으로 참여한다.
건강하게 생활하기	자신의 몸과 주변을 깨끗이 한다.
	몸에 좋은 음식에 관심을 가지고 바른 태도로 즐겁게 먹는다.
	하루 일과에서 적당한 휴식을 취한다.
	질병을 예방하는 방법을 알고 실천한다.
안전하게 생활하기	일상에서 안전하게 놀이하고 생활한다.
	TV, 컴퓨터, 스마트폰 등을 바르게 사용한다.
	교통안전 규칙을 지킨다.
	안전사고, 화재, 재난, 학대, 유괴 등에 대처하는 방법을 경험한다.

2) 내용 이해

내용	내용 이해
신체를 인식하고 움직인다.	유아가 자신의 신체에 관심을 가지며 신체 각 부분의 특성을 알고 다양하게 움직이는 내용이다.
신체 움직임을 조절한다.	유아가 몸을 움직이며 균형을 잡고, 몸이나 도구의 움직임을 다양하게 조절하는 내용이다. 또한 눈과 손을 협응하며 소근육 움직임을 조절하는 내용이다.
기초적인 이동운동, 제자리 운동, 도구를 이용한 운동을 한다.	유아가 한 곳에서 다른 곳으로 몸을 움직이는 걷기·달리기·뛰어넘기 등의 이동운동, 구부리기·뻗기·돌기 등의 제자리 운동, 공·줄·후프 등의 도구를 이용한 운동을 하는 내용이다.
실내외 신체활동에 자발적으로 참여한다.	유아가 하루 일과에서 실내외의 다양한 신체활동에 자발적으로 즐겁게 참여하는 내용이다.
자신의 몸과 주변을 깨끗이 한다.	유아가 손을 씻고 이를 닦는 등 몸을 깨끗이 하는 적절한 방법을 알고 실천하며, 자기 주변을 깨끗하게 정리정돈하는 내용이다.
몸에 좋은 음식에 관심을 가지고 바른 태도로 즐겁게 먹는다.	유아가 몸을 건강하게 하는 음식에 관심을 가지고, 음식을 소중히 여기며, 제자리에 앉아서 골고루 즐겁게 먹는 내용이다.
하루 일과에서 적당한 휴식을 취한다.	유아가 피곤하거나, 몸이 아프거나, 몸을 많이 움직여서 쉬고 싶을 때, 적절한 휴식을 취하는 내용이다.
질병을 예방하는 방법을 알고 실천한다.	유아가 질병의 위험으로부터 건강을 유지할 수 있는 다양한 생활 방식(몸을 청결히 하기, 날씨와 상황에 알맞은 옷 입기, 찬 음식 적당히 먹기, 정해진 시간에 자고 일어나기, 따뜻한 물 마시기 등)을 경험하는 내용이다.
일상에서 안전하게 놀이하고 생활한다.	유아가 일상에서 위험한 장소, 상황, 도구 등을 알고, 안전한 놀이 방법과 놀이 규칙을 지키며 놀이하고 생활하는 내용이다.
TV, 컴퓨터, 스마트폰 등을 바르게 사용한다.	유아가 일상에서 자주 접하는 TV, 컴퓨터, 스마트폰 등을 필요한 상황에서 적절하게 사용하며, 바른 자세로 이용하는 내용이다.
교통안전 규칙을 지킨다.	유아가 안전한 보행 및 도로 횡단, 교통기관의 안전한 이용 등 교통안전 규칙을 알고 실천하는 내용이다.
안전사고, 화재, 재난, 학대, 유괴 등에 대처하는 방법을 경험한다.	유아가 안전사고, 화재, 재난, 학대, 유괴 등의 위험에 처한 상황을 알고, 주변에 도움을 요청하는 방법을 배우며, 평소 훈련에 따라 대피하는 연습을 하는 등의 안전교육과 관련된 내용이다.

3) 교수방법

만 3세 이상이 되면 유아는 신체에 관심이 더욱 커지고 적극적으로 탐색하게 되며, 자신의 신체와 운동 능력에 대해 구체적으로 인식하게 되므로 유아가 자신의 신체와 운동 능력에 대해 긍정적으로 인식하게 하고 즐겁게 신체활동을 할 수 있도록 돕는 것은 매우 중요하다. 또한 놀이와 다양한 신체활동을 하면서 자연스럽게 신체 각 부위의 명칭과 구조, 그리고 기능에 대해 이해할 수 있도록 도우며, 신체의 기능에 대하여 말로 설명해 주기보다는 자신들의 움직임을 통해 느껴 보는 기회를 제공해야 한다. 유아의 신체에 대한 긍정적인 인식을 위해서는 움직임에 대한 성공적인 경험이 중요하므로 유아의 신체 능력에 적절한 다양한 신체활동을 제공해 주는 것이 필요한데, 이때 교사는 놀이기구의 크기나 신체활동의 난이도, 개인차 등의 요소를 충분히 고려하여 환경을 준비하도록 한다. 아울러 교사는 유아가 신체 균형을 유지하며 다양한 자세를 취할 수 있도록 하며, 시간, 공간, 흐름, 힘 등 동작의 요소를 활용하여 다양한 움직임을 만들어 보도록 하고, 이동운동(걷기, 달리기, 뛰기 등)에서 움직임의 개념과 운동 요소를 적용해 보고 제자리에서 다양한 자세를 시도하면서 신체의 균형감을 기르도록 한다.

놀이기구나 시설을 이용한 신체활동 이외에 다양한 신체놀이나 게임 등을 계획하며, 능동적이고 활동적이며 몸을 빠르게 움직이는 유아기의 신체운동 특성을 이해하고 적절히 격려해야 한다. 또한 유아의 개별적인 신체조절 능력을 세심하게 관찰하고, 신체활동이 안정되고 숙달될 수 있도록 지도하며, 유아가 신체운동을 하면서 공간, 시간, 힘, 흐름 등과 같은 동작의 기본 요소를 인식하고, 이러한 동작 요소를 활용하여 다양한 움직임을 만들어 낼 수 있도록 격려하며 상호작용한다. 특히 게임을 통해 집단 활동의 즐거움을 느끼도록 하며, 규칙적으로 바깥에서 놀이하기, 나들이, 산책하기 등 자연스럽게 대근육 활동을 하게 하거나 평균대, 그네, 시소, 미끄럼틀 등의 기구로 구성된 실내외 신체 영역에서 오르기, 미끄러지기 등의 대근육 활동을 경험하게 한다.

건강하게 생활하기에서는 유아에게 건강의 중요성을 강조하고, 기본적인 식사, 수면과 휴식, 배설, 청결, 의생활 등이 건강에 미치는 영향을 하루의 일과로 계획하여 일관성 있게 지도하며, 유아가 스스로 청결, 식사량, 활동량 및 휴식량을 조절할 수 있도록 도와준다. 또한 개개 유아의 스트레스 원인을 파악하여 유아가 자신의 스트레스를 적절하게 발산할 수 있도록 도우며, 정기적인 건강검진과 예방접종, 적당한 운동, 바른 식생활의 중요함을 설명하여 유아가 건강에 관심을 갖도록 하고 적극적으로 참여할 수 있도록 한다. 특히 질병과 사고는 예방이 최선이라는 점을 인식하고 유아에게 예방교육을 실시한다. 유아가 말로 표현하는 질병의 증상들을 주의 깊게 듣고 유아의 안색이나 행동을 관찰하여 휴식을 취하게 하거나 적절한 치료를 받게 하고 전염병의 증상이 의심되면 적절하게 격리시키고 조치한다. 아울러 교사는 유아가 스스로 손과 몸, 이 닦기를 실천할 수 있도록 하며, 유아 스스로 자기 주변을 깨끗이 정리할 수 있도록 하고, 유아가 성장 발달에 필요한 적당량의 음식을 골고루 먹는 식습관을 가지도록 하며, 몸에 좋은 음식과 몸에 좋지 않은 음식이 무엇인지 알고, 몸에 좋은 음식을 선택할 수 있도록 한다. 또한 교사는 유아가 음식을 소중히 여기는 태도를 기르고 식사 예절을 지키며 규칙적으로 잠을 자고 필요할 때 적당한 휴식을 취할 수 있도록 하며, 배변 습관과 올바른 화장실 사용 방법을 익히도록 도와주고 날씨와 상황에 알맞게 옷을 입을 수 있게 함으로써 건강한 생활습관을 형성할 수 있도록 한다.

한편 유아들에게 가장 빈번하게 발생하는 안전사고는 놀이시설이나 기구를 활용하면서 부딪치거나 떨어지는 것임을 고려할 때, 신체활동을 하면서 필요한 규칙을 지키고 책임감 있게 활동하도록 안전교육을 실시하는 것은 매우 중요하다. 환경을 안전하게 조성하고 유아들이 신체조절을 잘하여도 공간이 충분하지 않을 경우에는 유아들끼리의 충돌사고가 발생할 수 있음으로 유아들이 자유롭게 움직일 수 있도록 충분하고도 안전한 공간을 마련해 주는 것도 중요하다. 또한 교사는 활동 영역에서의 위험 요소를 확인하고 다양한 안전 습관을 형성할 수 있도록 안전교육을 실시하고 유아가 놀잇감이나 놀이기구의 사용법을 올바르게 인식하여 안전하게 사용하고 다른 사람의 안전을 고려한 행동을 실천하도록 격려한다. 아울러 유아기는 운동 능력과 지각 판단 능력이 미숙하여 놀이 상황에서 자신과 타인에게 위험이 되는 행동을 할 수 있으므로 주의 깊게 감독하며, 유아가 실내외 안전한 장소에서 놀이할 수 있도록 한다. 특히 유아가 학대나 유괴가 무엇인지를 알도록 하며 이에 대한 대처 방법을 알도록 지도하고 정기적으로 교통안전, 약물 오남용 예방, 화재가 났을 때 대피, 재난 방지 등에 대한 안전교육의 중요성을 알고 적극적으로 교육에 참여하도록 한다. 또한 교통수단 이용에 따른 위험을 알고 안전하게 이용하도록 하며 유아에게 응급 상황이 발생하였을 때 가족과 관계 기관에 재빨리 연락하고 적절한 조치를 취한다.

Ⅱ. 의사소통

일상생활에 필요한 의사소통 능력과 상상력을 기른다.

① 일상생활에서 듣고 말하기를 즐긴다.
② 읽기와 쓰기에 관심을 가진다.
③ 책이나 이야기를 통해 상상하기를 즐긴다.

1) 내용 체계

내용 범주	내용
듣기와 말하기	말이나 이야기를 관심 있게 듣는다.
	자신의 경험, 느낌, 생각을 말한다.
	상황에 적절한 단어를 사용하여 말한다.
	상대방이 하는 이야기를 듣고 관련해서 말한다.
	바른 태도로 듣고 말한다.
	고운 말을 사용한다.

내용 범주	내용
읽기와 쓰기에 관심 가지기	말과 글의 관계에 관심을 가진다.
	주변의 상징, 글자 등의 읽기에 관심을 가진다.
	자신의 생각을 글자와 비슷한 형태로 표현한다.
책과 이야기 즐기기	책에 관심을 가지고 상상하기를 즐긴다.
	동화, 동시에서 말의 재미를 느낀다.
	말놀이와 이야기 짓기를 즐긴다.

2) 내용 이해

내용	내용 이해
말이나 이야기를 관심 있게 듣는다.	유아가 다른 사람이 하는 말과 흥미로운 주제, 익숙한 경험이 담긴 이야기에 관심을 가지며 듣는 내용이다.
자신의 경험, 느낌, 생각을 말한다.	유아가 상대방에게 자신의 경험, 느낌, 생각을 자유롭게 말하는 내용이다.
상황에 적절한 단어를 사용하여 말한다.	유아가 때와 장소, 대상과 상황을 고려하여 적절한 단어와 문장을 선택하여 말하는 내용이다.
상대방이 하는 이야기를 듣고 관련해서 말한다.	유아가 다른 사람이 이야기하는 내용을 듣고 말하는 사람의 생각, 의도, 감정을 고려하여 말하는 내용이다.
바른 태도로 듣고 말한다.	유아가 말하는 사람에게 주의를 기울이며 듣는 내용이다. 말을 끝까지 듣고, 자신의 의견을 말하는 내용이다.
고운 말을 사용한다.	유아가 일상생활에서 자주 쓰는 유행어, 속어, 신조어, 상대방을 비난하는 말을 사용하지 않고, 우리말을 바르게 사용하는 내용이다.
말과 글의 관계에 관심을 가진다.	유아가 일상에서 말이 글로, 글이 말로 옮겨지는 것에 관심을 갖는 내용이다.
주변의 상징, 글자 등의 읽기에 관심을 가진다.	유아가 일상에서 자주 보는 상징(표지판, 그림 문자 등)이나 글자 읽기에 관심을 가지는 내용이다. 유아가 상징이나 글자에는 사람들의 생각과 감정, 정보가 담겨 있다는 것을 이해하는 내용이다.
자신의 생각을 글자와 비슷한 형태로 표현한다.	유아가 자신의 생각이나 말을 끼적거리거나 글자와 비슷한 선이나 모양, 글자와 비슷한 형태로 표현하는 내용이다.

내용	내용 이해
책에 관심을 가지고 상상하기를 즐긴다.	유아가 책에 흥미를 가지며 책 보는 것을 즐기고 상상하는 즐거움을 경험하는 내용이다.
동화, 동시에서 말의 재미를 느낀다.	유아가 동화와 동시를 자주 들으며 우리말의 재미와 아름다움을 느끼는 내용이다.
말놀이와 이야기 짓기를 즐긴다.	유아가 끝말 잇기, 수수께끼, 스무고개 등 다양한 말놀이를 즐기는 내용이다. 자신의 경험, 생각, 상상을 기초로 새로운 이야기를 만드는 과정을 즐기는 내용이다.

3) 교수방법

듣기는 낱말 발음에 주의를 기울여 듣는 수준에서 낱말, 문장, 이야기를 듣고 이해하는 정도까지 활동이 이루어지도록 한다. 이를 위해 교사는 유아가 비슷한 발음을 주의 깊게 듣고 구분할 수 있도록 하며, 유아가 일상생활과 관련된 낱말과 문장을 듣고 그에 따라 반응하도록 한다. 또한 교사는 특정한 상황에 대해 이야기를 들려준 후, 유아가 그 내용에 대해 질문할 수 있도록 하며, 유아가 다른 사람의 이야기를 끝까지 주의 깊게 듣도록 한다. 유아가 말소리와 이야기에 관심을 가지도록 동물, 우리 가족, 주말 지낸 이야기 같은 유아가 좋아하는 주제의 이야기를 들려주며, 유아가 이해하기 쉽게 간단명료하게 말하고 유아가 이야기할 때 무릎을 낮추고 유아의 눈을 주시하며, 유아의 이야기를 적극적으로 듣는다. 융판 동화, 막대 동화 등 여러 종류의 동화, 생활주제와 관련된 동요, 동시, 동화를 담고 있는 카세트테이프 그리고 카세트 레코더, CD플레이어, 헤드폰, 동요, 동시, 동화를 담고 있는 CD-ROM, 컴퓨터, 프린터 등을 언어 영역에 제공한다.

말하기는 일상생활에 필요한 낱말이나 문장을 자유롭게 말하는 수준에서 자신의 느낌, 생각, 경험을 문맥에 맞게 말하는 정도까지 활동이 이루어지도록 하며, 여러 가지 말소리를 편하게 발음하기부터 정확한 발음으로 또렷하게 말하는 수준까지의 활동이 포함되도록 한다. 이를 위해 교사는 유아가 상황을 설명하는데 있어 여러 가지 어휘와 다양한 형태의 문장으로 응답할 수 있도록 하며, 유아가 경험한 것이나 정해진 주제에 대해서 느낌이나 생각을 잘 전달할 수 있는 적절한 문장으로 말하도록 격려한다. 또한 유아가 다양한 자료를 활용하여 창의적으로 꾸며 확장하고, 경험이나 생각을 이야기로 지어 말해 보게 하며, 유아가 상대방의 생각이나 느낌, 기분 등을 파악하여 서로 다른 의견을 조정할 수 있도록 한다. 아울러 유아가 시간과 장소의 특성과 그곳에서 만나는 사람에 따라 사용되는 언어적 표현이 다르다는 것을 알고 바르게 사용하도록 도우며, 유아가 궁금해하는 사건이나 현상 등에 흥미를 가지고 들을 수 있는 내용을 선정하여 들려주도록 한다. 특히 유아가 일상생활에서 접하는 여러 사물과 상황, 자신의 느낌, 생각, 경험에 대해 직접 언급할 수 있도록 개방적인 분위기를 조성하고, 여러 가지 질문을 하여 유아에게 말할 기회를 주며, 존댓말, 예사말 등으로 듣고 있는 상대방과 상황에 맞게 말할 수 있는 예절과 관련된 어휘를 유아에게 알려 준다. 생활주제와 관련된 수수께끼 카드, 화보, 손인형, 손가락인형, 인형극 틀 등의 교구를 제공해 준다.

읽기는 일상생활에서 접하는 글자에 관심을 갖는 수준에서 주변에서 자주 보는 글자를 읽는 정도까지 활동이 이루어지도록 한다. 그림책에서 그림으로 책 내용을 이해하는 수준에서 자주 보는 그림책에서 아는 글자를 읽고, 궁금한 것에 대해 책을 찾아보는 수준까지의 활동이 포함되도록 한다. 유아가 글씨를 서툴게 읽더라도 다시 한 번 읽어 주며 유아의 읽고자 하는 의욕을 북돋워 준다. 여러 가지 인쇄물(신문, 안내책자 등)을 제공하고, 교실에 있는 사물, 영역 표시판, 친구 이름, 옷장 이름표 등을 문자로 적어 게시하며, 언어 영역에 생활주제와 관련된 동화 CD-ROM, 컴퓨터, 그림 동화, 테이블 동화, 자석 동화와 같은 여러 종류의 동화, 퍼즐, 읽기게임 교구 등을 제공하여 여러 매체를 이용하여 읽을 수 있도록 한다. 아울러, 발달에 적합한 그림책을 제공하고, 개별, 소집단, 대집단별로 그림책을 읽어 주며, 유아가 일상생활에서 접하는 글자에 관심을 갖는 수준에서 주변에서 자주 보는 글자를 읽어 볼 수 있도록 한다. 특히 유아의 연령과 주제에 맞는 다양하고 흥미 있는 읽을거리를 제공하여 책을 읽는 것을 즐기도록 함으로써 유아가 책의 가치와 의미를 알고 소중히 다룰 수 있도록 한다.

쓰기는 낱말과 문장, 자신의 느낌, 생각, 경험을 그림으로 표현하는 수준에서 글자와 비슷한 형태, 맞춤법에 맞지 않더라도 유아에게 친숙한 글자를 쓰는 정도까지 활동이 이루어지도록 한다. 유아의 느낌, 생각, 경험을 유아가 하는 말로 받아 적어 주며, 글로 표현되는 과정을 보여 줌으로써 유아가 말과 글의 관계를 알 수 있도록 한다. 아울러, 교사는 유아가 자신의 이름과 주변의 친숙한 글자를 써 보도록 하며, 유아가 자신의 느낌, 생각, 경험을 글자와 비슷한 형태나 글자로 표현하도록 한다. 이때 맞춤법이나 글씨가 예쁘거나 미운 것과는 상관없이 유아의 쓰고자 하는 욕구와 글의 내용에 초점을 맞춰 상호작용을 함으로써 '쓴다'는 행위에 흥미를 가질 수 있도록 격려하며, 편지 쓰기와 같은 짧은 글 쓰기나 놀이할 때 필요한 쓰기 활동(병원놀이 시 병원 이름 쓰기, 차트 쓰기 등) 등 놀이와 일상생활에서 쓰기 활동이 자연스럽게 이루어지도록 한다. 색연필, 사인펜, 연필 등 필기도구와 종이나 모래글자판, 컴퓨터, 프린터 등 쓰기도구를 제공하여 유아가 여러 가지 쓰기도구와 쓰기 매체의 특성을 탐색하도록 하며, 여러 매체를 이용하여 쓰기 활동을 할 수 있도록 한다.

듣기와 말하기, 읽기와 쓰기에 관심을 가지는 다양한 활동을 통해 유아가 책에 관심을 가지고 책의 내용을 상상하며 말의 운율, 말의 변화 등의 말놀이와 이야기를 다양하게 지어 보는 활동을 지원한다.

Ⅲ. 사회관계

자신을 존중하고 더불어 생활하는 태도를 가진다.

① 자신을 이해하고 존중한다.

② 다른 사람과 사이좋게 지낸다.

③ 우리가 사는 사회와 다양한 문화에 관심을 가진다.

1) 내용 체계

내용 범주	내용
나를 알고 존중하기	나를 알고 소중히 여긴다.
	나의 감정을 알고 상황에 맞게 표현한다.
	내가 할 수 있는 것을 스스로 한다.
더불어 생활하기	가족의 의미를 알고 화목하게 지낸다.
	친구와 서로 도우며 사이좋게 지낸다.
	친구와의 갈등을 긍정적인 방법으로 해결한다.
	서로 다른 감정, 생각, 행동을 존중한다.
	친구와 어른께 예의바르게 행동한다.
	약속과 규칙의 필요성을 알고 지킨다.
사회에 관심 가지기	내가 살고 있는 곳에 대해 궁금한 것을 알아본다.
	우리나라에 대해 자부심을 가진다.
	다양한 문화에 관심을 가진다.

2) 내용 이해

내용	내용 이해
나를 알고 소중히 여긴다.	유아가 자신을 나타내는 나이, 성별, 모습 등에 대해 알고, 자신을 소중히 여기며 가치 있는 존재로 느끼는 내용이다.
나의 감정을 알고 상황에 맞게 표현한다.	유아가 자신의 감정에 대해 알고 다양한 상황에서 자신의 감정을 적절하게 표현하는 내용이다.
내가 할 수 있는 것을 스스로 한다.	유아가 자신이 할 수 있는 일을 알고 자신감을 가지며 자율적으로 실천해 가는 내용이다.
가족의 의미를 알고 화목하게 지낸다.	유아가 자신의 가족 구성원을 알고, 가족과 함께 생활하며, 가족은 서로 돕고 살아간다는 것을 경험하는 내용이다. 가족의 구성원이 다양함을 이해하고 존중하는 내용이다.
친구와 서로 도우며 사이좋게 지낸다.	유아가 친구들과 함께 놀이하는 즐거움을 느끼고 친구와 서로 도우며 배려하고 협력하며 더불어 살아가는 내용이다.

내용	내용 이해
친구와의 갈등을 긍정적인 방법으로 해결한다.	유아가 친구와 갈등이 생겼을 때 자신의 감정과 생각을 제대로 표현하고, 배려, 양보, 타협 등을 통해 해결하는 내용이다.
서로 다른 감정, 생각, 행동을 존중한다.	유아가 다른 사람들의 감정, 생각, 행동에 관심을 갖고 감정, 생각, 행동이 서로 다를 수 있음을 이해하고 존중하는 내용이다.
친구와 어른께 예의바르게 행동한다.	유아가 친구와 어른께 배려, 존중, 공경하는 마음을 담아 예절을 실천하는 내용이다.
약속과 규칙의 필요성을 알고 지킨다.	유아가 다른 사람과 더불어 살아가기 위해 필요한 약속과 규칙이 있음을 이해하는 내용이다. 상황에 따라 필요한 약속과 규칙을 의논하여 정하고 지키는 내용이다.
내가 살고 있는 곳에 대해 궁금한 것을 알아본다.	유아가 자주 접하는 가까운 주변 지역과 이웃에 대해 관심을 가지고, 궁금한 것을 알아보며, 지역 구성원으로서 유대감과 소속감을 느끼는 내용이다.
우리나라에 대해 자부심을 가진다.	유아가 우리나라의 전통에 친숙해지고, 우리나라의 상징, 언어, 문화 등을 경험하면서, 우리나라에 대해 자랑스러운 마음을 가지는 내용이다.
다양한 문화에 관심을 가진다.	유아가 다른 나라의 다양한 문화와 생활 양식에 대해 관심을 가지고, 문화의 다양성을 이해하며 존중하는 내용이다.

3) 교수방법

교사는 다양한 활동을 통해 유아가 나와 다른 사람의 신체적, 사회적, 문화적 차이를 알고 인정할 수 있도록 하며, 유아가 자신에 대해 긍정적으로 생각하고 자신을 소중히 여기도록 하고 유아가 자신의 일을 스스로 할 수 있도록 한다.

유아 자신의 정서나 감정을 적절한 방법으로 표현할 수 있도록 도와주며, 유아의 자기조절 능력을 키워 준다. 이를 위해 교사는 유아의 감정 변화에 민감하게 반응해 주고, 언어로 표현해 주며, 유아가 정서와 감정의 다면성을 알고 다른 사람의 감정도 이해할 수 있도록 도와준다. 또한 유아가 자신과 다른 사람의 감정에 관심을 갖고 표현할 수 있도록 하며, 유아가 다른 사람의 감정을 알고 공감할 수 있도록 한다.

다양한 활동을 통해 유아가 가족의 의미와 소중함을 느끼도록 하며, 가족과 사이좋게 지내는 방법을 알도록 한다. 또한 유아가 여러 가지 가족 구조가 있다는 것을 알 수 있도록 하며, 유아가 가족 구성원의 역할을 알고, 가족 간에 서로 도우며 살아야 하는 것을 알고 실천하도록 한다.

교사는 유아가 친구와 협동하여 놀이할 수 있는 다양한 기회를 갖도록 하며, 친구와의 갈등을 긍정적인 방법으로 해결할 수 있도록 한다. 또한 유아가 다른 사람과 도움을 주고받으면서 서로 협력할 수 있도록 하며, 교사나 주변 사람과 화목하게 지낼 수 있도록 한다. 이를 위해 서로 협동하며 놀 수 있는 실내외 공간을 마련해 주며, 다른 사람과 나누고, 협력하고, 문제해결을 할 수 있도록 다양한 활동의 기회를 제공해 준다.

교사는 유아가 우리 동네에 대해 알아보는 기회를 갖도록 하며, 다양한 직업의 종류와 역할에 관심을 가지도록 하고, 물건을 사고파는 경험 및 일상생활에서 돈을 사용하는 놀이 등을 계획하여, 유아가 돈의 쓰임새 및 기초적인 경제 개념을 이해하도록 한다. 또한 유아가 우리나라를 상징하는 것들에 대해 알고, 예절을 지키도록 하며, 우리나라의 전통, 역사, 문화에 관심을 갖도록 하고 자랑스러운 우리나라의 역사와 문화에 대한 활동을 계획하여 유아가 우리나라에 대해 자부심을 갖게 한다. 더 나아가 유아가 세계 여러 나라에 대해 관심을 가지고 서로 협력해야 함을 알도록 하고 세계 여러 나라의 다양한 인종과 문화에 대해 알고, 차이를 인정할 뿐만 아니라 존중할 수 있도록 한다.

교사는 유아가 생활 속에서 정직하게 말하고 행동하도록 하며, 유아가 다른 사람을 배려하여 행동할 수 있는 환경을 제공하고 행동의 모범을 보이도록 한다. 또한 교사는 유아가 옳고 그름을 이해할 수 있는 기회를 가지도록 하며, 유아가 예절의 필요성을 느끼고 생활 속에서 실천할 수 있도록 하고 유아가 약속의 필요성을 알고 공공 규칙을 지키는 태도를 기르도록 한다.

Ⅳ. 예술경험

아름다움과 예술에 관심을 가지고 창의적 표현을 즐긴다.

① 자연과 생활 및 예술에서 아름다움을 느낀다.
② 예술을 통해 창의적으로 표현하는 과정을 즐긴다.
③ 다양한 예술 표현을 존중한다.

1) 내용 체계

내용 범주	내용
아름다움 찾아보기	자연과 생활에서 아름다움을 느끼고 즐긴다.
	예술적 요소에 관심을 갖고 찾아본다.
창의적으로 표현하기	노래를 즐겨 부른다.
	신체, 사물, 악기로 간단한 소리와 리듬을 만들어 본다.
	신체나 도구를 활용하여 움직임과 춤으로 자유롭게 표현한다.
	다양한 미술 재료와 도구로 자신의 생각과 느낌을 표현한다.
	극놀이로 경험이나 이야기를 표현한다.
예술 감상하기	다양한 예술을 감상하며 상상하기를 즐긴다.
	서로 다른 예술 표현을 존중한다.
	우리나라 전통 예술에 관심을 갖고 친숙해진다.

2) 내용 이해

내용	내용 이해
자연과 생활에서 아름다움을 느끼고 즐긴다.	유아가 자신의 주변에서 만나는 자연, 공간, 사물 등의 아름다움을 풍부하게 느끼며 즐기는 내용이다.
예술적 요소에 관심을 갖고 찾아본다.	유아가 주변의 자연과 생활에서 다양한 소리나 리듬 등의 음악적 요소, 색이나 형태 등과 같은 미술적 요소를 발견하고, 사물이나 동식물의 움직임에서 아름다움을 경험하는 내용이다.

내용	내용 이해
노래를 즐겨 부른다.	유아가 흥얼거리거나 친구들과 함께 소리와 박자 등을 느끼고 노랫말을 바꾸어 불러 보며 노래 부르기를 즐기는 내용이다.
신체, 사물, 악기로 간단한 소리와 리듬을 만들어 본다.	유아가 자신의 신체, 주변의 사물, 리듬 악기 등을 사용하여 소리와 리듬을 창의적으로 만들어 보는 내용이다.
신체나 도구를 활용하여 움직임과 춤으로 자유롭게 표현한다.	유아가 자연과 생활에서 발견한 다양한 움직임을 자유롭게 표현하고 나아가 자신의 생각과 느낌을 자신의 신체나 다양한 도구를 활용하여 움직임과 춤으로 표현하는 내용이다.
다양한 미술 재료와 도구로 자신의 생각과 느낌을 표현한다.	유아가 자연과 생활에서 발견한 다양한 재료와 도구를 활용하여 여러 가지 방법으로 표현하는 내용이다. 자신의 경험, 느낌, 생각 등을 창의적으로 표현하는 과정을 즐기는 내용이다.
극놀이로 경험이나 이야기를 표현한다.	유아가 자신의 경험, 다양한 상황, 이야기를 자유롭게 상상하며 극놀이로 표현하는 과정을 즐기는 내용이다.
다양한 예술을 감상하며 상상하기를 즐긴다.	유아가 자신과 또래의 작품이나 음악, 춤, 미술 작품, 극 등 다양한 예술을 감상하고 자유롭게 상상하기를 즐기는 내용이다.
서로 다른 예술 표현을 존중한다.	유아가 자신과 또래의 작품, 음악, 춤, 미술 작품, 극 등에 포함된 다양한 표현을 존중하는 내용이다.
우리나라 전통 예술에 관심을 갖고 친숙해진다.	유아가 우리나라 고유의 전통 음악, 춤, 미술, 건축물, 극 등에 관심을 가지고 전통 예술을 감상하며 우리나라 문화에 친숙해지는 내용이다.

3) 교수방법

교사는 자연의 소리인 비 오는 소리나 물 흐르는 소리, 주위 환경에서 들을 수 있는 가위나 손으로 종이를 자르거나 찢는 소리, 자전거 페달 밟는 소리, 컴퓨터 자판 두드리는 소리 등에 귀를 기울이게 하고 리듬이나 크기, 음색 등을 구별해 보는 경험을 하도록 한다. 또한 다양한 리듬 악기와 우리나라 악기, 폐품으로 만든 악기 등을 가지고 직접 소리의 요소를 탐색해 보는 기회를 자주 제공하며, 유아가 셈여림, 빠르기, 리듬, 박자, 음색 등을 탐색해 보도록 하고 움직임의 요소(모양, 힘, 세기, 빠르기, 흐름 등)를 탐색해 보도록 한다. 또한 유아가 미술 재료와 도구 및 자연과 사물의 미술적 요소(색, 질감, 모양, 공간 등), 미술 재료나 도구로 사용할 수 있는 물건에 대해 충분히 탐색할 수 있도록 유아에게 시간을 주고 직접 사용할 수 있는 공간을 마련해 주며, 일상생활에서 미술 활동을 자연스럽게 탐색할 수 있도록 이끈다.

교사는 일상생활에서 다양한 노래를 자주 들려주며 함께 따라 부르고, 익숙한 노래를 즐겨 부르는 것을 격려하며 우리나라 전래 동요를 즐겨 부를 수 있도록 하고 이와 관련된 놀이를 일상생활에서 자주 경험하도록 한다. 또한 유아가 자신의 생각이나 느낌을 노래로 표현해 보도록 하며, 유아가 다양한 리듬 악기를 탐색하고 연주할 수 있도록 하고, 유아에게 리듬과 노래를 즉흥적으로 만들어 보게 한다. 동작이나 춤은 신체를 활용하는 것이지만 리본, 스카프, 한삼, 응원용 수술, 막대, 공 등 다양한 도구를 활용하도록 하며 자유로운 표현과 독창적인 움직임을 격려하고 적절한 음악을 준비해 주는 것이 중요하다. 아울러 유아가 자신의 신체를 이용하여 주변의 움직임을 다양하게 표현해 보게 하며, 유아가 춤을 통해 자신의 생각과 느낌을 표현해 보게 한다. 미술 표현의 과정에서 교사의 비언어적 몸짓이나 언어적 표현은 유아들의 독창적 표현 능력 향상에 매우 큰 영향을 미친다. 따라서 교사는 유아가 다양한 도구를 활용하여 창의적으로 몸을 움직여 보게 한다. 교사는 유아가 다양한 미술 활동으로 자신의 생각과 느낌을 표현할 수 있도록 하며, 유아가 협동 작업의 즐거움을 경험할 수 있도록 하며, 유아에게 다양한 재료, 도구, 기법 탐색을 통해 미술 표현에 대한 동기가 유발되도록 한다. 교사는 유아가 자신의 생각이나 경험, 이야기 등을 다양한 형태의 극놀이로 표현해 보게 하며, 다양한 극놀이 주제에 맞는 의상과 소품을 제공해 주고, 견학 또는 새로운 사건이나 인물을 소개하여 극놀이 주제를 활성화한다. 이때, 유아가 소품, 배경, 음향, 의상 등을 협동적으로 준비하고, 자신의 역할을 인식하여 극놀이를 할 수 있도록 하며, 유아가 음악, 움직임, 미술, 극놀이 등을 통합하여 표현해 보도록 한다.

유아는 친구들과 함께 미술 작품에 대한 생각들을 서로 이야기하며 미술 작품을 만드는 창조자로서 또는 미술 작품을 감상하는 관람자로서의 적절한 태도를 형성하고 궁극적으로는 예술 작품에는 심미감을 증진시킬 수 있다. 이때, 자신이 만든 작품을 소중히 다루고 보관하며, 더 나아가 다른 사람들의 작품 역시 소중히 하는 태도를 길러 주어야 한다. 또한 주제는 같지만 표현에는 차이가 있음을 인식하는 감상 활동을 해 보고 특정 주제에 따른 소집단 춤 감상 활동을 해 보며, 유아가 다른 문화의 음악, 미술, 춤 등의 예술 작품에 관심과 흥미를 갖도록 한다. 특히 우리나라 전통 예술을 경험하는 것에서 더 나아가 다양한 문화권에서 사용되는 예술 활동에 관심을 가질 수 있는 기회를 제공하여야 한다.

Ⅴ. 자연탐구

탐구하는 과정을 즐기고, 자연과 더불어 살아가는 태도를 가진다.

① 일상에서 호기심을 가지고 탐구하는 과정을 즐긴다.
② 생활 속의 문제를 수학적, 과학적으로 탐구한다.
③ 생명과 자연을 존중한다.

1) 내용 체계

내용 범주	내용
탐구과정 즐기기	주변 세계와 자연에 대해 지속적으로 호기심을 가진다.
	궁금한 것을 탐구하는 과정에 즐겁게 참여한다.
	탐구과정에서 서로 다른 생각에 관심을 가진다.
생활 속에서 탐구하기	물체의 특성과 변화를 여러 가지 방법으로 탐색한다.
	물체를 세어 수량을 알아본다.
	물체의 위치와 방향, 모양을 알고 구별한다.
	일상에서 길이, 무게 등의 속성을 비교한다.
	주변에서 반복되는 규칙을 찾는다.
	일상에서 모은 자료를 기준에 따라 분류한다.
	도구와 기계에 대해 관심을 가진다.

내용 범주	내용
자연과 더불어 살기	주변의 동식물에 관심을 가진다.
	생명과 자연환경을 소중히 여긴다.
	날씨와 계절의 변화를 생활과 관련짓는다.

2) 내용 이해

내용	내용 이해
주변 세계와 자연에 대해 지속적으로 호기심을 가진다.	유아가 물질, 물체, 동식물, 자연 현상 등에 호기심을 가지고, 놀이에서 지속적으로 궁금한 것을 찾아가거나 표현하는 내용이다.
궁금한 것을 탐구하는 과정에 즐겁게 참여한다.	유아가 궁금한 것을 알아보기 위해 관찰, 비교, 분류, 예측, 실험 등의 다양한 탐구과정을 자발적으로 즐기는 내용이다.
탐구과정에서 서로 다른 생각에 관심을 가진다.	유아가 탐구하는 과정에서 자신의 생각을 또래나 교사와 함께 공유하고, 서로 다른 생각에 관심을 가지는 내용이다.
물체의 특성과 변화를 여러 가지 방법으로 탐색한다.	유아가 주변에서 쉽게 발견할 수 있는 친숙한 물체나 물질의 크기, 모양, 색, 냄새, 소리, 질감과 같은 기본적 특성에 관심을 갖는 내용이다. 나아가 그 물체나 물질을 자르고 섞는 등 다양한 방법으로 변화시켜 보며, 변화되는 특성과 변화되지 않는 특성이 무엇인지 탐색해 보는 내용이다.
물체를 세어 수량을 알아본다.	유아가 일상에서 수에 관심을 가지고, 수량의 많고 적음 및 수량의 변화를 알아보는 내용이다.
물체의 위치와 방향, 모양을 알고 구별한다.	유아가 자신의 물체를 기준으로 앞, 뒤, 옆, 위, 아래 등 공간 안에서 위치와 방향을 알아 가는 내용이다. 유아가 주변 환경에서 네모나 세모, 둥근 기둥, 상자 모양 등을 찾고 다양한 모양에서 공통점과 차이점을 알아 가는 내용이다.
일상에서 길이, 무게 등의 속성을 비교한다.	유아가 일상에서 길이나 무게 등 측정 가능한 속성을 알고, 이 속성을 기준으로 물체를 비교하여 순서 지어 보는 내용이다. 이 과정에서 유아가 자신의 신체를 비롯하여 다양한 물체를 활용해 보고, 다양한 비교 어휘를 사용하면서 순서를 지어 보는 내용이다.
주변에서 반복되는 규칙을 찾는다.	유아가 생활 주변에서 사물이나 사건의 양상이 일정한 순서로 반복 배열되는 것에 관심을 갖고 즐기며, 반복되는 배열에 숨어 있는 질서와 규칙을 발견하여 다음에 올 것이 무엇인지를 예측하는 내용이다.

내용	내용 이해
일상에서 모은 자료를 기준에 따라 분류한다.	유아가 일상생활에서 흥미와 관심에 따라 필요한 자료를 다양한 방법으로 모으고, 수집한 자료의 공통점과 차이점을 탐색하며, 이를 하나 또는 그 이상의 다양한 기준(모양, 크기, 색깔 등)에 따라 정리하고 조직해 보는 내용이다.
도구와 기계에 대해 관심을 가진다.	유아가 일상생활에서 사용하는 다양한 도구와 기계에 관심을 가지고 직접 사용해 보면서, 도구와 기계가 우리의 생활에 어떠한 도움을 주는지에 대해 관심을 가지는 내용이다.
주변의 동식물에 관심을 가진다.	유아가 등하원, 산책, 바깥 놀이터, 교실에서 접할 수 있는 동식물을 관찰하거나 직접 길러 보면서, 동식물의 특성에 관심을 가지고 탐구하는 내용이다.
생명과 자연환경을 소중히 여긴다.	유아가 동식물뿐만 아니라 동식물이 살아가기에 좋은 환경에 대해 관심을 가지고, 이들을 생명체로서 소중히 여기는 내용이다.
날씨와 계절의 변화를 생활과 관련짓는다.	유아가 낮과 밤, 날씨, 계절의 변화를 느끼고, 자연의 변화가 자신의 옷차림, 놀이 등 일상생활에 영향을 준다는 것을 이해하고 적절하게 대처하는 내용이다.

3) 교수방법

교사는 유아들이 활동을 하는 과정에서 능동적이고 적극적인 태도를 가지고 참여할 수 있도록 지도하여야 하며, 탐구심을 갖고 궁금한 점을 해결할 수 있도록 풍부한 자료와 충분한 시간을 제공해 주어야 한다. 또한 여러 친구들과 함께 탐구할 기회를 제공하며, 타인의 생각을 받아들이는 태도를 격려해 주고 우연히 발생하는 유아의 비형식적 학습뿐만 아니라 교사가 계획하고 의도한 형식적 학습의 기회도 제공해 주어야 한다. 아울러, 교사는 유아가 호기심을 가지는 주변의 사물을 주의 깊게 탐색하고, 궁금한 점을 발견할 수 있도록 하고 유아가 가지게 된 궁금함이 구체화되도록 한다. 이를 위해 교사는 유아가 문제해결을 위해 관찰, 비교, 분류하기 등 다양한 방법을 활용하도록 하고 유아가 생각한 바를 확인시켜 주면서 결과와 비교할 수 있게 한다. 이어서 교사는 유아가 탐구과정에서 얻은 결과를 기초로 유사한 문제나 상황에서 해결 방법을 예측하고 추론하도록 하며, 유아가 문제해결의 과정에서 나의 생각이 다른 사람과 다를 수 있음을 알고, 논의를 통해 새로운 방법을 계획하여 실행해 보도록 한다.

일상생활에서 수 세기를 경험할 수 있는 기회를 많이 제공하고, 실제적인 문제해결을 위해 더하기나 빼기, 같은 분량으로 나누기를 할 수 있게 한다. 이를 위해 수 세기를 경험할 수 있는 게임도구를 제공해 주며, 도형의 속성을 알 수 있는 칠교놀이, 조각 그림 맞추기놀이 등도 할 수 있게 해 준다. 또한 주변 환경에서 여러 유형의 규칙성을 발견하도록 격려해 주며, 수집된 자료를 분류, 조작할 수 있게 지도하고, 수가 사용되는 다양한 상황을 통해 수의 의미를 이해하도록 하며, 부분과 전체의 관계를 인식할 수 있도록 한다. 특히, 교사는 유아가 위치와 방향을 인식하고 언어 및 다양한 방법으로 표현해 보도록 하며, 유아가 친숙한 물체의 형태를 탐색하면서 기본 도형의 속성을 인식하고 분류할 수 있도록 한다. 교사는 도형을 결합하고 분해하는 활동을 통해 유아가 도형의 속성을 인식할 수 있도록 하며, 놀이 및 일상에서 길이, 높이, 들이 등을 인식하고 비교하거나 순서를 지어 볼 수 있도록 한다. 아울러, 유아가 신체나 블록, 연필과 같은 임의 측정 단위를 인식하게 하며, 사물이나 일상적 상황에 나타난 규칙성을 발견하도록 하고, 청각적 패턴, 시각적 패턴, 운동적 패턴과 같은 다양한 패턴이 있음을 인식하고 규칙성을 재구성해 보도록 한다. 더 나아가 유아가 책에서 찾아보기, 질문하여 조사하기, 관찰하기 등 각 문제를 해결하기에 적합한 방법이 있음을 인식하도록 하고 여러 방법으로 분류할 수 있음을 인식하도록 하며, 유아가 수집한 자료를 그림, 사진, 기호, 숫자 등을 사용하여 표나 그래프로 표현해 보도록 한다.

유아의 탐구 활동의 과정에서 교사가 섣불리 개입하기보다는 기다려 주며 유아의 탐구 태도를 관찰하고 유아들의 질문에 인과적인 답보다는 어떻게 그러한 결과가 나타났는지에 대한 현상적, 지각적 수준의 답을 요구하는 경우가 대부분임을 염두에 두고 답변해 주어야 한다. 특히 책자나 인터넷을 활용하여 과학적 개념을 교사가 함께 알아보는 자세는 매우 필요하다.

자연의 소중함을 알고 생명체의 소중함을 인식하게 도와주고, 자연 현상의 변화와 규칙성을 이해하도록 지도한다. 이때, 놀잇감으로는 유아가 다양하게 바꾸어 볼 수 있는 자료와 물리적 환경을 준비해 주어야 한다. 또한 교사는 유아가 물체나 물질의 특성과 그 변화과정을 적극적으로 탐색해 볼 수 있도록 하며, 유아가 관심 있는 동식물의 특성과 성장과정을 탐구하도록 하고, 유아가 출생과 성장과정을 통해 '변화한다'라는 사실을 인식하도록 한다. 교사는 유아가 생명체의 상호관계와 소중함을 알고, 생명체가 살아가기에 좋은 환경을 생각해 보도록 하며, 유아가 돌, 물, 흙 등 자연물의 상태와 변화를 탐색하게 하고, 유아가 낮과 밤, 계절의 변화를 지속적으로 관찰해 봄으로써 변화의 규칙성을 이해하게 한다. 예를 들면, 특정한 장소의 자연물(나무)을 정해 놓고, 계절의 변화에 따라 정기적으로 방문하여 변화과정을 탐색해 본다.

교사는 유아가 생활 속에서 도구와 기계를 활용하고, 새로운 용도의 도구와 기계를 만들어 보도록 함으로써 유아가 새로운 도구와 기계에 관심을 가지도록 하고 그 이로움과 해로움을 알게 한다.

P·A·R·T

Ⅱ

교수·학습 활동의 운영

C·H·A·P·T·E·R

06

교수·학습 활동의 계획

영유아가 유아교육기관에서 언제 어떤 놀이 또는 활동을 할 것인지 미리 계획하는 것을 교수·학습 활동의 계획이라고 한다. 교실에서 유아가 하는 놀이 또는 활동을 위해 교사는 활동에 관한 계획을 미리 세워야 하는데 이것을 교육계획안(유치원) 또는 보육계획안(어린이집)이라고 한다. 개정 누리과정에 의하면 유치원과 어린이집에서의 교수·학습 활동 계획은 각 기관의 교육철학, 가정과 지역사회의 특성, 유아의 요구 등을 반영하여 자율적으로 수립할 수 있다. 따라서 계획안의 종류와 형식, 분량을 자율적으로 정할 수 있다.

교사는 주제에 맞춰 유아의 흥미와 발달에 적합한 연간, 월간, 주간, 그리고 일일 교육·보육계획안을 준비함으로써 영유아에게 적절한 놀이 또는 활동을 제공하고 각 활동의 교육 목표를 달성할 수 있다. 4차 표준보육과정과 개정 누리과정은 영유아와 교사가 함께 만들어 가는 교육·보육과정(중앙육아종합지원센터, 2020)이므로 영유아들의 흥미과 관심이 새롭게 발현되면 그것을 반영할 여지를 남겨두고 계획할 필요가 있다. 즉 교사의 의도보다는 영유아의 흥미를 존중하여 사전에 간략하게 계획하고 놀이 상황에 따라 활동을 추가하거나 수정·보완한다.

교수·학습을 위한 계획안은 유치원에서는 교육계획안, 어린이집에서는 보육계획안이라는 명칭으로 사용된다. 명칭에서만 차이가 있기 때문에 전반적으로 교육·보육계획안으로 기술하고, 특히 어린이집 영아를 대상으로 할 경우는 보육계획안으로 명명하여 설명하고자 한다.

1. 연간 교육·보육계획안

연간 교육·보육계획안은 일 년 동안 영유아가 경험해야 할 주요 경험과 일정을 고려하여 계획한다. 이때 영유아가 경험해야 할 주요 경험이 주제에 해당한다. 연간 교육·보육계획안을 수립할 때는 영유아의 발달 수준, 흥미, 학습 가능성, 사전 경험, 일상생활과의 관련성, 기관의 중요한 일정, 계절과 명절, 사회적 이슈나 국가적 행사, 기관의 물리적 환경, 지역사회와의 연계성을 고려하여 주제(주요 경험)를 선정한다. 연간 주제 선정은 새 학기가 시작되기 한두 달 전에 교사들이 협의하여 구상하며 연령별 중점 사항을 반영하여 계획한다. 그리고 전년도 교육·보육과정에 대한 평가 결과를 반영하여 실행에 어려움이 많았던 소주제(영유아가 경험할 수 있는 내용)에 대한 조정이 필요하다. 연간 교육·보육계획안은 영유아의 흥미와 요구를 우선적으로 반영하고, 교육적 상황, 기관의 지역적 환경과 물리적 환경, 날씨, 사회적 이슈 등에 따라 융통성 있게 변경할 수 있다.

연간 계획안에는 시기, 주제(주요 경험), 소주제(영유아가 경험할 수 있는 내용), 교육 행사 및 현장학습, 부모 및 가족 행사 일정이 포함된다. 연령별 연간 계획안은 다음과 같다.

〈표 6-1〉 영아반의 연간 보육계획안의 예 1

1세 영아가 경험할 수 있는 내용	
즐거운 어린이집	새로운 반에 적응하기, 놀잇감 탐색하기, 선생님과 친숙해지기, 엄마 아빠와 잘 헤어지기, 어린이집 일과에 적응하기, 맛있게 먹기, 편안하게 낮잠 자기, 친구에게 관심 갖기, 안전하게 놀기, 바깥놀이터 돌아보기, 따뜻한 날씨
나/엄마 아빠	몸의 탐색, 몸을 다양하게 움직이기, 내가 좋아하는 것, 엄마 아빠, 배변 훈련(놀이)
더운 날씨와 놀이	더워지는 날씨, 즐거운 물놀이, 깨끗이 씻기
재미있는 놀이	감각놀이, 몸 움직이는 놀이, 동물놀이, 자동차놀이
추운 날씨와 놀이	추워지는 날씨, 따뜻한 옷차림, 건강하게 생활하기
친구	친구 알아보기, 친구와 놀아보기, 친구에게 표현하기
많이 자란 나	쑥쑥 큰 내 몸, 혼자서 해 보기, 설날, 배변 훈련

출처: 푸르니보육지원재단(2020). 질높은 보육을 위한 교사역할의 실제.

2세 영아가 경험할 수 있는 내용	
즐거운 어린이집	새로운 반에 적응하기, 새로운 놀이실, 우리 선생님, 우리반 친구들, 여러 가지 놀잇감과 놀이기구, 바깥에서 놀기, 꽃과 나무
나	내 이름과 내 몸, 내 기분, 내가 좋아하는 것, 몸을 깨끗이 씻기, 병원놀이, 혼자서 해 보기
가족	엄마 아빠, 우리 가족, 가족 나들이
재미있는 놀이	자동차놀이, 신체놀이, 말놀이
더운 날씨와 놀이	더워지는 날씨, 재미있는 물놀이, 여행 가는 놀이
음식	여러 가지 음식, 내가 좋아하는 음식, 요리사놀이
동물	여러 가지 동물, 동물놀이, 내가 좋아하는 동물
추운 날씨와 놀이	추워지는 날씨, 따뜻하게 지내기, 추울 때 하는 놀이, 병원놀이
친구	친구와 함께 해 보기, 즐거운 크리스마스, 서로 다른 친구들, 친구와 사이좋게 지내기
많이 자란 나	많이 자란 내 몸과 마음, 혼자서도 잘하기, 설날, 형·언니반에 가기

출처: 푸르니보육지원재단(2020). 질높은 보육을 위한 교사역할의 실제.

〈표 6-2〉 영아반의 연간 보육계획안의 예 2

월	주	어린이집 행사	영아의 주요 경험 (기관 적응, 명절, 특별한 날 등)
3	1~4주	입학식 신입 원아 적응 기간	신입 원아 어린이집 적응 재원 원아 새로운 반 적응 엄마 아빠와 잘 헤어지기
4	1~5주	봄나들이, 부모 개별 상담	우리반 환경·일과에 익숙해지기 선생님, 친구와 친숙해지기 계절의 변화 경험하기
5	1~4주	어린이날 행사 부모 참여 프로그램	
6	1~4주	운영위원회	계절과 절기에 따른 영아의 공통된 주요 경험을 유추하기 어려우면 비워 두어도 됨
7	1~5주	물놀이 부모교육 부모 참여 프로그램	계절의 변화 경험하기 (여름 날씨, 건강과 위생, 여행 등)
8	1~4주		

- 기관 차원에서 연간 계획이 필요한 항목의 예
- 일년 동안 어린이집에서 진행하는 행사 등의 계획
- 어린이집 적응, 계절의 변화, 특별한 날 등에서 예상되는 영아의 주요 경험

출처: 중앙육아종합지원센터(2020). 놀면서 자란다(영아).

〈표 6-3〉 영아반의 연간 보육계획안의 예 3

시기		영아가 경험할 수 있는 내용		행사
3월	1주	즐거운 어린이집	새로운 반에 적응하기	신입 원아 적응 기간
	2주		새로운 놀이실과 놀잇감	
	3주		우리반 친구들	
	4주		우리 선생님	3/25 조부모 간담회
4월	1주		바깥에서 놀기	4월 중 개별 면담
	2주	봄	따뜻해진 날씨	
	3주		봄에 볼 수 있는 동식물	
	4주		봄나들이	
	5주	나	내 이름과 내 몸	4/29 어린이날 행사
5월	1주		내 기분	
	2주		내가 좋아하는 것	5/13 간담회
	3주		혼자서 해 보기	
	4주			
6월	1주	재미있는 놀이	여러 가지 모양과 색놀이	
	2주		신체놀이	
	3주		자동차놀이	
	4주			
7월	1주		안전하게 놀기	
	2주	더운 날씨와 놀이	재미있는 물놀이	
	3주			
	4주		더워지는 날씨	물놀이
	5주			물놀이
8월	1주		여행 가는 놀이	2학기 준비 기간
	2주	동물	여러 가지 동물	8/11, 8/18 부모교육 : 대화식 책 읽기
	3주			8/17 견학 : 63아쿠아리움
	4주		내가 좋아하는 동물	
9월	1주		동물원놀이	

시기		영아가 경험할 수 있는 내용		행사
9월	2주	가족	엄마, 아빠	
	3주			
	4주		우리 가족	8/24 추석 민속놀이, 8/25 추석 송편 빚기
	5주		추석	
10월	1주	친구	친구와 함께해 보기	
	2주		서로 다른 친구들	
	3주		친구와 사이좋게 지내기	
	4주	가을	가을 나들이	소풍 : 용산 가족공원 (날짜 미정)
11월	1주		가을 풍경	
	2주		가을자연물놀이	
	3주	음식	여러 가지 음식	11/21 부모 참여 수업
	4주			
12월	1주		내가 좋아하는 음식	
	2주		골고루 먹기	
		추운 날씨와 놀이	추워지는 날씨	
	3주		따듯하게 지내기	12/24 크리스마스 행사
	4주		크리스마스	
	5주			
1월	1주		추울 때 하는 놀이	1월 중 개별 면담
			병원놀이	
	2주	많이 자란 나	많이 자란 내 몸과 마음	
	3주			
	4주			
2월	1주		혼자서도 잘 하기	
	2주		설날	2/10 설날 민속놀이
	3주		우리반과 헤어지기	2/23 수료식
	4주		형님이 된 나	신학기 준비 기간
			형님이 된 나2	

〈표 6-4〉 유아반의 연간 교육·보육계획안의 예 1

보육주제	3~4세 유아가 경험할 수 있는 내용
즐거운 어린이집	새로운 반에 적응하기, 우리반 친구들, 내가 하고 싶은 놀이, 안전하게 놀기, 사이좋게 놀기
봄	봄의 변화, 꽃과 나무, 봄나들이
우리 가족과 나	즐거운 우리집, 사랑하는 엄마, 아빠, 나의 몸, 나의 마음, 내가 할 수 있는 것
동물	여러 가지 동물, 곤충, 동물 보호
건강한 생활	깨끗하게 지내기, 몸을 건강하게 해 주는 운동, 음식과 건강한 몸
여름	여름의 날씨와 햇빛, 물놀이, 산과 바다, 여행놀이
교통기관	여러 가지 교통기관, 교통기관놀이, 교통 규칙과 안전
우리나라와 다른 나라	우리나라를 나타내는 것, 우리나라의 명절, 우리나라와 다른 나라의 음식, 우리나라와 다른 나라의 옷과 집, 재미있는 민속놀이
가을	가을의 변화, 곡식과 열매, 나뭇잎과 색
우리 동네	우리 동네 둘러보기, 우리를 도와주시는 분들, 우리 동네 가게, 가게놀이
겨울	겨울 날씨와 바람, 겨울생활과 크리스마스, 겨울철 놀이와 안전, 새해
생활도구와 기계	주변에서 볼 수 있는 도구, 우리가 사용하는 기계, 편리한 도구와 기계
형, 언니가 된 나	즐거웠던 우리반, 고마운 선생님, 설날, 형·언니반에 가기

출처: 푸르니보육지원재단(2020). 질높은 보육을 위한 교사역할의 실제.

보육주제	5세 유아가 경험할 수 있는 내용
어린이집 생활과 친구	새로운 반과 선생님, 새로운 친구들, 우리가 만든 ㅇㅇ반 약속, 함께 지내는 어린이집
봄과 동식물	봄의 날씨와 생활 변화, 봄과 식물, 알아보고 싶은 동물, 우리가 알아본 동물
우리 가족과 나	소중한 가족, 다양한 가족, 가족 속의 나, 특별한 나
우리 이웃	우리 동네 모습, 우리 이웃의 기관, 여러 가지 직업, 우리 생활 속의 경제
여름과 건강한 생활	여름의 날씨와 생활 변화, 건강하게 여름 나기, 물과 생활, 물놀이, 여행놀이, 운동
교통기관	교통기관의 종류, 편리한 교통기관, 미래의 교통기관, 교통안전
우리나라	내가 가 본 우리나라, 우리나라의 자랑거리, 우리나라의 생활, 우리나라의 명절
세계 여러 나라	내가 아는 나라, 세계 여러 나라의 생활과 문화, 함께 사는 세계
가을과 책	가을의 날씨와 생활 변화, 가을의 숲, 책과 정보, 우리가 만드는 책
기계와 생활	우리 주변의 기계, 기계를 움직이는 힘, 편리한 에너지
겨울과 생활안전	겨울의 날씨와 생활 변화, 동식물의 겨울나기, 겨울철놀이, 겨울철 안전
지구와 환경	우리가 사는 곳, 환경 보호, 우주 탐험
초등학교에 가는 나	여러 가지 책, 내가 만든 책, 즐거웠던 어린이집, 설날, 초등학교 갈 준비

출처: 푸르니보육지원재단(2020). 질높은 보육을 위한 교사역할의 실제.

〈표 6-5〉 유아반의 연간 교육·보육계획안의 예 2

월	주	어린이집 행사	유아의 주요 경험 (기관 적응, 명절, 특별한 날 등)
3	1~4주	입학식 신입 원아 적응 기간 운영위원회	신입 원아 어린이집 적응 재원 원아 새로운 반 적응
4	1~5주	봄소풍, 씨앗심기 부모 개별 상담	계절의 변화 경험하기 (따뜻해지는 봄나들이 등)
5	1~4주	어린이날 행사 인형극 관람 부모 참여 프로그램	주요 기념일과 관련된 감사의 마음 느껴 보기 (어린이날, 어버이날, 스승의날)
6	1~4주	도서관 견학 동물원 견학 운영위원회	계절과 절기에 따른 영유아의 공통된 주요 경험을 유추하기 어려우면 비워 두어도 됨
7	1~5주	수영장 가기 부모교육 부모 참여 프로그램	계절의 변화 경험하기 (여름 날씨, 건강과 위생, 여행 등)
8	1~4주		

- 기관 차원에서 연간 계획이 필요한 항목의 예
- 일년 동안 어린이집에서 진행하는 행사 등의 계획
- 계절의 변화, 그 해의 특별한 국가적 행사, 특별한 날 등에서 예상되는 유아의 주요 경험

출처: 중앙육아종합지원센터(2020). 놀면서 자란다(유아).

〈표 6-6〉 유아반의 연간 교육·보육계획안의 예 3

월	주요 경험	시기	유아 경험 내용	유아반 관련 행사	안전교육		
3월	즐거운 어린이집	1주(3/2~6)	새로운 반에 적응하기				
		2주(3/9~13)	우리반 친구들				
		3주(3/16~20)	내가 하고 싶은 놀이				
		4주(3/23~27)	안전하게 놀기				
4월	봄	1주(3/30~4/3)	봄의 변화				
		2주(4/6~10)	꽃과 나무	꽃가게	1	약물 오남용	약이란 무엇일까?
		3주(4/13~17)	봄나들이	봄소풍(13일)	2	교통안전	안전하게 다녀요
	우리 가족과 나	4주(4/20~24)	즐거운 우리 집		3	실종·유괴의 예방·방지	길을 잃어버렸어요
		5주(4/27~5/1)	사랑하는 엄마, 아빠	석가탄신일(30일)/ 근로자의 날(1일)			
5월		1주(5/4~8)	사랑하는 엄마, 아빠	어린이날(5일)/ 어버이날(8일)/ 여의도 안전체험(7일)	4	생활안전	승강기와 에스컬레이터
		2주(5/11~15)	나의 몸과 마음	보건소 교육(12일)	5	성폭력 및 아동학대	내 몸은 소중해요
		3주(5/18~22)	나의 몸과 마음		6	실종·유괴의 예방·방지	제자리에서 기다려요
	동물	4주(5/25~29)	여러 가지 동물	일산 아쿠아리움 (26일)	7	교통안전	멈춘다, 살핀다, 건넌다
6월		1주(6/1~5)	여러 가지 동물		8	생활안전	곤충에 대한 안전
		2주(6/8~12)	동물 보호		9	생활안전	애완동물을 안전하게 길러요
	교통기관	3주(6/15~19)	여러 가지 교통기관	삼청 기차 박물관	10	약물 오남용	약은 정해진 규칙대로 먹어요
		4주(6/22~26)	여러 가지 교통기관		11	교통안전	비오는 날의 보행법
7월		1주(6/29~7/3)	여러 가지 교통기관	키즈 오토파크 (30일)	12	재난대비	뜨거운 것은 조심해요
		2주(7/6~10)	교통 규칙과 안전	뮤지컬	13	약물 오남용	해로운 음료
	여름	3주(7/13~17)	여름의 날씨	물놀이(13일~)	14	성폭력 및 아동학대	내 몸에는 이름이 있어요
		4주(7/20~24)	여름 스포츠(물놀이)	물놀이(~24일)	15	생활안전	준비 운동을 한 후 물속에 들어가요
		5주(7/27~31)	여름 스포츠(물놀이)	올림픽(27일~)			

월	주요경험	시기	유아 경험 내용	유아반 관련 행사	안전교육		
8월	여름	1주(8/3~7)	여행놀이	개원 기념일(7일)/ 올림픽(~7일)	16	실종·유괴의 예방·방지	도와주세요
	우리 동네	2주(8/10~14)	우리동네 둘러보기	경찰서, 하나은행, 우체국, 119 안전센터	17	교통안전	대중교통을 안전하게 이용해요
		3주(8/17~21)	우리를 도와주시는 분들		18	화재안전	소화기가 있는 장소를 알아요
		4주(8/24~28)	가게놀이	E마트	19	재난대비	홍수/태풍 시 안전 행동과 대피
9월		1주(8/31~9/4)	가게놀이		20	화재안전	콘센트는 위험해요
	우리 나라와 다른 나라	2주(9/7~11)	우리나라를 나타내는 것		21	약물 오남용	약은 부모님이 주신 약만 먹어요
		3주(9/14~18)	우리나라의 음식, 옷과 집	부모님과 함께하는 점심 식사	22	생활안전	위험해요, 위험해 (이런 곳에서 사고가 많이 나요)
		4주(9/21~25)	우리나라의 명절	추석 행사 (24일~25일)/ 서울안전한마당 (24~26)	23	실종·유괴의 예방·방지	겉모습과 마음이 달라요
		5주9/28~10/2)	우리나라의 명절	석가탄신일, 추석 (31일~2일)			
10월		1주(10/5~9)	다른 나라의 음식, 옷과 집	한글날(9일)	24	성폭력 및 아동학대	남자와 여자의 몸은 달라요
	가을	2주(10/12~16)	가을의 변화	운동회(17일)	25	재난대비	땅이 흔들려요 (지진, 붕괴)
		3주(10/19~23)	가을 운동회		26	약물 오남용	약을 함부로 먹지 않아요
		4주(10/26~30)	곡식과 열매	가을 소풍 (월드컵 공원)	27	교통안전	차를 안전하게 타요
11월		1주(11/2~6)	나뭇잎과 색		28	실종·유괴의 예방·방지	함부로 따라가면 안 돼요
	생활 도구와 기계	2주(11/9~13)	옛날과 오늘날의 도구와 기계		29	화재안전	소화기의 종류와 사용법
		3주(11/16~20)	우리가 사용하는 기계		30	성폭력 및 아동학대	좋은 느낌, 나쁜 느낌
	겨울	4주(11/23~27)	겨울의 날씨	뮤지컬	31	생활안전	우리 주변 기계 사용에 따른 안전

월	주요 경험	시기	유아 경험 내용	유아반 관련 행사	안전교육		
12월	겨울	1주 (11/30~12/4)	겨울생활		32	약물 오남용	담배는 나빠요
		2주(12/7~11)	겨울철놀이와 안전		33	교통안전	안전을 지켜주는 카시트와 안전띠
		3주(12/14~18)	크리스마스와 새해		34	재난대비	폭설
		4주(12/21~25)	크리스마스와 새해	크리스마스파티 (24일)	35	실종·유괴의 예방·방지	집에 혼자 있어요
	형, 언니가 된 나	5주(12/28~1/1)	내가 하고 싶은 놀이	유아반 연말파티			
1월		1주(1/4~8)	내가 하고 싶은 놀이		36	화재안전	숨으면 안 돼요
		2주(2/11~15)	내가 하고 싶은 놀이	책만들기 (14일~15일) 전시회, Musical English 공연	37	생활안전	빙판길에서의 안전
		3주(1/18~22)	내가 하고 싶은 놀이		38	성폭력 및 아동학대	안 돼요, 하지 마세요
		4주(1/25~29)	선생님과 추억 나누기		39	약물 오남용	어른들만 사용해요
2월		1주(2/1~5)	설날	OT(4일~6일)	40	교통안전	보이지 않는 곳이 있어요
		2주(2/8~12)	설날	설날 행사(10일), 설 연휴(11, 12일)	41	실종·유괴의 예방·방지	혼자 집에 가는 길
		3주(2/15~19)	즐거웠던 우리반		42	성폭력 및 아동학대	부모님께 말해요
		4주(2/22~26)	즐거웠던 우리반	수료식(23일)	43	화재안전	멈춰요, 엎드려요, 뒹굴어요

2. 월간/ 주간/ 일일 교육·보육계획안

월간 교육·보육계획안은 한 달 또는 한 가지 주제(주요 경험)가 지속되는 계획안으로 주제(주요 경험)를 소주제(영유아가 경험할 수 있는 내용)로 세분화하여 놀이 및 활동을 제시한다. 일반적으로 소주제는 일주일 단위로 구성되며 각 소주제 계획안이 주간 계획안에 해당한다. 그렇지만 한 주제를 마무리하는 시점에서 현재 영유아의 흥미와 관심, 해당 월의 놀이 경험, 연간 계획안의 주제를 고려하여 다음 달의 주제를 계획한다. 따라서 연간 계획안의 주제가 그대로 진행될 수도 있고 영유아의 흥미 변화로 인해 새로운 주제로 계획되기도 한다. 이때 한 달간의 계획을 모두 수립하기보다는 첫째 주의 놀이와 활동을 계획하고 첫째 주의 놀이 상황을 관찰한 결과를 토대로 다음 주의 주간 계획안을 작성한다(〈표 6-7〉 영아반의 월간 보육계획안의 예 1, 〈표 6-10〉 유아반의 월간 보육계획안의 예 1 참조).

월간 교육·보육계획안은 교사들의 월간 계획안 회의를 통하여 정해진다. 월간 계획안 회의는 교육 활동의 연령 간 연계를 위해 동일 연령의 교사뿐만 아니라 다른 연령의 교사들과 함께 협의하는 것이 바람직하다.

주간 교육·보육계획안은 월간 계획안에서 해당 주의 놀이나 활동을 어떻게 진행할지에 대해 구체적으로 제시한다. 주간 교육계획안을 계획할 때 교사는 영유아의 새로운 흥미 발현을 고려하여 융통성 있게 계획한다. 〈표 6-12〉의 유아반의 월간 교육·보육계획안의 예 3은 첫째 주에서 셋째 주까지 각 주에 교사가 미리 계획한 활동과 유아의 새로운 흥미로 인해 실행된 활동이 기록되어 있다(〈표 6-12〉 비고란 참조). 그리고 아직 실행되지 않은 넷째 주의 계획된 활동들이 제시되어 있다. 비록 계획된 활동이 영유아의 흥미에 따라 변경된다 할지라도 교사는 영유아의 흥미 전개를 예측하여 영유아의 흥미에 따른 놀이를 지원할 수 있도록 여러 방안을 미리 준비하여야 한다. 활동을 계획할 때는 유아의 신체, 언어, 인지, 정서 발달이 균형적으로 이루어지도록 계획하여야 한다. 이를 위해 신체,

언어, 감각·탐색, 조작, 역할, 쌓기, 수·과학, 음률, 미술 활동 영역에서의 활동은 흥미 영역 간에 통합이 이루어지도록 조직한다. 그리고 각 활동의 제시 순서 및 지속 기간을 제시하고, 영유아의 개인차를 반영하여 활동을 수준별로 나누기도 한다.

교사는 주간 교육·보육계획안에 따라 활동별 교재교구를 준비하고 각 활동에 대한 교수·학습 전략을 세운다. 또한 유아반의 경우 대·소집단 활동의 내용을 구체적으로 명시하고 각 활동을 진행할 때 유의점에 대해서도 기록해 둔다. 해당 주의 소주제와 관련된 현장학습이나 교육 행사가 계획되어 있을 경우에는 일정과 교사들 간의 역할 분담, 준비물과 유의할 점 등을 미리 계획한다.

일일 교육·보육계획안은 주간 교육·보육계획안에 기초하여 당일 이루어질 활동을 숙지하고 활동 방법, 준비물에 대한 세밀한 계획을 의미한다. 따로 일일 교육·보육계획안을 작성하기보다는 주간 교육·보육계획안에서 요일별로 계획된 활동을 실행한다. 당일 이루어지는 각 활동을 계획할 때는 활동 목표, 활동 자료, 활동 진행 순서, 교사와 유아 간의 상호작용, 동기 유발 및 주의 집중 전략, 영역별 연계, 확장 및 심화 활동, 교사 간의 역할 분담, 활동 시 유의 사항 등에 유념하여야 한다.

〈표 6-7〉 영아반의 월간 보육계획안의 예 1

■ 1세반 월간/주제(주요 경험)별 보육계획 (6월)

학급	나비반	주요 경험	나, 엄마 아빠	영아 경험 내용	몸의 탐색/ 몸을 다양하게 움직이기/ 내가 좋아하는 것/ 엄마 아빠

일과		주제의 시작	영유아 흥미를 반영한 놀이 (※영아의 흥미와 놀이를 관찰하여 추가로 계획하여 기록)		
			엄마, 아빠, 아기에 대한 흥미 생김	엄마, 아빠에 대한 흥미가 지속되며 자동차 놀이에 흥미 생김	자동차에 대한 흥미가 지속되며 배변 훈련에 관심 생김
실내자유놀이	신체(쌓기)	• 큰 상자에 공 넣기	• 인형 유모차(쇼핑카트)놀이	• 블록으로 자동차 길 만들기 • 다양한 자동차 굴리기	• 블록 변기에 앉아 보기 • 상자 자동차놀이
	언어	•『코코코』『손이나 왔네』『움직여요』 • 신체부위 이름 듣고 말하기(『코코코』)	• 가족 사진 보며 이야기를 듣고 말하기 • 가족 손인형 놀이	• 자동차 그림책 보기 • 자동차에서 나는 소리 듣기(사운드 북)	•『응가하자 끙끙』 • '쉬', '응가' 듣고 말해 보기
	탐색(감각)	• 색깔터치판에 손발 찍기 • 촉감발자국 따라 걷기	• 내가 좋아하는 놀잇감을 가방에 담고 쏟기 • 내가 좋아하는 과일 탐색	• 자동차 주차놀이	• 자동차 바퀴 돌려 열고 닫기 • 응가 인형놀이
	표현(미술, 음율, 역할)	• 〈사과 같은 내얼굴〉(노래 들으며 신체 부위 짚어 보기) • 손발 그림에 끼적이기	• 엄마, 아빠 물건으로 흉내 놀이 • 아기 인형 돌보기	• 엄마, 아빠 모양 종이에 도트 물감 찍기 • 운전하는 흉내 내기(운전대)	• 동물인형 응가놀이 • 노래 〈응가를 하자 응가〉, 〈응가하고 싶을땐〉
전이		• 〈요기 저기〉(노래들으며 신체 부위 짚 어보기	• 올라간 눈(손유희 따라하기)	• 〈간다간다〉(노래 들으며 놀이터 갈 준비하기)	• 〈쉬야, 응가를 하자〉(노래 들으며 변기에 앉아 보기)
실내외 놀이터 놀이		• 모래 속에 손발 숨기고 찾기 • 끈 달린 신문지 공놀이	• 바람개비놀이 • 물풍선놀이	• 생일축하놀이(모래 생일 케이크) • 상자 버스놀이	• 자동차 타기 • 젖은 모래로 응가 만들기

기본생활	• [안전하게 놀이하기] 계단 오르내릴 때 손잡이 잡기, 미끄럼틀에서는 앞으로 보고 타기, 놀잇감을 입에 넣지 않기, 놀잇감 던지지 않기 • [손씻기] 선생님 도움 받아 손 씻어보기, 손 씻은 후 물기 닦아 보기

출처: 푸르니보육지원재단(2020). 질높은 보육을 위한 교사역할의 실제.

※ 진하게 표시된 부분은 실제 영유아가 보이는 흥미와 놀이를 반영하여 추가로 매주 기록한 내용임

〈표 6-8〉 영아반의 월간 교육·보육계획안의 예 2

■ 2세반 월간/주제별 보육계획 (9월)

학급	ㅇㅇ 반	주요 경험	가족	영아 경험 내용	엄마 아빠 1, 2, 우리 가족, 추석

일과		주제(주요 경험)의 시작 엄마 아빠1 (1주)	영유아 흥미를 반영한 놀이		
			엄마 아빠2 (2주)	우리 가족 (3주)	추석 (4주)
실내 자유 놀이	신체	• 거미줄에 공을 던져 보아요	• 〈아빠 힘내세요〉 노래 부르며 악기 연주해요 • 빨래를 줄에 널어요	• 할아버지, 할머니 체조해요 • 달팽이처럼 움직여요	• 사방치기 발판 밟으며 뛰어요 • 달팽이처럼 움직여요
	언어	• 가족 사진을 보며 가족 구성원에 대해 이야기해 보아요 • 엄마, 아빠 이름을 끼적여 보아요	• 엄마 아빠는 어떤 일을 할까요? • 엄마 아빠한테 편지 써요	• 친척 사진 보며 이야기 나눠요 • 달팽이 자연관찰 책을 보아요	• 『콩닥콩닥 혜원이의 추석맞이』 그림책을 보아요 • 친척 사진 보며 이야기 나눠요
	탐색	• 엄마, 아빠 물건을 탐색해 보아요 • 동물 퍼즐을 맞춰 보아요	• 우리 가족 구성원을 찾아 보아요 • 도미노 놀이해요	• 가족 양말 짝꿍 찾기 • 달팽이를 돌봐 주어요	• 솔방울, 솔잎을 탐색해요 • 달팽이를 돌봐 주어요
	표현 (미술·음률)	• 〈우리집은 동물원〉 노래 따라 불러 보아요 • (특성화) 전통문양 그림을 꾸며 보아요	• 사랑의 편지를 꾸며요 • (특성화) 한지를 붙여 전통문양을 꾸며요	• 〈뚱보 아저씨〉 노랫말 들으며 움직여요 • 꼬물꼬물 달팽이를 만들어요	• 〈강강술래〉 노래 들으며 움직여요
	역할 쌓기	• 엄마, 아빠 놀이를 해요 • 카페놀이를 해요	• 엄마 아빠가 되어요 • 엄마 아빠가 일하는 공간을 구성해요(회사, 집, 주방 등)	• 친척 집에 가는 놀이해요 • 친척 집에 가는 교통기관, 집 구성해요	• 추석 음식 만들어 나눠 먹어요 • 친척 집에 가는 놀이해요
전이		• 〈손가락 가족〉 노래 부르며 화장실 가요	• 〈손가락 가족〉 노래 부르며 전이해요	• 〈닮은 곳이 있대요〉 노래 부르며 손유희 해요	• 〈올라가는 눈〉 노래에 맞춰 손유희 해요
실내외 놀이터 놀이		• 자연물로 소꿉놀이해요 • 대체 활동 : 붕붕카 타고 출근하는 놀이해요	• 모래로 우리 집을 지어 보아요 • 엄마 아빠가 일하는 곳 주변을 산책해요 • 대체 활동, 붕붕카 타고 출근하는 놀이해요	• 자연물로 소꿉놀이해요 • '우리집에 왜 왔니' 놀이해요 • (특성화) 전통문양 카드 뒤집기 놀이해요 • 대체 활동 숨바꼭질 놀이를 해요	• 모래로 추석 음식 만들어 놀이해요 • '꼭꼭 숨어라' 숨바꼭질 놀이해요

일과	주제(주요 경험)의 시작 엄마 아빠1 (1주)	영유아 흥미를 반영한 놀이		
		엄마 아빠2 (2주)	우리 가족 (3주)	추석 (4주)
기본생활	• 땀 흘린 후 세수를 해요	• 순서를 기다려요	• 엄마, 아빠 "안녕히 다녀오세요" 인사해요	• 식사 후에는 이를 닦아요
비고			• 추석 행사	• 9월 30일(수)~10월 2일(금) 공휴일

〈표 6-9〉 영아반의 월간 보육계획안의 예 3

월		7월			
주요 경험		더운 날씨와 놀이, 비오는 날 놀이			
변경 이유		올 여름 장마가 길어지면서 비오는 날에도 우산과 장화를 착용하고 바깥놀이터 산책하는 일이 많아짐			
주		7월 1주	7월 2주	7월 3주	7월 4주
놀이 (바깥놀이 포함)	더운 날씨와 놀이	**더운 날씨** • 날씨에 따라 달라지는 것 **즐거운 물놀이** • 물을 이용한 놀이 **깨끗이 씻기**			
		• 차 타고 수영장, 할머니집 가요 – 아기 목욕놀이 • 낚시놀이			
	비오는 날	• 장화 신고 걸어 봐요 • 창 밖 비오는 풍경을 봐요, 천둥소리 들어 봐요 • 지렁이, 물웅덩이를 살펴봐요			
일상생활		• 비누 거품으로 손을 문질러 닦아 보아요 • 손 씻은 후 물기를 닦아 보아요 • 내 기저귀를 꺼내 보아요 • 기저귀 갈기 전 변기에 앉아 보아요(준비된 영아)			
놀이 자료		• 산책·여행 사진, 여행용품(모자, 가방, 선글라스 등), 파란비닐매트, 물놀이용품(비치볼, 튜브, 암튜브 등), 여름 과일 퍼즐 • 여러 종류의 모형 자동차, 자동차 길 매트, 운전대, 볼풀장, 물고기 스티커, 낚시놀이, 우비, 장화, 우산, 화선지, 목욕용품, 수건			
계획 및 일정		• 22일 – 방역의 날 • 29일 – 소방 대피 훈련 • [보건위생관리교육] 외출 후 깨끗이 몸을 씻어요			

출처: 중앙육아종합지원센터(2020). 놀면서 자란다(영아).

- 영아의 주요 경험을 고려하여 대략적으로 계획을 세우고 관련 자료를 제공
- 영아가 만들어 낸 놀이
- 영아의 관심으로 새롭게 추가된 놀이
- 일상에서 경험하는 탐색과 놀이
- 예상 놀이 및 영아의 관심으로 새롭게 추가된 놀이에 따라 제공한 열린 형태의 놀이 자료

〈표 6-10〉 유아반의 월간 보육계획안의 예 1

■ 3~4세반 월간/주제별 보육계획 (6월)

학급	파랑새반	주제	동물	유아 경험 내용	여라 가지 동물, 곤충, 동물 보호

일과		주제의 시작	유아 흥미를 반영한 놀이 (※유아의 흥미와 놀이를 관찰하며 추가로 계획하여 기록)		
			곤충에 대한 흥미 생김	달팽이에 대한 관심 생김	동물 돌보기, 공룡에 대한 관심 생김
실내자유놀이	쌓기	• 동물 집, 동물농장, 동물원 구성하기	• 곤충 집 구성하기 • 띠 블록으로 곤충 소품 구성하기	• 달팽이 집 구성하기	• 동물병원 구성하기 • 공룡이 사는 곳 구성하기
	역할	• 동물원 나들이 놀이	• 곤충 역할놀이	• 동물 보살피기 놀이	• 동물병원 놀이/미용실 놀이 • 공룡 인형놀이
	언어	• 동물 사진/화보 보며 이야기 나누기 • 좋아하는 동물 사진 모으고 이야기해 보기 • 동물 수수께끼	• 곤충 이름 찾기(Ⅰ수준), 써 보기(Ⅱ수준)	• 달팽이 그림책	• 병원 관련 그림책 • 병원에서 하는 일 알아보기 • 공룡 그림책 보며 공룡 이름 알아보기
	수·과학	• '어느 곳에 살까' 동물 분류하기 • 주사위 던져 동물 수만큼 붙이기	• 여러가지 공충 화보 관찰하기(Ⅰ수준) • 곤충 모양 완성하기 게임(부분과 전체)	• 달팽이 돌보기(집 청소, 먹이 주기 등) • 달팽이 관찰하기(달팽이 알, 먹이, 똥 등)	• 병원에서 사용하는 도구 그림자 맞추기 • 공룡 생김새 살펴보기
	미술	• 동물 모양 물감 찍기 • 좋아하는 동물 그리기(Ⅰ수준), 동물 모자 만들기(Ⅱ수준)	• 물감 찍어 곤충 표현하기(곤충 모양 종이) • 곤충 모양 색종이 접기	• 달팽이 그림 그리기	• 약 봉투 만들기 • 찰흙에 공룡 발자국 찍기
	음률	• 〈나는 토끼〉 노래 맞춰 동물 움직임 표현하기	• 〈개구리는 연못에〉, 〈거미가 줄을 타고〉 노래 듣고 부르기 • 〈왕벌의 비행〉, 〈나비〉 음악 감상하기	• 음악 동화 『피터와 늑대』에서 동물 표현한 악기 찾기 • 〈달팽이 집〉 노래 부르기	• 〈병원놀이〉 노래부르기 • 신체표현 '공룡발자국 따라 움직이기'(아기코끼리 걸음마)
전이		• 노래 〈나는 토끼〉	• 손유희: 동물원에 가면	• 푸르니체조 '그 누구보다 더'	• 푸르니체조 '그 누구보다 더'

일과	주제의 시작	유아 흥미를 반영한 놀이 (※유아의 흥미와 놀이를 관찰하며 추가로 계획하여 기록)		
		곤충에 대한 흥미 생김	달팽이에 대한 관심 생김	동물 돌보기, 공룡에 대한 관심 생김
대·소 집단	• [이야기 나누기] 내가 좋아하는 동물 소개하기 • [게임] 어떤 동물의 소리일까요?	• [이야기 나누기] 곤충들은 어떻게 살까? • [신체표현] 〈왕벌의 비행〉, 〈나비〉 음악 들으며 자유롭게 표현하기	• [신체게임] 동물 먹이 주고 돌아오기 • [이야기 나누기] 동물을 보호해요(시청각 자료 이용)	• 병원 가본 경험 이야기 나누기 • 내가 알고 있는 공룡 소개하기
실내외 놀이터 놀이	• [대근육·음률] 동물들처럼 뛰어보기 • [물·모래] 모래로 두꺼비 집 짓기 • [탐구] 주위에서 볼 수 있는 동물 관찰하기	• [대근육·음률] 곤충 꼬리잡기놀이 • [물·모래] 개미가 다니는 구멍 파기 • [탐구] 실외놀이터, 어린이집 주변에서 곤충 관찰하기	• [물·모래] 나뭇가지로 모래 위 동물 그림 그리기 • [탐구] 모래에 물이 스며드는 모습 관찰하기, 젖은 모래로 동물 모양 만들기	• [대근육] 자전거, 자동차로 인형 병원에 데려다 주기 • [물·모래] 젖은 모래에 공룡 발자국 찍기
기본 생활	• 주변의 동물에 관심 가지기/ 동물 만진 후 손 깨끗이 씻기/ 곤충을 사랑하는 마음 갖기/(개미 밟지 않기, 나비 잡지 않기)/ 우리반에서 기르는 동물에 관심 갖고 보살펴 주기			
비고	• 〈현장학습〉 동물원			

출처: 푸르니보육지원재단(2020). 질높은 보육을 위한 교사역할의 실제.

※ 진하게 표시된 부분은 실제 영유아가 보이는 흥미와 놀이를 반영하여 추가로 매주 기록한 내용임

〈표 6-11〉 유아반의 월간 교육·보육계획안의 예 2

구분		8월 1주	8월 2주	8월 3주	8월 4주
월		8월			
놀이주제		여행을 떠나요, 자동차 길			
유아의 주요 경험		유아가 다녀온 여행지에 대해 이야기하다가 여러 가지 탈것에 관심을 보임. 탈것 중에서 자동차가 다니는 여러 가지 길을 만들어 보는 놀이로 진행됨			
주		8월 1주	8월 2주	8월 3주	8월 4주
놀이(바깥놀이 포함)	여행	**내가 다녀온 여행지** • 여행지 소개 • 여행할 때 필요한 물건	**여행하면서 경험한 것** • 무엇을 보았나? • 무엇을 먹었나? • 어떤 놀이를 했나?	**무엇을 타고 갔나?** • 내가 타 본 탈것들 • 여행할 때 '기차'를 타고 갔어요.	
	자동차 길	• 굴러가는 자동차 바퀴 • 여러 가지 길(오르막, 내리막, 넓고 좁은 길 등) • 신호등, 표지판 만들기 등 도로 꾸미기 놀이 • 자동차를 만들고 전시해요			
활동		• 가족과 함께 간 여행 소개하기 • 자동차가 빠르게 가는 길을 만들려면 어떻게 해야 할까? **내가 다녀 온 여행을 소개해요**	**내가 만든 자동차 길**	**[교통안전교육] 신호등을 보고 건너요**	
놀이 자료		• 여행 사진, 여행용품(모자, 캐리어, 가방, 선글라스 등), 우리나라 지도 • 물놀이 의상(수영복, 수영모, 물안경 등), 여행 퍼즐, 여러 종류의 모형 자동차, 자동차 길 매트, 모형 신호등, 골판지, 자른 우드락, 바퀴, 각종 쌓기놀이 및 역할놀이 자료, 미술 자료, 언어 관련 자료(그림책, 쓰기 도구 등)			
행사 일정		• 4일 – 수영장 가기 • 15일 – 부모 참여 프로그램(열린어린이집의 날) • 22일 – 원내 손 씻기 교육 • 29일 – 급식도우미 활동			

- 유아의 주요 경험을 고려하여 대략적으로 계획을 세우고 관련 자료를 제공
- 유아가 만들어 낸 놀이
- 유아의 관심으로 새롭게 추가된 놀이
- 필요한 경우 활동을 통해 유아의 놀이 지원
- 예상 놀이 및 유아의 관심으로 새롭게 추가된 놀이에 따라 제공한 놀이 자료

출처: 중앙육아종합지원센터(2020). 놀면서 자란다(유아).

〈표 6-12〉 유아반의 월간 교육·보육계획안의 예 3

■ 3, 4세 혼합 연령반 월간/주제별 보육계획 (10~11월) – 계획과 실행 함께 제시

학급	○○○반	유아 경험 내용	우리 동네–우리 동네 생활, 우리를 도와주시는 분들 1, 우리를 도와주시는 분들 2, 가을 자연물

일과		주제의 시작 우리 동네 생활 (10–2)	영유아 흥미를 반영한 놀이		
			우리를 도와주시는 분들 1 (10–3)	우리를 도와주시는 분들 2/ 나뭇잎과 색 (10–4)	가을에 볼 수 있는 자연물 (11–1)
실내자유놀이	쌓기	• 우리 동네 구성하기 • 우리 동네 지도 위에 건물 세우기 • 벽돌 블록으로 집 구성하기	• 경찰서, 소방서, 은행 등 구성하기	• 우리 동네 기관 구성하기 • 경찰서, 경찰차 구성하기 • 교통통제센터 구성하기	• **미술관 구성하기**
	역할	• **마트놀이**	• 우리를 도와주시는 분들 역할놀이 하기 (경찰관, 소방관 등)	• 다양한 직업인 되어 보기 • 경찰 역할놀이	• **도슨트/ 작가 되어 보기**
	언어	• 우리 동네 간판 읽기	• 『소방차』『경찰차』 그림책 보기 • 파랑새 법전 만들기	• 음지에서 묵묵히 일하는 사람들이 없다면? • 직업놀이 책 탐색하기	• **작품 소개하기**
	수·조작	• 어디에서 파는 물건일까요?	• **우리 동네 기관 메모리 게임하기** • 공공기관 빙고 게임하기	• 직업 빙고 게임하기	• **나뭇가지 쌓기 게임하기**
	과학	• 우리 동네 지도를 관찰해요	• 어린이집 근처 자연물 관찰하기 • 고구마 말랭이 만들기	• 잎은 왜 단풍이 들까요?	• **가을 자연물 탐색하기**
	미술	• 우리 동네 지도 그리기 • 우리 동네 건물 만들기	• 자연물 이용하여 광목천 꾸미기 • 경찰 소품(무전기, 수갑 등) 만들기	• **자연물로 가을 나무 꾸미기** • 자연물 이용하여 광목천 꾸미기 • CCTV 만들기	• **낙엽 프로타주 하기**

일과	주제의 시작 우리 동네 생활 (10-2)	영유아 흥미를 반영한 놀이		
		우리를 도와주시는 분들(10-3)	우리를 도와주시는 분들 2/ 나뭇잎과 색(10-4)	가을에 볼 수 있는 자연물(11-1)
음률	• **〈그런 집 보았니?〉 노래 부르기** • 〈버스 타고 동네 구경〉 노래 감상하기	• 〈경찰차송〉, 〈소방차송〉, 〈구급차송〉 노래 듣고 부르기	• '가을은 가을은'노래 듣고 부르기	• **〈도토리〉 노래 듣고 부르기**
안전교육	• [재난대비] 땅이 흔들려요(지진, 붕괴)	• [약물 오남용] 약을 함부로 먹지 않아요	• [교통안전] 차를 안전하게 타요	• **[실종·유괴의 예방] 함부로 따라가면 안 돼요**
대·소 집단	• [이야기나누기] 즐거운 가을소풍	• [이야기 나누기] 무슨 일을 할까요?	• **[이야기 나누기] 법원은 무엇을 하는 곳인가요?**	
실내외 놀이터 놀이	• 어린이집 주변 산책하기 • 가을소풍	• 어린이집 주변 산책하기 • 고구마 수확하기	• 어린이집 주변 산책하기 • 놀잇감 없는 날	• **파라슈트 놀이하기**

기본생활	• 실내에서는 바르게 걸어 다녀요 • 공공 장소에서의 예절을 지켜요 • 이불, 매트를 스스로 정리해요 • 식사 후에 자신의 자리를 정리해요
비고	• 매주 활동 계획은 이전 주의 유아의 흥미를 반영하여 계획함 • 10월 2주에 새로운 주제를 시작하고 10월 3주는 10월 2주의 유아의 흥미와 활동 결과를 반영하여 계획하며, 10월 4주는 10월 3주의 유아의 흥미와 활동 결과을 반영하여 계획함, 11월 1주에 새로운 주제가 시작됨 • 10월 2주에서 10월 4주까지는 계획한 활동들 중 진행되지 않은 활동, 계획대로 진행된 활동, 유아가 새롭게 흥미를 보인 활동을 기록한 것임 – **검은색으로 진하게 표시 :** 10-2, 10-3, 10-4 : 계획된 활동이지만 이루어지지 않음 11-1 : 주제의 시작으로 새로 계획된 활동 – 밑줄 표시 없음 : 계획대로 이루어진 활동 – 밑줄 표시 : 새롭게 흥미를 보인 활동

3. 주간/ 일일 교육·보육일지(교육·보육실행기록)

매일 작성하는 교육일지 또는 보육일지는 일일 교육계획안이나 보육계획안을 실행한 결과를 기록하는 것이다. 따라서 교육실행기록 또는 보육실행기록이라는 명칭을 쓰기도 한다. 교육·보육일지는 정해진 서식을 따르기보다 각 기관의 상황에 맞게 다양한 양식을 사용한다. 일반적으로 매일 기록하는 양식보다는 일주일 단위로 기록하는 양식을 주로 사용하며 기록의 '양'보다 영유아 놀이 이해와 필요한 지원에 대한 내용을 중심으로 간략히 기록한다.

교육·보육일지는 시간대별 일과 운영의 내용을 기록하는 것으로 시간대별로 영유아의 일상생활과 경험, 계획된 활동, 실행된 활동, 각 활동에 대한 평가를 기술한다. 동일한 활동도 반복되고 시간이 지남에 따라 확장되거나 심화될 수 있으므로 주초와 주말의 교육 목표가 달라질 수 있다. 각 활동에 대한 목표를 구체적으로 기록하지는 않으나 교사는 각 활동의 교육 목표를 알고 있어야 하며 활동을 계획할 때는 활동 제시 순서와 영유아의 놀이 행동을 예측하여 반응 전략을 미리 세운다.

교육·보육일지를 작성할 때는 글로 뿐 아니라 영유아의 놀이 사진이나 놀이 결과물을 간단한 설명글과 함께 기록하는 것도 가능하며 그날의 특이 사항(부모 면담, 감염병 발병, 안전사고 등)에 대해서도 간략히 기록한다. 놀이 활동의 평가에서는 활동 목표가 달성되었는지, 활동에 대한 영유아의 반응 및 참여도, 활동의 난이도, 교재의 적절성, 교사가 지원해 주어야 할 사항을 평가하고, 일과가 적절하게 진행되었는지, 계획된 놀이 활동이 실시되지 않았을 경우 그 이유에 대해 서술한다.

〈표 6-13〉 영아반의 주간/일일 보육일지의 예 1

■ 주간/일일 보육실행기록 (6월 2주)

학급	나비반	경험 내용	나. 엄마 아빠(2주차)	작성자	김○○

일과 \ 요일		6/10(월)	6/11(화)	6/12(수)	6/13(목)	6/14(금)
등원 및 오전 간식 (7:30~9:20)		주말 지낸 이야기 부모님으로부터 들으며 맞이함	간식 이름 들으며 간식 먹음	엄마 아빠 물건을 들고 등원함	창밖에 지나가는 새에게 인사하며 간식 먹음	–
오전 실내 자유놀이	흥미 및 경험	주말에 동물원 다녀온 영아 엄마 아빠 놀이, 자동차 놀이	–	내가 만든 종이 가방	엄마 아빠 물건	엄마 아빠 물건, 풍선
	놀이	• 가족 사진 보며 엄마 아빠 이야기 하거나 들어봄 • 동물 그림책 추가로 제공하여 봄 • 블록 위에 앉아서 모형 운전대로 운전하는 놀이함 • 내가 좋아하는 동물 안고 다니며 놀이함	• 종이 쇼핑백 모양에 끼적이기 스티커로 가방 꾸며서 가방에 물건 넣어서 들고 다님 • 자동차에 동물 태우고 움직임 • 고리 끼우기, 팔에 끼우는 친구를 보고 손목에 끼우고 다님	• 가방놀이 계속 이루어짐 • 가방에 물건 넣어서 들고 다님 • 음식 만들기 • 노래 부르며 모형 우쿨렐레, 악기 연주 • 고리 끼우기 계속함	• 모형 운전대로 운전하는 흉내 냄 • 엄마 아빠 물건 탐색함 • 밀가루 반죽으로 음식 만드는 놀이함	• 종이 가방에 물건 담아서 들고다니기 계속 함 • 엄마 아빠 물건 착용하고 엄마 아빠 놀이함 • 아기 업고 다니며 놀이함 • 밀가루 반죽으로 그릇에 담고 먹는 흉내 냄
전이 (10:20~10:30)		〈엄마/아빠는 ㅇㅇ를 사랑해〉 노래 들어보기 (개사해서 들려주었음. 영아들이 좋아하여 이동 중에도 불러 주었음)				
오전 실내외 놀이터 놀이 (10:30~11:20)		• 붕붕차 타기 • 모래 그릇에 담고 쏟기, 모양 찍어 봄	• 보자기 기차놀이 숨기놀이 즐김	• 보자기로 기차놀이 숨기놀이 계속함	• 실내놀이터에 있던 풍선 들고 다님	• 끈 달린 풍선 들고 다니기
점심 식사 (11:20~12:30)		앞가리개 하고 먹기	먹고 난 후에 거울 보기	먹고 난 후에 거울 보기	먹고 난 후에 입 휴지로 닦아 보기	먹고 난 후에 입 휴지로 닦아 보기

요일 / 일과	6/10(월)	6/11(화)	6/12(수)	6/13(목)	6/14(금)
낮잠 및 조용한 놀이 (12:30~15:00)	엄마 아빠 손인형, 동물인형 데리고 자거나, 좋아하는 그림책 보며 잠을 잠	교사가 들려주는 〈섬집아이〉 자장가 노래 들으며 잠을 잠		엄마 아빠 물건 안고 잠을 잠, 자장가 들으며 잠을 잠	
오후 간식 (15:00~15:30)	컵을 두 손으로 잡고 마시기	컵을 두 손으로 잡고 마시기	컵을 두 손으로 잡고 마시기	간식 이름 들어 보기	–
오후 실내 자유놀이 (15:30~17:00)	–	가족 사진 위에 끼적이기 스티커 붙이기를 함	–	–	밀가루 반죽놀이
오후 실내외 놀이터 놀이 (17:00~18:00)	붕붕차 타기 동물원 가는 놀이	붕붕차 타기, 붕붕차로 음식 배달하기	보자기로 공 싸 달라고 하여 담아서 들고 다니는 놀이	풍선놀이, 끈 달아서 들고 다님	풍선놀이
저녁 식사 및 통합보육 (18:00~22:00)	–	엄마 아빠 그림책 보기	–	끌고다니는 놀잇감 놀이	–
평가	• 동물원에 다녀온 영아가 있어서 동물인형에 대한 흥미가 높았음 • 월요일이어서 지난주 제공된 기본 교구로 놀이하였음	• 물건을 들고 다니는 것을 좋아하여 종이 가방 만들기 제공, 영아들이 꾸미고 물건을 넣어서 들고 다니는 것을 좋아했음	• 집에서 쓰는 그릇 추가 제공 • 오늘까지 가정에서 받은 엄마 아빠 물건 내일 제공 예정	• 엄마 아빠 물건 제공하여 엄마 아빠 흉내놀이가 더 활발히 이루어짐 • 엄마 아빠 물건을 좋아하여 가방에 넣어 들고 다니니 분쟁 덜 생김	• 만든 가방을 집에 가지고 가서 좋아했음 • 넥타이는 길어서 안전사고 우려 있으니, 제외하거나 묶어서 제공해야 할 것임(협의 필요)
주간 총평 및 계획	• 한 주간 엄마 아빠 놀이뿐 아니라 동물놀이, 자동차놀이도 활발하게 이루어짐 • 다음 주에도 엄마 아빠 놀이, 엄마 아빠 물건 탐색이 지속될 것으로 보임 ☑ 다음 주 상자놀이 집 추가 제공, 꾸미기 놀이 진행 예정				

출처: 푸르니보육지원재단(2020). 질높은 보육을 위한 교사역할의 실제.

〈표 6-14〉 영아반의 주간/일일 보육일지의 예 2

■ 놀이 계획과 실행을 함께 기록한 일지

보육일지 (만 세)				담임	원장
기간	년 월 일 ~ 월 일				
일과(시간)	계획 및 실행				
	월	화	수	목	금
등원 및 통합보육 (7:30~9:00)					
오전 간식 (9:00~9:20)					
오전 실내놀이 (9:20~10:50)	[밀가루 반죽놀이를 해요] • 반죽을 흰색과 갈색으로 준비함 – 밀가루 반죽을 늘리고 두드리며 탐색하다가, 갈색 반죽을 만들어 '응가'라고함 [모형 변기에 앉아 '응가'하는 흉내를 내 보아요] • 모형 변기, 응가 모형, 기저귀 등 배변 관련 놀잇감을 준비함 – 직접 모형 변기에 앉아 '쉬~ 응가'라며 관심 보이고, 인형을 앉히기도 함 – 화장실 변기 물 내리는 데 관심이 많아, 모형 변기에서 물 내리는 흉내 냄 [휴지를 탐색해요] • 화장실 변기 옆에 실제 사용하는 휴지를 준비함 – 휴지·티슈 탐색을 즐겨하며, 던지고 뿌리는 놀이로 이어짐				
바깥놀이(대체) (10:50~11:20)	• 젖은 모래를 뭉쳐 보아요, 선생님 손잡고 달려 보아요(빠르게, 느리게) (대체놀이 : 〈요기저기〉 노래 들으며 신체 부위 짚어요, 〈돌아돌아〉 노래 들으며 몸을 움직여요) • 종종 들었던 노랫말을 영아가 이어서 흥얼거리고, 노랫말에 맞춰 몸을 움직이며 놀이함				
점심 식사 (11:20~12:20)	• 골고루 먹기 – 적응 후 편안해지면서 영아들의 식사량이 늘고 있음				
낮잠 및 휴식 (12:20~14:40)	• 조용한 음악을 들으며 편안하게 낮잠 자기 – 낮잠 자기 전, 우는 여아 개별적으로 재워 줌				
오후 놀이 (14:40~15:40)	• 오전 놀이를 계속 진행하거나 확장하여 놀이하기				
오후 간식 (15:40~16:00)					
귀가 및 통합보육 (16:00~17:00)	• 자유롭게 놀이 후 순차적으로 귀가하기				

놀이 시간에 정리 및 전이 시간이 포함되므로 이를 고려하여 충분한 놀이 시간을 확보하여 실시하고 계획된 놀이와 우연히 일어난 놀이 등의 실행을 중심으로 간단히 기록

낮잠 후 자연스럽게 실시되는 놀이를 실내외 구분 없이 기록

놀이 평가 및 다음날 지원 계획				
월	화	수	목	금
화장실을 둘러보며 실제 변기를 탐색했는데, 배변 훈련 전인 영아들도 변기에 관심을 갖고 살펴 보았다. 실제 변기를 가리키며 '쉬~ 응가'라고 표현하고, 레버를 눌러 물 내리는 것에도 흥미를 보였다. 영아의 흥미를 반영하여 실제 변기와 변기를 탐색하는 영아들의 사진을 보육실 내부에도 부착해 영아들의 관심과 언어적 상호작용을 더 시도해야겠다.	코로나19 등 감염병 예방 위해 24개월 이상 영아들은 마스크 착용 후 생활하는 중이다. 오늘은 미세먼지 농도가 '나쁨'이어서 바깥 대체놀이를 진행하였다. 그에 따라 바깥놀이를 대체한 실내 놀이 시간을 10분(10:40~11:20) 늘리는 것으로 조정 후 진행하였다. 내일은 오전부터 미세먼지 수치를 확인해 가능한 상황이면 바깥놀이 시간을 충분히 제공해 주어야겠다.	휴지를 탐색하는 과정에서 달리는 영아가 넘어질 우려가 있어, 가까이에서 위치를 잡아 주거나 바닥을 정리하고 책상을 밀어 공간을 넓게 만들어 주었다. 또한 영아가 휴지를 잡고 뿌리는 놀이로도 흥미가 이어져, 내일은 휴지를 담을 수 있는 컵 모양 블록 등을 추가로 준비해야겠다. 아기인형을 응가시키고 휴지로 엉덩이 닦아 주는 놀이에 관심 보여, 내일은 수건, 팬티 등 배변용품들을 함께 비치해야겠다.		

실행된 놀이에 대한 간단한 평가, 일과 계획에서 그날 변동된 시간 등을 기록

다음 주 예상 놀이 및 지원 계획	다음 주에는 더워지는 날씨를 고려하여 물놀이를 진행하고자 한다. 다만 코로나19 등 감염병 예방을 위해 방역 당국의 보도 내용을 참고하고, 서로 간의 영향이 최소화 되도록 부분적으로 시도해 볼 계획이다. 그리고 최근 변기와 응가 등 배변 관련된 내용에 관심을 많이 보이고 있어 이에 대한 흥미가 지속된다면 배변 주제 관련 놀잇감을 계속 비치해 두는게 좋겠다. 이에 영아들의 관심 정도를 유심히 관찰해야겠다.
반 운영 기록 사항	코로나19 등 감염병 예방을 위한 가정보육 영아 ○○○, ○○○ [건강·영양교육] 손을 깨끗이 씻어요

한 주의 놀이 평가를 바탕으로 다음 주 예상 놀이와 지원 계획 및 특이 사항을 간략히 기록

출처: 중앙육아종합지원센터(2020). 놀면서 자란다(영아).

〈표 6-15〉 영아반의 주간/일일 보육일지의 예 3

■ 2세반 주간/일일 보육 실행기록(11월 4주)

학급	○○반	경험 내용	음식 - 내가 좋아하는 음식	작성자	구○○

일과 \ 요일		11/23(월)	11/24(화)	11/25(수)	11/26(목)	11/27(금)
등원 및 오전 간식 (09:00~09:30)		주말을 지내고 왔지만 모든 영아들이 좋은 컨디션으로 등원하였음				
오전 실내 자유놀이 (9:30~10:30)	흥미 및 경험		맥포머스로 자동차 만들기	자석 자동차놀이하기		여러 가지 그림책 읽기, 간단한 그림 그리기
	놀이	• 길 따라 음식 배달해요 • 『야채 도장』, 『난 토마토 절대 안 먹어』 동화책 봐요 • 음식 퍼즐 조각을 맞춰요 • 〈잉잉잉〉 노래에 맞춰 악기 연주해요 • 조리실을 구성해요 • 안전교육(약물 오남용): 담배는 나빠요	• 길 따라 음식 배달해요 • 『야채 도장』, 『난 토마토 절대 안 먹어』 동화책 봐요 • 음식 퍼즐 조각을 맞춰요 • 채소 도장을 찍어요 • 조리실을 구성해요	• 거미줄을 만들어요 • 『야채 도장』, 『난 토마토 절대 안 먹어』 동화책 봐요 • 음식 퍼즐 조각을 맞춰요 • 채소 도장을 찍어요 • 조리실을 구성해요	• 거미줄을 만들어요 • 내가 좋아하는 음식을 소개해요 • 오미자 화채를 만들어요 • 〈잉잉잉〉 노래에 맞춰 악기 연주해요 • 조리사님, 영양사님이 되어 보아요	• 거미줄을 만들어요 • 내가 좋아하는 음식을 소개해요 • 음식 퍼즐 조각을 맞춰요 • 〈잉잉잉〉 노래에 맞춰 악기 연주해요 • 조리사님, 영양사님이 되어 보아요
전이 (10:30~10:40)				영아들이 평소 좋아하는 노래를 부르거나 그림책을 읽었음		

일과 \ 요일	11/23(월)	11/24(화)	11/25(수)	11/26(목)	11/27(금)
오전 실내외 놀이터 자유 놀이 (10:40~11:10)	• 장애물 통과하기 • 장애물 미끄럼틀 타고 내려오기 • 빌리보로 달팽이 모습 표현하기	• 모래에 자동차 길 만들기 • 자전거 타기 • 레몬 관찰하기	• 술래 잡기 하기 • 지나가는 자동차, 중장비 차 살펴보기	• 장애물 미끄럼틀 타기 • 공놀이(훌라후프 골대에 골인, 공 차기 등)	• 모래를 파서 함정 만들기 • 비눗방울놀이
전이 및 점심 식사 (11:10~12:20)		케찹을 먹지 않는 영아가 볶음밥에 비벼 제공하자 거부하지 않고 먹을 수 있었음			
낮잠 및 휴식 (12:20~15:00)					모든 영아들이 편안히 누워 휴식을 취하다 잠들었음
오후 간식 (15:00~15:30)			교사의 안내에 따라 배식을 받고, 자리에 바르게 앉아 먹을 수 있었음		
오후 실내외 놀이터 자유 놀이 (15:30~16:00)	• 장애물 통과하기 • 훌라후프 놀이하기	• 공룡 꼬리 잡기 놀이 • 술래잡기	• 폼 블록 이동하기 • 복합놀이대에서 놀이하기	• 무당벌레 장대 타기 • 훌라후프 놀이	• 폼 블록으로 징검다리 구성하기 • 술래잡기
연장 보육 시간 (16:00~20:00)	연장 보육일지 참고				

일과 \ 요일	11/23(월)	11/24(화)	11/25(수)	11/26(목)	11/27(금)
평가	다른 놀이들에 비해 역할·쌓기 놀이가 활발히 이루어졌음 음식 관련 놀이는 평소에도 영아들이 흥미를 보이며 이루어지는 놀이이기 때문에 소품(식판, 집게, 음식 사진)을 제시하자 놀이가 더욱 촉진되어 활발하게 이루어질 수 있었음	채소 도장을 찍는 미술 활동은 표현 활동이었지만 자르지 않은 채소를 함께 제시하여 냄새, 질감, 형태를 탐색해 보는 탐색 활동이 함께 이루어졌음 채소의 단면에 물감을 묻혀 찍은 후에는 나타나는 모양을 '곰돌이', '하트'모양이라고 하는 등 자신의 느낌과 생각을 언어로 표현할 수 있었음 물감의 묽기 조절이 필요하겠으며, 다음 활동 시에는 연근과 같이 단면의 모양이 뚜렷하게 나타나는 채소를 활용하는 것이 좋겠음	표현 활동인 채소 도장의 경우 도화지가 부족하여 추가로 가져가는 사이 영아들의 흥미가 떨어지는 모습이 나타났음. 사전에 재료를 충분히 준비하여 영아들의 흥미를 유지할 수 있도록 해야겠음 막대에 실을 두르며 거미줄을 만들어보았음. 실과 거미 모형을 연결한 부분이 헐거워 자주 빠지긴 하였으나, 영아들의 흥미가 매우 높아 놀이가 활발히 이루어졌음 '거미'와 관련된 흥미를 유지, 확장 할 수 있었음 그러나, 거미와 실의 연결 부분을 단단히 보수할 필요가 있겠음	탐색 활동의 경우 모형 칼을 사용하고 간단한 순서가 있는 요리 활동을 진행하였음. 아직 손의 힘이 부족하고 칼 사용이 미숙하여 단단한 과일(사과)의 경우 잘게 자르는 것이 어려워 교사의 도움이 필요하였음 요리 활동 중 〈1. 칼로 재료를 자른 후 2. 숟가락으로 옮겨 3. 섞는다〉의 과정이 있었으나, 이를 잘 이해하지 못하고 자르기 전에 그릇으로 옮기거나 먹는 영아들이 있었음 다음 활동 시에는 보다 간단한 순서를 가진 요리 활동을 계획하는 것이 좋겠음	교사가 읽어 주는 그림책을 집중해서 들어보았음. 이전에는 그림책 읽기가 '듣기' 위주로 이루어졌다면 이번 놀이에서는 '말하기'가 함께 이루어졌음. 그림책에 나오는 삽화에 호기심을 가지며 적극적으로 질문하거나 자신의 경험을 떠올려 이야기하기, 간단한 이야기 꾸며 말하기 등 적극적인 말하기가 이루어졌음

<table>
<tr><th>요일
일과</th><th>11/23(월)</th><th>11/24(화)</th><th>11/25(수)</th><th>11/26(목)</th><th>11/27(금)</th></tr>
<tr><td>평가</td><td>음식 퍼즐놀이가 이루어졌는데, 이전과 달리 퍼즐 배경을 빼고 제시하니 맞추기 어려워하는 영아들이 대부분이었음</td><td>벽돌 블록으로 길을 만든 후 쟁반에 음식 놀잇감을 들고 놀잇감이 떨어지지 않도록 이동하는 신체활동이 이루어졌음
쟁반을 든 상태(양 손을 사용할 수 없음)로는 엉덩이를 뒤로 빼거나 평소보다 천천히 걸어가는 등 영아들 스스로 넘어지지 않기 위해 신체를 조절하는 모습이 나타났음</td><td></td><td>이전까지는 교사가 벽돌 블록으로 책상, 의자 등을 구성하면 기존의 소품을 활용한 역할놀이가 주로 이루어졌었는데, 영아들이 직접 빅와플블록을 끼우거나 빼며 쌓기놀이도 활발히 진행되었음
또한 혼자 힘으로 구성하기 어려운 부분이 있어 자연스럽게 또래와 함께 놀이하는 모습이 나타남</td><td>실을 빨대에 무작위로 감아 거미줄처럼 만들어지면 그 위에 거미 모형을 올려 거미줄을 타는 거미의 모습을 표현하기도 하였음. 이때 교사가 '위잉' 소리를 내며 파리, 모기가 되어 거미줄에 걸리면 거미가 된 영아들이 이를 잡는 역할놀이로 발전되기도 하였음</td></tr>
<tr><td>결석한 영아</td><td>김○○, 신○○</td><td>김○○, 신○○</td><td>김○○, 최○○, 정○○</td><td>김○○, 최○○, 오○○</td><td>엄○○</td></tr>
<tr><td rowspan="3">주간
총평
및
계획</td><td colspan="5">• 코로나19의 확산세로 평소보다 많은 영아들이 결석하였음. 영아들의 컨디션을 세심히 살필 필요가 있었으며 위생관리를 더욱 철저히 하였음
• 모든 영역에서의 놀이가 골고루 이루어졌음. 또한 교사가 기존에 계획한 놀이와 영아의 흥미를 반영한 놀이(거미 관련) 모두 영아들이 높은 흥미를 가지고 참여하였음. 그러나 놀이 수준이 적절하지 않거나 놀잇감이 적절하지 않았던 상황(채소 도장)이 있어 다음 활동 시에는 이를 반영하여 놀이 계획을 수정할 필요가 있겠음
• 경험 내용이 '내가 좋아하는 음식'이나 관련된 놀이가 이루어지지 않아 아쉬웠음. 내가 좋아하는 음식과 관련된 놀이보다는 급식(점심 및 간식 배식, 밥 먹기, 잔반 정리하기 등) 혹은 단순한 음식과 관련된 놀이들이 계획되어 이루어졌음
• 새로운 흥미가 나타나기보다는 기존 흥미(거미)를 유지하거나 교사가 계획한 놀이에 대한 흥미를 나타냈음. 이에 거미에 대한 흥미를 좀 더 확장할 수 있도록 교사들 간의 협의가 필요하겠음</td></tr>
<tr><td colspan="2" rowspan="2">세척 및 소독 여부(○ / X)</td><td>놀이감 세척</td><td>언어매트, 헝겊류 세탁</td><td>소독</td></tr>
<tr><td>○</td><td>○</td><td>○</td></tr>
</table>

〈표 6-16〉 영아반의 일일 보육일지의 예

■ 일과를 일상생활, 놀이, 활동으로 구분한 일지

<table>
<tr><td colspan="3" rowspan="2">일일 보육일지 (만 세)</td><td rowspan="3">결재</td><td>담임</td><td>원장</td></tr>
<tr><td rowspan="2"></td><td rowspan="2"></td></tr>
<tr><td>기간</td><td colspan="2">20 년 월 일( ) 날씨:</td></tr>
<tr><td>통합보육</td><td colspan="2">등원 (7:30~9:00)</td><td colspan="3">하원 (16:00~17:00)</td></tr>
<tr><td>일과(시간)</td><td colspan="5">계획 및 실행</td></tr>
<tr><td rowspan="3">일상생활</td><td>간식
(9:00~9:20)
(15:40~16:00)</td><td colspan="4"></td></tr>
<tr><td>점심 식사
(11:20~12:20)</td><td colspan="4">밥과 반찬 골고루 먹어 봐요 - 나 한입, 물고기 한입</td></tr>
<tr><td>낮잠 및 휴식
(12:20~14:40)</td><td colspan="4"></td></tr>
<tr><td rowspan="2">놀이</td><td>실내놀이
(9:20~10:50)
(14:40~15:40)</td><td colspan="4">▶놀이 상황
바나나향 밀가루 반죽으로 음식 만드는 놀이에 흥미 지속됨. 반죽 위에 소금 뿌리는 흉내를 내거나 반쪽 음식 모형을 붙이며 꾸며 보기를 즐김
▶놀이 지원
자른 빨대를 추가로 제공해 주어 반죽놀이를 지원함</td></tr>
<tr><td>바깥놀이
대체
(10:50~11:20)</td><td colspan="4">▶놀이 상황
연근 탐색놀이를 더하고 싶어하는 영아들을 위해 바깥놀이터로 가지고 와서 놀이함. 모래와 연근으로 음식을 만들거나 모래 속에 연근을 숨겨 보기도 함</td></tr>
<tr><td colspan="2">놀이 평가 및
다음날
지원 계획</td><td colspan="4">밀가루 반죽놀이에 어떤 재료를 추가해 주는가에 따라 영아들이 연상하는 음식 모형이 달라지는 것을 볼 수 있음. 자른 빨대 외에 내일은 플레이콘을 추가로 제공해 주어야겠음
밥과 국 외에 다른 반찬을 잘 안 먹으려는 ㅇㅇ이를 위해 좋아하는 인형을 옆에 두고 '나 한입, 물고기 한입' 하며 작게 자른 반찬을 먹어 보기 시도함. 맛본 후에는 여러번 더 먹음. 알림장에 기록</td></tr>
<tr><td colspan="2">반 운영
기록 사항</td><td colspan="4">부모 개별 면담) ㅇㅇㅇ, ㅇㅇㅇ
감염병)ㅇㅇㅇ 낮잠 전 발열 증상(37.6도). 분리보육 후 조기 하원
▶보건위생관리교육 : 아무것이나 입에 넣지 않아요
밀가루 반죽으로 놀이 시 입에 넣는 모습이 나타나 먹을 수 있는 것과 없는 것에 대해 인식할 수 있도록 반복적으로 이야기함</td></tr>
</table>

일상생활 지원을 위한 의미 있는 실행을 표시

놀이 시간에 정리 및 전이 시간이 포함 되므로 이를 고려하여 충분한 놀이 시간을 확보해 실시하고 계획된 놀이와 우연히 일어난 놀이 상황을 기록

실행된 놀이에 대한 간단한 평가, 일과 계획에서 그날 변동된 시간, 운영의 특이 사항(부모 면담, 안전사고, 감염병 발생 등)을 간략히 기록

출처: 중앙육아종합지원센터(2020). 놀면서 자란다(영아).

〈표 6-17〉 유아반의 주간/ 일일 교육·보육일지의 예 1

학급	파랑새반	경험 내용	동물(2주차)	작성자	김 ○ ○

일과 \ 요일		6/10(월)	6/11(화)	6/12(수)	6/13(목)	6/14(금)
등원 및 오전 간식 (7:30~9:20)		어린이집에 올 때 본 동물이나 곤충에 대해 이야기 나눔	어린이 집에 올 때 본 동물이나 곤충에 대해 이야기 나눔	오늘 할 놀이에 대해 이야기를 나누며 간식 먹음	좋아하는 동물 이야기하며 간식 먹음	달팽이 알에 대한 이야기 나누며 간식 먹음
오전 실내 자유 놀이 (9:20~10:40)	흥미 및 경험	동물원 견학	동물원놀이, 사파리버스	동물원놀이, 사파리버스, 동물 돌보기	달팽이 알, 동물원	달팽이 알, 공룡
	놀이	• 동물원, 동물 집 구성하여 동물놀이 • 지난주 다녀온 동물원 지도 살펴보기 • 동물 서식지 분류하기 • 〈나는 토끼〉 노래 들으며 개사하여 움직이기	• 사파리 버스를 구성하고 동물사육사 역할놀이 • 육식동물, 초식동물을 구분하여 우리 구성함/동물원 입장권 종이로 만들기 • 발발발, 코코코 그림책 보며 동물의 세부를 자세히 살펴봄 • 부분 보고 동물 알아맞히기	• 동물 막대인형으로 또또와 사과나무 인형극 • 동물원놀이(사파리버스, 입장권 팔찌 만들기, 동물 돌보기, 아픈 동물 병원으로 연결) • 동물 무늬 색종이로 상자동물 만들기→큰 동물을 만들기로 하여 상자에 색지, 색종이, 벽지, 재활용품으로 협동작품 만들기	• 달팽이가 알을 낳아서 달팽이 관찰하기, 그림 그리기 • 달팽이 그림책 보며 달팽이에 대해 더 알아보기 • 동물원에서 이동하는 기차 만들기	• 달팽이 알 관찰 • 협동작품 상자 동물을 공룡으로 바꿈 • 공룡 그림을 색칠해서 블록에 붙여서 공룡집 만들기를 함 • 공룡 이름 알아맞히기 놀이, 공룡 책 보기 • OHP 필름에 동물, 공룡 그림 그리기
전이 (10:40~10:50)		손유희 '동물원에 가면'	손유희 '동물원에 가면'	손유희 '동물원에 가면'	노래 〈달팽이 집〉	노래 〈달팽이 집〉
대·소집단 활동 (10:50~11:10)		[신체표현] 〈나는 토끼〉 노래에 맞춰 동물 움직임 표현하기	막대동화 『또또와 사과나무』	유아들이 들려주는 막대동화 『또또와 사과나무』	[안전교육] 유괴실종 예방교육 '길을 잃었을 때는?'	[게임] 동물 발자국 따라 동물처럼(공룡처럼) 움직이기
오전 실내외 놀이터 놀이 (11:10~12:00)		• 〈나는 토끼〉 노래 가사 바꿔 유아가 좋아하는 동물 움직임 표현함	• 동물볼링놀이 • 돗자리에서 동물 그림 그리기	• 동물볼링놀이 • 돗자리에서 동물 그림 그리기, 그림책 보기	• 모래에 동물 모양 찍기틀로 동물 모양 쿠키 만들기 • 유아들끼리 달팽이 집 놀이	• 우천으로 빔을 이용한 색그림자놀이 실시(OHP 필름에 그린 동물 공룡 그림 활용)

요일 일과	6/10(월)	6/11(화)	6/12(수)	6/13(목)	6/14(금)
점심 식사 (12:00~13:00)	좋아하는 동물 이야기하며 식사	좋아하는 동물 이야기하며 식사		달팽이 알 이야기하기	공룡 이야기하며 밥 먹기
낮잠 및 조용한 놀이 (13:00~15:00)	낮잠 전 동물 그림책 보기		낮잠 전 곤충 그림책 보기		
오후 간식 (15:00~15:30)			동물 수수께끼하며 간식 먹음	달팽이 알 이야기하기	
오후 실내 자유놀이 (15:30~17:00)	오전 동물원놀이의 연속 및 확장	오전 동물원놀이의 연속 및 확장	오전 동물원놀이의 연속 및 확장	동물 협동작품 만들기	보물찾기 책에서 연상하여 공룡찾기놀이(검정 도화지, OHP 필름, 손전등 모양의 흰 종이)
오후 실내외 놀이터 놀이 (17:00~18:00)	동물원 가는 놀이	동물볼링놀이	동물볼링놀이	잡기놀이	'여우야여우야' 놀이
저녁 식사 및 통합보육 (18:00~22:00)	동물 그림 그리기		동물 색종이 접기		
평가	• 동물원 견학 후 동물원놀이가 활발하게 이루어짐		• 협동작품에 필요한 재활용품 및 미술재료 추가 필요	• 달팽이 알로 인해 달팽이 놀이 관심 높아져 놀이 변화 예상됨	• 공룡에 관심이 높아져 공룡 모형 추가로 제공 예정
총평 및 계획	• 지난 주 실시된 동물원 견학으로 인해 동물원에 대한 흥미가 높아서 동물원 놀이가 다양하게 이루어짐 • 주 후반에 달팽이 알과 공룡에 대한 관심이 생김. 다음 주에 달팽이 알이 부화하면 달팽이 분양을 고려할 수 있음 • 공룡에 대한 관심이 지속되는지 지켜보며 자료를 추가로 제공해야 함 ☑ 다음 주 공룡 모형 및 그림책 추가 제공 예정				

출처: 푸르니보육지원재단(2020). 질높은 보육을 위한 교사역할의 실제.

〈표 6-18〉 유아반의 주간/ 일일 교육·보육일지의 예 2

■ 놀이 계획과 실행을 함께 기록한 일지

<table>
<tr><td colspan="4" rowspan="2">일일 보육일지 (만 세)</td><td colspan="2" rowspan="2">결재</td><td>담임</td><td>원장</td></tr>
<tr><td rowspan="2"></td><td rowspan="2"></td></tr>
<tr><td>기간</td><td colspan="5">년 월 일 ~ 월 일</td></tr>
<tr><td rowspan="2">일과(시간)</td><td colspan="7">계획 및 실행</td></tr>
<tr><td>월</td><td>화</td><td>수</td><td colspan="2">목</td><td colspan="2">금</td></tr>
<tr><td>등원 및 통합보육
(7:30~9:00)</td><td colspan="7"></td></tr>
<tr><td>오전간식
(98:00~9:20)</td><td colspan="7"></td></tr>
<tr><td>오전 실내놀이
(9:20~10:40)</td><td colspan="7">[데굴데굴 자동차를 굴려요]
• 여러 가지 자동차와 자동차 사진을 준비함
– 자동차 굴리기에 관심을 보이며 여러 유아가 함께 자동차 굴리기를 함
[도로에서 볼 수 있는 것]
• 신호등, 표지판 등 도로에서 볼 수 있는 교통 관련 사진과 소품을 준비함
– 산책 활동에서 살펴 본 신호등, 표지판을 만들어 도로 꾸미기 놀이를 함
[여러 가지 길]
• 여러 가지 길을 만들 수 있는 블록 등을 준비함
– 블록을 높이 쌓아 가며, 터널, 오르막, 내리막길 등 여러 가지 길에서 자동차 굴리기를 함(다양한 길에 관심을 보임)</td></tr>
<tr><td>활동
(10:40~11:00)</td><td></td><td>[교통안전 교육]
줄 연결하기</td><td>내가 만든 자동차를 소개해요</td><td colspan="2"></td><td colspan="2">자동차 길을 만들 때 조심해요</td></tr>
<tr><td>바깥놀이(대체)
(11:00~12:20)</td><td colspan="7">• 놀이터에서 자동차 굴리기, 산책하며 자동차 길 살펴보기
(대체놀이: 유희실, 복도에서 자동차 굴리기)
– 놀이터에서 자동차 굴리기를 하더니 산책을 통해 살펴본 자동차 길을 구체적으로 만들어 놀이함</td></tr>
<tr><td>점심 식사
(12:20~13:20)</td><td colspan="7">• 골고루 먹기 – 유아들의 식사량이 크게 늘어남</td></tr>
<tr><td>낮잠 및 휴식
(13:20~14:20)</td><td colspan="7">• 조용한 음악을 들으며 휴식을 취하거나 낮잠이 필요한 유아들은 낮잠 자기
– 미술 영역에서 종이접기를 하며 휴식을 취함</td></tr>
<tr><td>오후 놀이
(14:20~15:40)</td><td colspan="7">• 오전 놀이를 계속 진행하거나 확장하여 놀이하기</td></tr>
</table>

놀이 시간에 정리 및 전이 시간이 포함되므로 이를 고려하여 충분한 놀이 시간을 확보하여 실시하고 계획된 놀이와 우연히 일어난 놀이 등의 실행을 중심으로 간단히 기록

낮잠 후 자연스럽게 실시되는 놀이를 실내외 구분 없이 기록

<table>
<tr><td>오후 간식
(15:40 ~156:00)</td><td colspan="4"></td></tr>
<tr><td>귀가 및 통합보육
(16:00 ~17:00)</td><td colspan="4">• 자유롭게 놀이 후 순차적으로 귀가하기</td></tr>
<tr><td colspan="5">놀이 평가 및 다음날 지원 계획</td></tr>
<tr><td>월</td><td>화</td><td>수</td><td>목</td><td>금</td></tr>
<tr><td>한 유아가 자동차 굴리기를 하자 아이들이 점차 친구에게 관심을 보이며 주변으로 모여 놀이가 시작되었다.
자동차를 바닥에 굴리며 놀이하다가 블록으로 길을 만들어 그 위에서 움직이는 것으로 놀이가 변화하더니 놀이터에서도 자동차 굴리기가 계속 되었다.
다양하고 넓은 공간에서 놀이를 해 볼 수 있도록 실외에서도 진행해 보아야겠다.</td><td>미세먼지로 인해 실외놀이가 어려워 유희실에서 대체놀이가 진행되었다.
그에 따라 실내 놀이 시간을 20분(9:20~11:00) 확대하고 바깥놀이 시간에 대체한 유희실 놀이는 1시간(11:20~12:20)으로 조정하여 진행하였다.
내일 미세먼지 수치가 낮아지면 충분한 바깥놀이 기회를 제공해 주어야겠다.</td><td>오늘은 미세먼지 수치가 낮아져서 어제 하지 못한 바깥놀이를 1시간 30분(10:50~12:20)으로 조정하여 진행하였다.
확장된 실외 공간에서 자동차 길을 만들며 안전 문제가 발생하기 시작함에 따라 안전하게 놀이할 수 있는 방법에 대해 유아들과 이야기를 나눌 필요가 있겠다.</td><td></td><td></td></tr>
<tr><td>다음 주
예상 놀이 및
지원 계획</td><td colspan="4">다음 주에는 계절에 맞는 놀이로 변경하여 진행하고자 한다. 날씨가 추워진 만큼 겨울이 다가왔음을 알고 유아들과 함께 겨울에 대해서 알아보며 관심을 가질 수 있도록 계획해야겠다. 그러나 이번 주까지 자동차 놀이에 관심을 많이 보인 만큼 유아들의 자동차 놀이에 대한 흥미가 지속된다면 관련 놀잇감을 계속 제공해 주고 유아들의 흥미가 줄어들면 정리해야겠다.</td></tr>
<tr><td>반 운영 특이 사항</td><td colspan="4">안전사고 : OOO 바깥놀이 시 넘어져서 찰과상으로 소독 후 처치함</td></tr>
</table>

실행된 놀이에 대한 간단한 평가, 일과 계획에서 그날 변동된 시간 등을 기록

한 주의 놀이 평가를 바탕으로 다음주 예상 놀이와 지원 계획 및 특이 사항을 간략히 기록

출처: 중앙육아종합지원센터(2020). 놀면서 자란다(유아).

〈표 6-19〉 유아반의 주간/일일 교육·보육일지의 예 3

■ 3, 4세 혼합 연령반 주간/ 일일 보육 실행기록(11월 2주)

학급	○○반	경험 내용	가을 - 가을의 곡식과 열매	작성자	박○○

일과 \ 요일		11/09(월)	11/10(화)	11/11(수)	11/12(목)	11/13(금)
등원 및 오전 간식 (09:00~09:30)		손 씻기 및 체온 확인	손 씻기 및 체온 확인	손 씻기 및 체온 확인	손 씻기 및 체온 확인	손 씻기 및 체온 확인
오전 실내외 놀이터 놀이 (09:30~10:15)		• 여의도공원 산책 – 밀을 수확해요 – 케이크를 만들어요 – 돌을 옮겨요. – 자연물(잣, 솔방울, 낙엽)을 주워요	• 여의도공원 산책 – 나뭇가지로 지팡이를 만들어요 – 할아버지의 생일파티 – 달리기 시합을 해요 – 돌 길을 걸어요(발바닥 지압)	• 책 만들기 • 여의도공원 산책 – 나뭇가지로 그림을 그려요 – 산사나무 열매 관찰하기 – 술래잡기 놀이	• 여의도공원 산책 – 돌 길을 걸어요(발바닥 지압) – 돌 벤치에서 휴식해요 – 자연물 줍기	• 술래잡기 • 공 주고 받기(발로 차기, 손으로 던지기)
대·소집단 (10:15~10:30)		[이야기나누기] 농기계를 이용해서 수확해요		[이야기나누기] 농업인의 날이에요		[안전교육] 화재안전 - 소화기의 종류와 사용법 [약물 안전교육]
오전 실내 자유 놀이	흥미 및 경험	• 강황찹쌀, 흰쌀, 팥 탐색하기(색깔, 크기 비교, 쌀 눈 찾아보기)	• 기장 탐색하기	• 곡식, 열매 관찰하기	• 솔방울 가습기 만들기	• 흑미 관찰하기
	놀이	• 가을 단어카드 읽기 • 가을에 경험한 일 말하기	• 다양한 곡식 비교하기	• 농기계 그림 퍼즐 맞추기 • 가을 관련 단어 수수께끼	• 곡식으로 모자이크 해요 • 가을 과일 메모리 게임 • 곡식 마라카스 소리를 비교해요	• 곡식으로 모자이크 해요 • 곡식으로 요리를 해요 • 곡식 모래시계 탐색하기
전이 및 점심 식사 (12:00~13:00)		가을 음악 들으며 식사를 해요	가을 음악 들으며 식사를 해요	가을 음악 들으며 식사를 해요	가을 음악 들으며 식사를 해요	가을 음악 들으며 식사를 해요

일과 \ 요일	11/09(월)	11/10(화)	11/11(수)	11/12(목)	11/13(금)
낮잠 및 조용한 놀이 (13:00~14:30)	• 오르골 음악 들으며 휴식하기	• 풀벌레 소리 수면 음악 들으며 휴식하기	• 브람스 자장가 들으며 휴식하기	• 피아노 자장가 들으며 휴식하기	• 동요 자장가 들으며 휴식하기
오후 간식 (14:30~15:00)	뮤지컬 동화 들으며 간식 먹기	뮤지컬 동화 들으며 간식 먹기	뮤지컬 동화 들으며 간식 먹기	뮤지컬 동화 들으며 간식 먹기	뮤지컬 동화 들으며 간식 먹기
오후 실내외 놀이 (15:00~16:00)	• 영어 특별활동	• 집 구성하기 • 동물 역할놀이	• 체육 특별활동	• 술래잡기 • 집 구성하기	• 음악 특별활동
연장보육 시간 (16:00~20:00)	연장전담 보육일지 참고				
평가	점심 식단으로 제공된 강황찹쌀밥의 재료(강황찹쌀[강황+찹쌀], 흰쌀)를 실물로 제공함. 유아들의 생활과 밀접한 매체를 제공하여 유아들이 훨씬 관심 있게 탐색하는 모습이었음	여의도공원에서 긴 나뭇가지를 발견한 유아가 지팡이처럼 나뭇가지를 짚고, 허리를 숙인 채 걸어가는 흉내를 내며 가족 극놀이가 시작되었음.	11월 11일은 농업인의 날이라는 것을 소개함 작물들이 우리 곁으로 오기까지의 과정을 살펴보며 수고하는 농부들께 감사한 마음을 가져봄 활동을 통해 음식을 소중히 여기는 마음도 가져 볼 수 있어 유익하였음	산책 중에 돌로 만든 벤치를 발견함. 직접 앉아보며 쇼파나 나무 벤치와의 차이를 느껴봄. 자연물을 매체로 활용한 사물에 관심이 많아 추후 놀이에 반영할 수 있을 것으로 기대됨 곡식으로 모자이크한 작품을 살펴보며 새로운 미술기법인 '모자이크'에 관심을 가짐. 준비된 곡식의 색감을 살펴보며 자신이 꾸미고 싶은 배경 그림을 고르고 미술 활동을 경험해 봄. 자연의 색을 자세히 살펴보고 느낄 수 있는 기회가 되었음	어제보다 좀 더 자유로운 분위기를 조성하자 놀이에 자발적으로 참여하는 유아들이 늘어났고, "재미있다, 새롭다" 등의 피드백이 있어 긍정적으로 평가됨

요일 일과	11/09(월)	11/10(화)	11/11(수)	11/12(목)	11/13(금)
평가	곡식을 병 안에 넣어두니 유아들이 자유롭게 탐색하기에 어려움이 있었음. 실제로 만져볼 수 있도록 개방된 그릇에 담아 두되, 귀, 코 등 신체에 넣지 않거나 곡식을 서로 섞지 않는 등의 약속을 정해 자유롭게 탐색할 수 있도록 지원해야겠다고 생각함 산책을 통해 가을에 수확하는 다양한 자연물(잣, 도토리, 산수유, 모과, 미니사과 등)을 볼 수 있어 좋았음 이와 관련된 단어 카드를 제작하여 글자에도 관심을 가져 볼 수 있도록 유도하였고 사진을 보고 글자를 유추하여 읽는 흉내를 내는 모습도 관찰되어 긍정적으로 평가됨	가족 역할을 맡은 유아들은 할아버지의 생신 잔치가 있다며 자연물로 케이크를 만들고 또, 어제에 이어 밀을 수확하는 놀이가 이루어짐. 반복되는 놀이를 통해 가을의 곡식에 관심을 가지고 탐색 및 놀이가 이루어져 좋았음 산책 시 지압길을 발견함. 자연물(돌)을 이용하여 건강에 유익을 주는 길을 만들어 놓은 것에 대해 이야기를 나누며 직접 길을 걸어 봄. '혈액순환'이라는 새로운 단어에 관심을 보이는 유아들도 많았고 '건강'에 관심을 가지는 기회가 되었음 또한 유익을 주는 자연물을 소중히 여겨야겠다고 생각하는 기회가 됨	농기계 사진도 퍼즐로 제공하였고 부분 그림을 맞추며 놀이하기를 즐김 타작기와 콤바인 두 종류 외에도 컴퓨터를 이용하여 다양한 농기계의 쓰임을 살펴봄 산책 시 '밀 농사'에 관심을 가지는 유아들이 많아 밀 밭에서 밀을 수확하는 장면을 보여 주었고, 유아들은 넓은 땅을 기계로 빠르고 편리하게 농사 지을 수 있다는 점에 감탄하기도 함	곡식 마라카스를 연주하던 중 크기가 작은 차조나 기장으로 만든 마라카스의 소리가 에그쉐이커의 소리와 비슷하다는 점을 발견하여 매우 흥미로웠으며 노래를 부르고 연주하기보다는 소리를 탐색하는 데에 관심을 가지는 모습이 관찰되어 충분한 시간과 놀잇감을 제공함	오늘 점심밥에 들어가는 '흑미'를 새롭게 제공하며 한 주 동안 식사 시간에 보았던 곡물들을 회상함. 실물 자료를 활용한 놀이를 통해 몰입도를 높이고 실제 부모님들이 쌀을 씻어 밥을 짓는 모습 등을 모방하여 표현할 수 있었음 약사 선생님이 들려주시는 약물 교육을 온라인으로 진행함. 유아들과 실제로 상호작용을 하듯 질문을 하고 기다려 주는 형태로 녹화가 되어 초반에는 유아들이 흥미를 가지는 듯 했지만 분량이 너무 길어(약 30분) 끝까지 집중해서 듣기가 어려웠음

<table>
<tr><th>요일
일과</th><th>11/09(월)</th><th>11/10(화)</th><th>11/11(수)</th><th>11/12(목)</th><th>11/13(금)</th></tr>
<tr><td>평가</td><td>곡식에 관심을 보이는 유아들을 위해 벼를 수확하는 모습을 영상 자료로 보여 줌. 영상을 보며 벼에 달린 쌀알이 어떻게 흰 쌀이 되는지를 궁금해하는 유아가 있어 벽면 게시 자료로 그 과정을 나열해 붙여 줄 예정임</td><td>실물 곡식 자료를 유아들이 직접 만지고 탐색할 수 있는 용기에 옮겨 담아 제공함. 놀이 중 실수로 쏟아버리는 일이 있기도 했지만 곡식을 넉넉히 준비하였고 함께 힘을 모아 정리하려고 시도하는 모습들이 관찰되어 고무적임</td><td></td><td></td><td>그러나 유아용 비타민이나 시럽 약 등 유아들이 자주 먹는 약물에 대한 이야기를 나누어 유익하였음</td></tr>
<tr><td>결석 유아</td><td>전○○,
김○○ (2명)</td><td>–</td><td>신○○ (1명)</td><td>여○○ (1명)</td><td>신○○,
강○○ (2명)</td></tr>
<tr><td rowspan="3">주간
총평 및 계획</td><td colspan="5">곡식과 열매를 주제로 놀이가 진행됨에 따라 산책을 주로 실시하였고, 실외에서 다양한 자연물을 자유롭게 탐색하고 알아보며 몰입할 수 있었던 점이 좋았음. 또한 유아들의 생활과 밀접한 소재(점심 식단으로 들어가는 곡식)를 실물로 제공한 것이 유아들의 호기심을 자극하는 데 큰 도움이 되었음. 이와 더불어 최근 농촌에서는 기계를 활용한 재배가 많이 이루어지고 있다는 점을 소개하며 다양한 농기계에도 관심을 가져봄. 이 관심을 시작으로 다음 주에는 유아들에게 좀 더 밀접한 관련이 있는 기계, 우리의 삶을 편리하게 해 주는 기계에 대해 탐색해 볼 수 있도록 지원할 계획임</td></tr>
<tr><td colspan="2" rowspan="2">세척 및 소독 여부(○ / X)</td><td>놀잇감 세척</td><td>언어매트,
헝겊류 세탁</td><td>양치컵 소독/
개별 침구 세탁</td></tr>
<tr><td>○</td><td>○</td><td>○</td></tr>
</table>

C·H·A·P·T·E·R

07

일과 운영

영유아가 하루 중 유아교육기관에 머무르는 시간은 점점 더 길어지고 있다. 따라서 일상생활의 대부분을 기관에서 보내야 하기 때문에 그곳에서 안정감과 편안함을 느낄 수 있어야 한다. 이를 위해 우선 안전한 환경에서 일과가 규칙적으로 반복되어 영유아가 일과를 예측할 수 있도록 조직되어야 한다. 그리고 영유아의 흥미와 요구가 충실히 반영되고 교사와 영유아 간에 질 높은 상호작용이 요구된다.

일과는 기본적인 일상생활과 교육 활동으로 구성된다. 즉 간식, 식사, 양치하기, 화장실 가기, 낮잠 자기와 같은 일상생활과 실내외 자유놀이, 대·소집단 활동과 같은 교육 활동으로 진행된다.

일과 운영을 계획할 때 고려하여야 할 사항은 다음과 같다,

- 영유아의 발달 수준 및 흥미를 고려하여 구성한다.
- 일과 운영에 영향을 주는 여러 가지 요인을 고려한다.
  기관의 규모, 학급의 크기, 학급 수, 한 학급당 영유아의 수, 기관의 특성, 운영 시간, 계절 등
  예) 여름에는 더위를 피해 실내 자유놀이 시간과 실외놀이 시간의 순서를 바꾸어 진행할 수 있다.
- 일과를 일관성 있게 규칙적으로 진행하여 영유아가 다음 활동을 예측하고 준비할 수 있게 한다.
- 여러 흥미 영역의 활동이 통합적으로 진행되도록 계획한다.
- 계획한 일과를 진행하기 어려운 경우에는 대체할 수 있는 활동을 준비하여 진행한다.
- 일상적 양육과 교육 활동, 실내 자유놀이와 실외놀이, 개별 활동 및 집단 활동, 동적 활동과 정적 활동, 영유아 주도 활동과 교사 주도 활동, 놀이 시간과 휴식 시간을 적절하게 배분한다.
- 낮잠, 간식과 점심, 배변과 같은 유아의 생리적 욕구를 충분히 만족하도록 계획한다.

1. 영아반의 일과 운영

1) 일과 운영 시 고려 사항

영아의 심리적 안정을 위해 일과가 일관성 있게 진행되어야 한다. 즉 일과는 규칙적이고 반복적으로 이루어지는데 영아는 정해진 시간에 계획된 활동을 매일 경험함으로써 하루 일과에 익숙해지고 일과의 순서를 예측할 수 있게 된다. 그렇지만 모든 영아들에게 일과 순서와 시간을 똑같이 적용하기보다는 개별 영아의 개인적 흥미나 개인차를 고려하여 융통성 있게 진행한다.

영아의 활동이나 놀이는 영아의 발달 특성을 반영하여 의도적인 대·소집단 활동이 아닌 개별 활동 중심으로 이루어지는 것이 바람직하다. 그렇지만 교사의 의도와 상관없이 영아의 흥미나 요구에 의해 자연스럽게 소집단 활동이 이루어질 수가 있는데 이럴 경우, 교사는 소집단 내에서 각 영아와 개별적인 상호작용을 하도록 한다. 또한 전이 시간(실내 자유놀이에서 실외놀이로 전환, 급·간식 전후, 단체로 손 씻기, 점심 식사 후 이 닦기 등)에 다음 활동으로의 이동을 위해 집단으로 모여 간단한 손유희나 노래 부르기와 같은 활동을 진행하는 것은 가능하나 이러한 전이 활동 이외에는 집단 활동을 하지 않도록 한다. 만 0세의 경우 예외 없이 개별 활동으로만 일과를 진행하여야 한다.

하루에 진행되는 활동은 균형을 유지하는 것이 필요하다. 영아들은 주의 집중 시간이 매우 짧기 때문에 대집단 활동을 지양하고 오래 기다리게 해서는 안 되며 활동을 하는 동안 재촉하지 않고 충분히 기다려 주는 것이 필요하다. 하루 중 장시간을 어린이집에서 보내는 만 1세 이하 영아반의 경우 실외 활동을 매일 30분 이상, 만 2세의 경우 1시간 이상 확보해야 한다.

영아기는 교육 활동 못지않게 기본생활습관을 형성시켜 주는 것이 중요하다. 기본생활습관은 영아가 일상생활을 하기 위해 기본적으로 익혀야 하는 바른 식습관, 배변, 씻기, 안전 지키기, 건강 유지, 휴식하기, 규칙 준수하기 등이다. 이러한 기본생활습관은 일과 속에서 자연스럽게 습득이 된다.

영아반의 일과 운영 시 유의 사항은 다음과 같다.

〈표 7-1〉 영아의 일과 계획 및 운영 시 유의 사항

연령	유의 사항
0세반	• 일과의 대부분이 수유 및 이유식 먹기, 기저귀 갈기와 씻기, 잠자기로 이루어진다. 신체, 탐색 표현, 언어 활동이 균형 있게 개별적 상호작용을 통해 이루어진다. • 영아 자신의 발달 속도와 신체 리듬에 맞게 하루를 보낸다. • 눈 맞추며 한 명씩 수유한다. • 수면 시간이 길고 불규칙적이나 차츰 규칙적인 수면을 취하도록 오전 오후 각 1회씩 2회 취한다. • 하루 30분 이상 일광욕, 실외놀이, 산책 등을 실시한다. • 12개월 지난 영아는 점심 식사로 진밥부터 시작한다.
1세반	• 간식과 식사, 낮잠 자기, 기저귀 갈기(배변 훈련), 씻기 등 일상적인 양육 활동을 제외하고는 하루 일과의 대부분이 실내외 자유놀이 활동으로 이루어진다. • 월령에 따라 낮잠의 횟수와 시간이 다르므로 하루 일과표가 있다고 하더라도 개별 영아의 수면 욕구에 따라 융통성 있게 운영해야 한다. • 대략 12개월 이후에는 한 차례 낮잠을 잔다(2시간~2시간 30분). • 교사의 계획에 앞서 영아들의 생활 리듬을 파악한 후 계획을 수립한다. • 영아의 발달과 함께 일과 운영은 계속 조정되어야 한다. • 배변 훈련은 18~24개월경에 시작한다. • 도구를 사용하여 정해진 자리에서 먹기 시작한다(2세 미만 3수준).
2세반	• 초기에는 배변 훈련 중이거나 기저귀 가는 영아가 있다. • 화장실 사용은 하루 중 수시로, 훈련 중인 경우 개별적 배려가 필요하다. • 손 씻기는 씻겨 줄 수도 있으나, 혼자 해 보도록 격려하고 적절한 도움을 준다. • 식사량에 맞추어 배식한다. • 일과 중 가장 긴 시간은 실내 자유놀이이다. • 다른 영아반과 통합보육으로 낮잠 준비와 영아 돌보기를 분담할 수 있다. • 먼저 일어난 아이의 조용한 놀이도 통합보육으로 분리하면 소음 문제해결이 가능하다. • 부정적인 감정을 수용해 주고, 놀잇감 양보가 어려우므로 같은 놀잇감을 여러 개 비치한다. • 영아는 스스로 하고자 하는 독립적인 욕구가 강해지는 시기이므로 이러한 의지를 격려하고 스스로 놀이하고 놀잇감을 정리정돈하는 기회를 제공해 주도록 일과를 구성한다. • 신체적인 운동과 활동의 욕구가 어느 때보다도 강한 시기이므로 충분히 움직일 수 있는 환경을 마련하고 기회를 주도록 일과를 계획하며 일상생활에 필요한 기본적인 습관을 점차적으로 스스로 할 수 있도록 지도한다.

출처: 한국보육진흥원(2011). 보육교사 승급교육교재 자료, 재구성.

〈표 7-2〉 영아반(1세) 하루 일과의 예

<table>
<tr><th colspan="2">시간</th><th>주요 일과</th><th>활동 내용</th></tr>
<tr><td>통합
보육</td><td>8:00~8:30</td><td rowspan="2">등원 및
교사와 개별 놀이</td><td rowspan="2">• 영아 상태에 대한 교사-부모 간 간단한 대화, 전달 사항 확인
• 보호자와 헤어지고 선생님과 인사하기
• 영아와 선생님의 개별적인 놀이</td></tr>
<tr><td rowspan="7">기본
보육</td><td>8:30~9:00</td></tr>
<tr><td>9:00~10:50</td><td>오전 간식 및
오전 실내
자유놀이</td><td>• 선생님 도움을 받아 손 씻고 앞가리개 하기
• 오전 간식 먹기(9:00~9:30)
• 영아가 주도하는 신체, 탐색, 언어, 표현 활동
• 배변(영아용 변기 사용 혹은 기저귀 갈기)</td></tr>
<tr><td>10:50~11:20</td><td>오전
실외 자유놀이
(오전 실내
놀이터 놀이)</td><td>• 겉옷 입고 신발 신고 바깥에 나가기
• 영아가 주도하는 신체, 탐색 활동</td></tr>
<tr><td>11:20~12:30</td><td>정리 및
점심 식사</td><td>• 선생님 도움을 받아 손 씻고 앞가리개 하기
• 자리에 앉아서 즐겁게 식사하기
• 선생님 도움을 받아 양치하기
• 배변(영아용 변기 사용 혹은 기저귀 갈기)</td></tr>
<tr><td>12:30~15:00</td><td>낮잠 및 휴식</td><td>• 선생님의 자장가나 조용한 음악 들으며 낮잠 자기
• 기분 좋게 일어나기
• 배변(영아용 변기 사용 혹은 기저귀 갈기)
• 영아와 선생님의 개별적인 놀이</td></tr>
<tr><td>15:00~16:00</td><td rowspan="2">오후 간식 및
오후 실내외
자유놀이</td><td rowspan="2">• 영아가 주도하는 놀이와 활동
• 오후 간식 먹기(15:00~15:30)
• 겉옷 입고 신발 신고 바깥에 나가기
• 영아가 주도하는 신체활동, 탐색 활동</td></tr>
<tr><td></td></tr>
<tr><td rowspan="3">연장
보육</td><td>16:00~17:30</td><td></td><td></td></tr>
<tr><td>17:30~18:00</td><td>정리 및 저녁 식사</td><td>• 선생님 도움을 받아 손 씻고 앞가리개 하기
• 자리에 앉아서 즐겁게 식사하기</td></tr>
<tr><td>18:00~20:00</td><td>오후 통합보육
귀가 준비 및 귀가</td><td>• 선생님과 함께 조용한 놀이
• 귀가 준비 및 귀가</td></tr>
</table>

2) 일과 운영에 따른 교사의 역할

(1) 일과 시작 전 교사의 준비 사항

일과가 시작되기 전에 교사는 보육실 환경을 점검하고 당일 수업 자료를 점검하는 것이 필요하다. 즉 보육실의 온도와 습도를 점검하고 환기시키고 위험 요소가 없는지 살펴보아야 한다. 그리고 각 흥미 영역별 자료가 준비되었는지 확인하고 영아별로 필요한 개인용품(기저귀, 수유용품)이 갖추어져 있는지 점검한다.

(2) 등원

등원 시 교사는 영아를 미소로 따뜻하게 맞이하고 부모로부터 영아의 상태(기분, 배변, 아침 식사 여부, 투약 의뢰, 건강 상태, 이외 특별한 사항)에 대한 정보를 전달받고 등원 시간 이후 부모가 적은 알림장에 있는 내용도 확인한다. 영아가 아픈 경우 투약 의뢰 정보를 전달받고 중간 귀가, 저녁 식사 신청과 같은 사항을 전달받는다.

등원하면서 부모나 양육자와 헤어지기 어려워하는 영아는 일단 잘 헤어질 수 있도록 일정 시간 기다려 준다. 일례로 보호자가 시간적 여유가 있으면 책 한 권을 읽고 난 후에 교사에게 인계할 수 있다. 헤어진 후 심하게 울거나 우울해하면 개별 영아의 애착물을 주어 심리적 안정감을 갖게 하거나 교사가 안아 주어 편안함을 느끼도록 해 준다. 교사는 영아가 선호하는 놀잇감을 보여 주거나, 수족관이 있는 경우, 물고기를 보여 주거나 영아의 옷차림에 대해 말하면서 영아의 관심을 전환시킨다. 잠이 부족하거나 피곤해하는 영아는 쉴 수 있는 공간에서 휴식을 취하게 한다.

등원한 영아에 대해 교사는 시진(안색, 콧물, 발진, 눈의 충혈, 상처, 벌레 물림 등)을 하고 기분 상태를 살펴본다. 그리고 영아별로 열을 재는데 체온이 높을 경우, 이를 기록하고 부모가 인지하지 못할 경우, 부모에게 연락하여 알려 준다.

(3) 오전 수유 및 간식

수유 시에는 영아와 눈을 맞추며 부드럽게 말을 걸면서 영아가 정서적으로 안정감을 느끼도록 해 준다. 우유를 떼는 시기는 부모와 협의하여 정하고 영아의 음식 알러지나 음식 관련 특이 사항이 있는지 미리 알아본다. 그리고 개별 영아의 먹는 양, 수유나 간식 시간, 수유 간격, 선호 음식의 종류 등 구체적인 정보를 확보하여 영아의 발달 상태에 따라 융통성 있게 조절한다.

등원 시간이 빠른 경우 아침 식사를 대용할 수 있는 부드러운 음식을 제공하도록 한다. 간식은 소집단으로 모여 먹을 수 있도록 준비하고 월령이 낮은 영아의 경우 개별 식탁과 의자를 사용한다. 간식 시간은 기관의 여건이나 특성에 맞게 조절이 가능하다. 주의할 점으로 간식 시간 중간에 등원하는 영아가 있으므로 교사들은 역할 분담을 하여 등원 맞이와 간식이 원활하게 이루어지도록 한다.

교사는 배식 전에 음식의 온도와 먹기 좋은 크기인지를 확인한다. 그렇지만 음식의 크기가 커 영아들이 먹기 좋은 크기로 자르기 위해 가위를 영아들이 보는 앞에서 사용하지 않도록 한다. 간식 전에 영아의 손을 씻기고 배식할 때는 일회용 장갑과 집게를 사용하여 위생적으로 배식을 한다. 간식을 먹을 때 편안한 분위기에서 교사는 각 영아와 대화를 나누며 즐겁게 먹도록 유도한다. 간식을 마치면 한 교사는 간식 그릇을 정리하고 또 다른 교사는 간식을 마친 영아의 손과 입을 닦아 주고 옷에 묻은 음식을 털어 주거나 정리해 준다. 그리고 오전 간식 이후 투약 의뢰가 있는 영아에게 투약한다.

(4) 실내 자유놀이

실내 자유놀이는 실내 자유선택 활동이라고도 한다. 이 시간에 영아는 자신이 선호하는 활동을 스스로 선택하여 주도적으로 놀이한다. 그렇지만 영아의 연령이 어릴수록 교사가 지원하고 개입하는 정도가 크다. 어린이집의 경우 실내 자유놀이는 오전과 오후에 두 차례 진행되며 매일 총 2시간 이상 확보되어야 하며 오전 자유놀이 시간은 1시간에서 1시간 30분 정도 지속되도록 계획하여 영아가 충분히 놀이에 몰입할 수 있게 한다.

교사는 흥미 영역별로 해당 주에 계획된 활동을 위한 교재와 교구를 배치하여 영아가 자유롭게 활동을 선택하도록 한다. 그리고 각 흥미 영역의 활동은 해당 주의 주제로 통합되도록 준비한다. 영아는 발달상 Piaget의 감각운동기에 해당되므로 새로운 놀잇감을 접하게 되면 충분한 탐색을 한 후 놀잇감이 익숙해지면 본격적으로 놀이를 시작한다. 따라서 교사는 새로운 교재교구와 활동에 영아가 호기심을 가지고 충분히 탐색할 수 있는 시간을 허용하고 기다려 준다. 또한 평소에 영아가 좋아하는 놀이가 무엇인지 관찰하여 자율적으로 놀이할 수 있도록 격려하며 도움이 필요한 영아에게 즉각적으로 반응하고 도와주도록 한다. 영아기는 기초적인 신체적 기능이 발달하는 시기로 교실 내에서 끊임없이 활발하게 움직이기 때문에 쉽게 지치고 피로해지기 쉽다. 따라서 움직임이 많은 놀이를 한 후에는 조용한 놀이로 전환시켜 주는 것이 필요하다.

(5) 전이 활동

일과 중 전이 시간은 장소나 활동을 변경하기 위해 준비하는 시간이다. 오전 실내 자유놀이에서 실외 자유놀이로, 점심 식사 시작 전, 낮잠 이후, 오후 실내 자유놀이에서 실외 자유놀이로의 전환, 저녁 식사와 하원 사이의 활동 전환을 위해 필요한 시간이다. 전이 시간이 비교적 짧으나 이 시간이 잘 진행되어야 영아가 혼란을 일으키지 않고 일과를 잘 보내게 된다. 전이 활동은 주로 교사 주도적 활동(손유희, 책 읽어 주기, 노래 부르기 등)으로 짧게 진행하도록 한다.

1 정리정돈

정리정돈은 주로 전이 시간에 이루어지는데 영아반의 경우 교사는 놀이하는 중간에 수시로 바닥에 흩어져 있는 놀잇감을 치워 주어야 영아들이 놀잇감에 걸려 넘어지는 것을 방지할 수 있다. 영아의 연령을 고려하여 한 번에 1~2개의 놀잇감을 정리하도록 하여야 부담감을 가지지 않고 편하게 정리할 수 있다. 정리정돈에 참여하지 않는 영아가 있을 경우, 개별 영아의 이름을 불러 정리해야 할 놀잇감을 알려 주어 스스로 정리할 수 있도록 격려한다. 아울러 영아가 정리정돈하는 모습을 언어로 표현해 주는 행동 반영을 한다. 정리정돈도 놀이처럼 즐겁게 하도록 작은 가방이나 바구니 등에 놀잇감을 넣어 정리하게 하여 정리정돈을 놀이화하는 것도 좋은 방법 중의 하나이다.

정리정돈 시간이지만 영아가 놀이에 몰입하여 놀이가 활발하게 진행되고 있으면 놀이 시간을 연장하는 것과 같이 융통성 있게 진행한다.

2 전이

실내 자유놀이 후 정리정돈이 끝나면 기저귀 갈기, 물 마시기, 화장실 다녀오기, 손 씻기, 옷갈아 입기 등과 같은 일상 활동이 이루어진다. 이때 한 교사는 영아들을 동반하여 이러한 활동을 하고 다른 교사는 영아들과 손유희, 노래하기, 그림책 읽기를 하면서 먼저 일상 활동을 하고 돌아오는 영아들을 기다린다. 그리고 일부 영아들이 일상 활동을 하고 돌아온 후 기다렸던 다른 영아들이 일상 활동에 참여하도록 진행한다.

영아의 주의 집중 시간을 반영하여 영아반의 전이는 가능하면 짧게 이루어지도록 하고 다음 활동으로의 전환을 위해 기다리는 시간을 최소화한다. 영아들이 다른 장소로 이동하는 경우 교사 한 명은 앞쪽에서 다른 한 명은 뒤쪽에서 영아들을 인솔하도록 한다.

3 기저귀 갈기와 화장실 가기

교사는 기저귀 갈기에 필요한 용품(개별 기저귀, 물티슈, 비닐봉투, 소독액 등)을 미리 준비한다. 기저귀를 갈 때는 영아와 눈을 따뜻하게 마주치며 부드럽게 이야기해 주고 노래도 들려주며 상호작용을 한다.

영아가 배변 의사를 밝히면 언제든지 교사와 함께 화장실을 다녀오고 일정한 시간(정리정돈, 점심시간 후)을 정해 규칙적으로 화장실을 다녀오도록 한다. 배변 훈련을 마친 영아도 간혹 실수를 할 수 있다는 점을 염두에 두고 실수한 영아를 너그럽게 대하여 수치심을 느끼지 않도록 한다. 배변 실수를 한 경우 영아의 몸을 물로 씻겨 주고 여벌 옷으로 갈아입힌다. 또한 배변 실수를 처리하거나 속옷을 갈아입히는 동안에 다른 영아의 시선을 끌지 않는 적절한 장소에서 해당 영아의 프라이버시를 보장해 주어야 한다.

만 2세 영아의 경우 대소변 이후 손을 스스로 씻을 수 있도록 옷소매를 걷어 주거나 옆에서 지켜보며 도움이 필요한 경우 도와주도록 한다. 그리고 영아들이 미끄러져 넘어지지 않도록 화장실 바닥에는 미끄럼 방지 장치를 하고 물기가 없게 관리한다.

(6) 실외 자유놀이 또는 실외 활동

실외 자유놀이는 개방된 실외 공간에서 자유로움과 생활에 활기를 제공하기 때문에 영아들에게 매우 중요한 활동이다. 실외 자유놀이를 통해 영아들은 자연물과 환경에 익숙해지고 물, 모래놀이를 통해 감각적 경험을 키워 나갈 수 있다. 그렇지만 계절, 날씨, 황사나 미세먼지, 기타 요인에 의해 실외 활동이 불가능할 경우에는 실내놀이터에서 신체활동으로 대체할 수 있다. 실외 자유놀이는 만 0세는 주 3회 30분 이상, 만 1, 2세는 매일 30분 이상 실행하도록 권장하고 있다(보건복지부·한국보육진흥원, 2020). 실외놀이 장소로 이동하기 전에 기저귀를 확인하고 대소변 가리기를 하는 영아는 화장실을 다녀올 수 있게 한다.

실외 자유놀이 역시 영역별로 계획된 활동을 실시하며 교육 주제와 연계되도록 활동을 계획한다. 실외 자유놀이는 다양한 신체활동(달리기, 기어오르고 내리기, 여러 공간 들어갔다 나오기 등)을 통해 영아의 신체 발달을 도모한다. 영아가 신체를 활발하게 움직인 후에는 언제든지 휴식을 취할 수 있는 조용한 공간을 마련해 주는 것도 필요하다.

(7) 점심 식사

교사는 개별 영아의 점심 식사 양, 선호하는 음식, 식품 알러지 여부 등에 대한 구체적인 정보를 사전에 수집하여 점심 식사 제공 시 영아의 발달 상태와 요구를 반영한다. 기관에서는 급식 재료로 자연식품 위주의 다양한 재료를 사용하고 인스턴트 식품을 지양하여 영양의 균형을 갖춘 식단을 마련한다.

한 반에 두 명 이상의 교사가 있을 경우 한 명의 교사가 식사 준비를 하고 다른 한 명은 더러워진 영아의 옷을 갈아입히거나 영아들의 손 씻기를 지도한다. 한 명의 교사는 먼저 또는 나중에 식사를 함으로써 영아의 식사 지도에 집중하도록 한다. 교사는 식탁으로 사용할 책상을 소독액으로 깨끗이 닦고 일회용 장갑을 끼고 배식을 하여야 한다.

12개월 이전 영아의 경우 처음에는 수유 및 이유 횟수 및 간격을 개별 스케쥴에 맞추어 실시하다가 점차 정해진 시간으로 조정해 나가도록 한다. 월령이 어린 영아는 개인 식탁 의자를 사용한다. 연령이 어린 영아의 경우 교사가 먹여 주는 숟가락과 영아가 손에 쥐는 숟가락을 함께 준비하도록 하고 혼자 먹을 수 있는 영아를 위해서 숟가락과 포크 수를 여유 있게 준비하여 떨어뜨리면 즉시 새것을 사용할 수 있게 배려한다.

연령이 어릴수록 교사는 영아가 식사하는 것을 도와주며 식사 시간이 즐거운 시간이 되도록 이야기를 나눈다. 그리고 영아가 음식을 손으로 먹거나 흘리면서 먹을 경우 성장과정의 한 부분으로 이해하여 스스로 먹는 것을 허용하고 교사의 모델링을 통해 점차 바른 식습관을 형성하도록 돕는다. 더 먹고 싶어 하는 영아가 있을 경우에 대비하여 여분의 음식을 준비하고 충분한 양을 먹도록 하며 그만 먹겠다는 의사를 표시한 경우에는 억지로 먹이지 않도록 한다. 식사를 마친 후 반드시 양치질을 할 수 있도록 지도하고 대부분의 영아들이 스스로 하기 어려우므로 교사가 직접 닦아 준다. 스스로 양치질을 하고자 하는 영아는 혼자 해 볼 수 있게 하되 교사가 양치 상태를 다시 한번 점검한다. 영아는 면역력이 약해 식사 후 투약 의뢰가 있는 경우가 많으므로 투약 의뢰 영아에게 약을 먹인 후 투약 결과를 투약보고서에 기록한다.

(8) 낮잠

어린이집에 장시간 머무는 영아는 일과 중 낮잠과 휴식이 필수적으로 필요하다. 영아는 정해진 일과에 적응하여 생활하지만 이 과정에 자신의 욕구를 조절해야 하는 상황도 많기 때문에 무의식중에 피곤함을 느낄 수 있다. 낮잠이 필요한 이유는 에너지를 재충전하는 기회가 되어 활기차게 오후 일과를 보낼 수 있기 때문이다.

낮잠을 재울 때는 점심 식사 후 최소 30분이 지난 시간에 잠자리에 눕도록 지도한다. 영아가 편안하게 낮잠을 자기 위해서 실내의 온도와 습도, 채광을 적당하게 조절하고 공기청정기를 점검한다. 이불과 베개는 개인별로 사용하고 정기적으로 세탁을 하여 위생적으로 관리한다.

낮잠을 위해 교실에 불을 끄거나 블라인드를 내리기 전에 이를 안내하고 조용한 음악을 틀어 준다. 영아들의 낮잠매트는 일정한 간격을 유지하고 가능하면 매일 같은 위치에 배치하여 자신의 잠자리 위치를 알게 하는 것이 좋다. 영아가 눕는 방향은 머리와 머리, 다리와 다리가 마주 향하도록 한다.

영아가 편안하게 낮잠을 자도록 편안한 옷으로 갈아입히면서 건강 상태를 살펴보는 것도 필요하다. 낮잠 시간 동안 교사는 반드시 보육실에서 영아가 자는 것을 살피고 보육실 환경을 점검하도록 한다. 낮잠 시간이 끝날 무렵에는 영아에게 잠자리에서 일어날 것을 예고하고 서서히 불을 켜고 환기를 한다. 낮잠을 더 자기를 원하거나 깨기 힘들어하는 영아가 있으면 언어 영역 매트에서 쉬었다가 일어나도록 안내한다.

(9) 오후 실내외 자유놀이

오후 실내외 자유놀이는 오전 실내외 자유놀이의 연장으로 진행할 수 있다. 그리고 오전에 계획한 활동을 실시하지 못한 경우 오후 시간에 진행하도록 하며 오전에 하던 놀이를 반복할 수도 있고 오전에 놀이가 잘 이루어진 경우에는 확장된 놀이를 할 수 있다. 예를 들면 오전에 촉감 길을 걸어 보는 활동을 했으면 오후에는 촉감 길 위로 모형 자동차를 굴리는 다른 활동으로 영아의 관심을 확장시킬 수 있다. 오후에도 실외놀이를 하는 것이 바람직하나 날씨와 다른 여건으로 인해 할 수 없을 경우는 실내놀이터 놀이로 대체한다.

(10) 귀가

귀가 전에 교사는 일과 중 특별히 전달해야 할 중요한 사항(영아의 기분 상태, 신체적 피로, 또래 간의 갈등 등)이나 기관에서 개별적으로 전달해야 할 사항(영아 건강검진 요청, 보육료 납부, 기타 행정적인 일 등)을 부모에게 전달한다. 개별 영아의 교육 활동, 식사, 배변과 관련된 사항은 알림장으로 전달한다.

영아를 보호자에게 인계하는 동안 보육실에 남아 있는 다른 영아들을 배려하여 인계 시간을 길게 하지 않는 것이 바람직하다. 귀가동의서에 기록된 보호자에게 인계하는 것을 원칙으로 하되 기록된 보호자 외에 다른 보호자가 영아를 데리러 온 경우 부모에게 확인한 후에 인계하도록 한다. 모든 원아가 귀가한 후에는 교재교구를 교구장에 정리하고 다음날 사용할 활동 자료를 점검한 후 보육실에 비치된 전기도구의 전원을 끄고 최종적으로 안전 점검을 한다.

2. 유아반의 일과 운영

1) 일과 운영 시 고려 사항

만 3~5세 유아를 위한 일과 운영은 일관성과 더불어 융통성 있게 운영되어야 한다. 영아반의 일과 운영과 같이 일과를 규칙적이고 반복적으로 진행하면서 당일 날씨, 계절, 행사, 유아의 건강 상태, 기관의 물리적 환경, 지역적 특성 등에 따라 미리 계획된 일과를 조금 수정하여 운영한다.

주제에 따라 활동 영역별로 놀이가 활발하게 이루어지고 여러 활동이 통합적으로 진행되도록 각 흥미 영역별로 적합한 자료를 비치하여 유아들이 자유롭게 하고 싶은 활동을 선택할 수 있게 한다. 실내외 자유놀이 시간에는 교사 주도적 활동보다는 유아 주도적 활동을 하도록 이끌어 주는 것이 필요하다. 유아–유아 간, 즉 또래 간 활동을 격려하고 유아–교사 간의 개별 활동이나 소집단 활동이 활발하게 이루어지도록 한다. 아울러 개별 활동과 대·소집단 활동, 정적 활동과 동적 활동이 균형 있게 이루어져야 한다. 교사는 해당 주의 교육·보육계획안에 따라 교재와 교구를 마련하고 활동별로 교사–유아, 유아–유아, 유아–교구 간 상호작용이 이루어지도록 교육적 환경을 구성하고 교수 전략을 수립하는 것이 필요하다.

연령이 어릴수록, 학기 초일수록, 유아의 개인차가 클수록 대·소집단 활동보다는 개별 활동 위주로 놀이를 하도록 안내하고, 대·소집단 활동을 할 경우, 교사가 일방적으로 이끌어 가기보다는 유아의 사전 경험이나 지식, 발달 수준, 흥미를 반영한 적절한 활동을 선정하여야 한다.

〈표 7-3〉 유아반(3, 4세반) 하루 일과의 예

시간		주요 일과	활동 내용
통합 보육	8:00~8:30	등원 및 오전 통합보육	• 보호자와 헤어지고 선생님, 친구들과 인사하기 • 개별적으로 활동 선택하여 놀기
기본 보육	8:30~11:05	오전 간식 및 오전 실내 자유놀이	• 오전 간식 먹기(9:00~9:30) • 쌓기, 역할, 언어, 수·과학, 음률, 미술 활동 등 여러 흥미 영역에서 이루어지는 자유놀이 • 놀잇감 정리정돈 및 화장실 다녀오기
	11:05~11:20	대·소집단 활동	• 새로운 자료 및 교구 소개 • 대집단 혹인 소집단 활동(3세/4세)
	11:20~12:00	오전 실외 자유놀이(오전 실내 놀이터 놀이)	• 물, 모래, 대근육, 탐색 등 흥미 영역에서 이루어지는 자유놀이 • 놀잇감 정리정돈 및 화장실 다녀오기
	12:00~13:00	점심 식사	• 스스로 먹기 • 즐겁게 먹기 • 골고루 먹기 • 먹은 자리 정리하기
	13:00~14:30	낮잠 및 휴식 조용한 놀이	• 양치 후 동화 듣기 • 조용한 음악 들으며 낮잠 혹은 휴식 • 조용한 놀이하기(그림 그리기, 그림책 보기 등)
	14:30~16:00	오후 간식 및 오후 실내외 자유놀이	• 양치 후 동화 듣기 • 조용한 음악 들으며 낮잠 혹은 휴식 • 조용한 놀이하기(그림 그리기, 그림책 보기 등)
연장 보육	16:00~17:30		• 오후 간식 먹기(14:30~15:00) • 실내 자유놀이 : 오전 활동의 확장 혹은 변형 • 실외 자유놀이 : 물, 모래, 대근육 활동 등 • 놀잇감 정리정돈 및 화장실 다녀오기 • 특별 활동: 음악, 신체활동, 영어 프로그램
	17:30~18:00	정리 및 저녁 식사	• 스스로 먹기 • 즐겁게 먹기 • 골고루 먹기 • 먹은 자리 정리하기
	18:00~20:00	오후 통합보육 귀가 준비 및 귀가	• 개별 혹은 소집단의 조용한 놀이 • 귀가 준비 • 선생님과 인사하고 보호자와 귀가

2) 일과 운영에 따른 교사의 역할

(1) 하루 일과 시작 전 교사의 준비 사항

일과가 시작되기 전에 교사는 교실 환경을 점검하고 당일 수업 자료를 점검하는 것이 필요하다. 즉 교실의 온도와 습도를 점검하고 환기시키고 위험 요소가 없는지 살펴보아야 한다. 그리고 각 흥미 영역별로 자료가 준비되었는지 확인한다.

(2) 등원

교사는 유아를 반갑게 맞이하고 유아와 눈을 마주치며 건강과 심리 상태를 파악하도록 한다. 부모가 교사에게 유아를 직접 인계하는 경우에는 유아의 심리적 상태나 유의할 사항에 대해 대화를 나눠 정보를 공유하고 필요한 경우 기록해 둔다. 이를 위해 부모에게 전달할 내용을 기입할 수 있는 메모판을 교실 내에 달아 둔다. 유아가 등원하면서 가지고 온 개인물품이 있으면 유아 스스로 개인 사물함에 옷, 가방, 소지품 등을 넣도록 지도한다.

(3) 실내 자유놀이

실내 자유놀이 또는 실내 자유선택 활동은 흥미 영역별로 준비된 활동을 유아가 스스로 선택하여 몰입함으로써 스스로 학습하는 것을 가능하게 한다. 이때 유아의 놀이 또는 활동이 교사가 계획한 주제와 다르게 진행되더라도 유아의 흥미와 요구를 인정한다. 교사는 유아의 흥미가 반영된 놀이나 활동을 수용하고 교사가 준비한 활동은 다음 기회에 제공한다. 유아들은 교구를 통한 활동뿐만 아니라 유아-유아, 유아-교사 간의 상호작용을 통해 의미 있고 효율적인 학습을 하고 인간관계를 경험한다. 유아는 놀잇감을 나누고 또래의 의견을 수용하고 갈등 상황을 해결하는 과정에서 자기조절력을 기르고 사회적 규칙을 익히게 된다.

실내 자유놀이 시간에는 통합적인 교육이 이루어지는데 각 흥미 영역에서의 놀이 경험을 통해 다양한 개념을 습득하고 신체, 인지, 언어, 정서, 사회성 발달이 통합적으로 이루어진다. 실내 자유놀이 시간에 교사의 역할은 다음과 같다.

- 놀이 공간의 크기, 유아의 연령, 학기 초, 중, 후반을 고려하여 각 흥미 영역의 종류와 수를 적절히 조절하여 배치한다.
- 유아의 흥미와 수준을 고려하여 교재교구를 준비하여 제공한다.
- 해당 주제에 맞춰 각 흥미 영역에 준비된 활동에 대한 소개를 한다. 그렇지만 놀이 소개를 매일 반복적으로 할 필요는 없다.
- 유아가 능동적으로 놀이 계획을 하여 놀이를 스스로 선택할 수 있도록 도움을 주고 놀이 계획이 어려운 유아는 교사가 흥미 영역을 함께 다니면서 놀이를 선택할 수 있도록 도와준다.
- 계획된 놀이나 활동과 다른 놀이가 나타날 경우 교사가 의도적으로 계획된 놀이로 유도하기보다 유아의 의도를 파악하여 새롭게 전환된 놀이나 활동에 필요한 교재교구를 마련해 준다.
- 흥미 영역에서 활동하고 있는 유아들을 관찰하고 적절한 개입이나 중재가 필요할 경우 개입을 하여 상호작용을 하지만 유아들 간에 놀이가 활발하게 이루어지면 개입보다 관찰하면서 놀이 진행 상황을 지켜본다.
- 필요한 경우 놀이에 참여하거나 개입하여 놀이를 확장하고 적극적인 상호작용을 한다. 그리고 유아가 도움을 요청하면 즉각적으로 반응하여 도와준다.
- 교사가 유아의 활동을 바라보는 것만으로도 유아 자신이 하는 활동이 의미있고 가치 있다는 것을 유아에게 전달하는 효과가 있으므로 수용적이고 긍정적인 반응(말없이 미소 짓기, 쓰다듬어 주기, 껴안아 주기, 엄지 들어 보이기 등)을 보여 준다.
- 세심한 관찰을 통해 각 유아의 흥미 영역 참여 패턴을 파악하여 다양한 놀이 활동에 참여하도록 격려하고 놀이에 참여하지 못하는 유아가 있으면 교사가 놀이 상대가 되어 놀이 참여를 촉진한다.

- 1~2가지 흥미 영역에 유아들이 지나치게 몰릴 경우 각 영역별 적정 인원수를 정하기보다는 유아들이 한두 개의 흥미 영역에 몰리지 않도록 유아의 관심을 끌 수 있게 다른 흥미 영역의 활동을 소개한다.
- 놀잇감 소유, 의견 대립 등으로 유아들 간에 갈등이 생기는 경우 교사는 유아들이 스스로 문제해결을 하도록 유도한다.
- 교사는 항상 교실 전체를 파악하고 있어야 한다. 즉 특정 영역에 머무르면서도 다른 영역에서 일어나는 일들을 주의 깊게 관찰하여 도움이 필요한 경우 즉각적으로 반응하도록 한다.

(4) 대·소집단 활동

대집단 활동은 주로 이야기 나누기 시간으로 하루 일과를 계획하고 평가하기, 새로운 주제와 놀이 활동 소개, 학급에서 생긴 일에 대한 토의, 집단게임 등 다양하게 진행된다. 대집단 활동을 통해 유아들은 자신의 생각과 의견을 적절하게 표현하고 타인의 의견을 귀 기울여 듣는 태도를 형성하고 다른 사람의 생각을 이해하고 수용하는 능력을 기른다.

대집단 활동은 유아반에서만 실시하도록 하며 대집단 활동의 종류에 따라 시간과 활동 방법을 융통성 있게 조절할 수 있는데 만 3, 4세는 15~20분, 만 5세는 필요에 따라 좀 더 길게 진행하는 것도 가능하다. 대집단 활동은 오전과 오후 총 2회를 넘지 않도록 하고 유아의 집중 시간을 고려하여 시간이 길어지지 않도록 유의한다. 연령이 어릴수록 학기 초에는 소집단 위주로 활동을 진행하고 학기 중간 이후부터 대집단 활동의 수를 늘려 가는 것이 바람직하다.

혼합 연령반의 경우 활동의 유형과 난이도를 고려하여 동일 연령 또는 혼합 연령으로 집단을 구성하기도 한다. 교사가 2명인 경우 헤드교사가 활동을 주도하고 다른 교사는 유아들과 함께 참여해서 활동이 잘 진행되도록 도움을 준다. 대집단 활동을 할 경우는 교실의 공간, 활동의 내용, 유아들의 특성에 따라 반원형, 원형, 두 줄 반원형 등으로 자리 배치를 하며 교사만 의자에 앉고 유아들을 바닥에 앉히지 않도록 유의한다. 집단 활동에 참여하기 원하지 않는 유아를 강제로 참여시키지 않으며 집단 활동을 지켜보게 한다. 그리고 산만한 행동으로 집단 활동을 방해하는 유아에게는 대답할 기회나 참여할 기회를 제공하여 집단 활동에 관심을 갖게 한다. 집단 활동에서 교사가 일방적으로 지시하여 활동을 이끌어 가기보다는 유아의 의견을 적절하게 수용하는 것도 필요하다.

(5) 실외 자유놀이 또는 실외 활동

실외놀이터 놀이, 산책과 같은 실외 활동은 계절과 날씨, 유아들의 컨디션 등을 고려하여 융통성 있게 진행한다. 실외놀이터는 정적 활동 영역과 동적 활동 영역으로 구성하되 전체 공간의 1/3은 정적 활동을 위한 공간으로 확보한다. 실외놀이터는 물·모래놀이 영역, 운동놀이 영역, 목공놀이 영역, 동식물 기르기 영역, 조용한 놀이 영역으로 구성하며 영역별로 활동을 계획하여 실행한다.

교사는 실내 자유놀이와 마찬가지로 실외놀이터에서도 유아들의 놀이가 활발하게 이루어지도록 놀이를 촉진하고 상호작용하도록 한다. 실외놀이터에서 전체 유아들의 놀이 활동을 볼 수 있어야 하고 순간적으로 발생할 수 있는 안전사고를 예방하기 위해 항상 주의를 기울여야 한다. 실외놀이터 놀이기구를 안전하게 사용하는 법에 대해 유아들끼리 이야기를 나눈 후 규칙을 정하고 합의하여 실천하도록 지도한다. 그리고 실외놀이터에서 여러 명이 동시에 이용하는 선호도가 높은 놀이기구나 시설은 이용 시간과 횟수를 정하여 모든 유아가 골고루 사용할 수 있게 지도한다.

산책 시에는 유아들에게 주의해야 할 사항을 주지시키고 산책 전, 산책 중간, 산책 후에는 반드시 인원 점검을 하고 수시로 인원 파악을 하도록 한다. 산책할 때 인원 점검 방법으로 교사가 두 명 이상인 경우, 각각의 교사는 자신이 맡은 유아의 수를 크게 말하여 전달함으로써 교사들 간 교차 점검을 하도록 한다. 차도 옆 인도로 산책을 할 경우 유아들의 안전을 위해 교사는 차도 쪽으로 걷고 유아들은 차도에서 먼 안쪽으로 걸을 수 있도록 배려한다.

실외놀이터가 없거나 계절 및 날씨로 인해 실외 활동이 불가능할 경우는 대체 활동으로 실내놀이터 놀이를 하게 된다. 이때 유아들에게 필요한 신체 교구를 준비하고 놀이 활동을 미리 계획하여 다양하게 신체를 움직이는 경험을 하게 한다.

(6) 정리정돈 및 전이

교사는 유아들과 정리정돈의 필요성, 정리정돈 방법, 정리정돈 순서에 대해 이야기를 나누어 정리정돈에 대한 인식을 길러 준다. 일반적으로 정리정돈 시간 5분 전에 하던 놀이를 마무리하고 정리를 할 시간이 다가온다는 것을 알려 주어 유아들이 새로운 놀이를 시작하지 않게 하고 다음 일과를 예측할 수 있게 한다. 그렇지만 정리 시간이 임박한 데도 유아들이 놀이에 몰입하여 정리가 힘들 것으로 판단되면 놀이 시간을 조금 연장하여 유아들이 놀이를 충분히 즐기게 한다. 정리 시간이 되었지만 마무리를 못한 활동이 있고 유아들이 그 활동을 계속하길 원하면 오후 자유놀이 시간에 다시 할 수 있도록 치우지 않는다. 예를 들면 블록 영역에서 만든 구조물을 그대로 두길 원하는 경우 공간이 부족하지 않으면 그대로 둔다. 그렇지만 낮잠을 위한 공간 부족으로 완성된 작품을 해체해야 할 경우, 사진을 찍어 블록 영역에 게시하여 유아들이 완성된 구조물을 다시 볼 수 있도록 한다.

정리 시간임을 알려 주기 위해 노래를 하거나 악기로 간단한 연주를 하거나 일정한 소리를 들려준다. 놀잇감을 정리할 때 모양, 크기, 색 등의 분류 개념을 활용하여 정리할 수 있도록 관련 용어를 사용한다. 정리 시간에 정리하는 것을 거부하거나 참여하지 않는 유아들에게는 정리용 바구니를 제공하여 교사가 정리할 물건과 수를 알려 주어 정리정돈에 관심을 가지도록 유도한다. 정리정돈을 마친 후 다음 일과를 위해 전이를 해야 할 경우 교사들 간에 역할을 분담하여 전이가 효율적으로 이루어지게 한다. 해당 주에 헤드교사는 다음 일과로 전이를 마친 유아들을 대상으로 손유희, 노래, 수수께끼 맞추기 등을 하면서 아직 전이를 마치지 못한 유아들을 기다린다. 또 다른 교사는 전이를 하지 못한 유아들의 전이를 돕는다.

(7) 간식 및 점심 식사

간식 및 점심 식사 시간은 편안한 분위기에서 대화를 나누며 즐겁게 식사를 할 수 있어야 한다. 기관마다 점심 식사 시간이 다양하지만 점심 식사 시간과 아침 간식 시간의 간격을 고려하여 아침 간식의 양을 적절하게 제공한다. 간식이나 식사 전에는 유아들이 손 씻기를 하도록 안내하고 테이블을 소독액으로 닦고 배식을 한다. 배식할 때는 교사가 일회용 장갑을 끼고 음식별로 집게를 따로 사용하여 적절한 양을 배식한다. 음식을 제공할 때는 유아들이 먹기 좋은 크기와 형태의 음식을 준비하고 유아들이 보는 앞에서 가위를 사용하여 음식을 잘라 주지 않도록 주의한다.

간식을 마친 후에는 유아가 스스로 간식 그릇을 정리할 수 있게 한다. 또한 유아가 점심 배식과정에 참여할 수 있는 기회를 제공하고 점심 식사를 마친 후에 식판을 스스로 정리할 수 있도록 지도한다. 먼저 점심 식사를 마친 유아는 교실의 언어 영역과 같은 정해진 장소에서 책을 보거나 조용한 놀이를 하면서 다른 또래들이 식사를 마칠 때까지 기다린다. 별도의 식당이 있는 곳에서 식사를 마친 유아는 대기 장소에서 그림책을 보면서 기다리고 모든 유아가 식사를 마치면 한 반이 함께 이동하도록 한다. 점심 식사 후 교사는 양치질 지도를 하고 투약 의뢰가 있는 유아들에게 투약한다.

(8) 낮잠

영아와 동일한 이유로 유아에게도 낮잠이 필요하다. 낮잠을 위해 교사는 교실이나 보육실의 온도, 습도 및 조명을 적절하게 조절한다. 유아반의 경우 여아와 남아의 잠자리를 구분하여 배치하도록 한다. 그리고 유아가 잠자리에 들기 전에 간편한 옷으로 갈아입고 자신의 낮잠 매트를 찾아 눕도록 지도한다. 유아가 놀이 시간에 또래와 갈등을 겪었거나 기분이 상한 일이 있었을 경우 교사가 잠을 재워 주면서 위로해 준다. 낮잠에서 깬 후 스스로 겉옷을 입고 이불과 베개를 정리하도록 지도한다.

(9) 오후 실내외 자유놀이

오후 실내외 자유놀이는 오전에 실시하지 못한 활동을 다시 하거나 오전 활동에서 확장된 활동이나 심화 활동을 할 수 있다.

(10) 귀가

유아반에서는 오전 활동을 마친 후나 귀가 전에 하루 동안 했던 놀이나 활동에 대한 평가를 하는 시간을 5~10분 정도 갖는다. 하루 일과를 평가한 다음에는 다음날 계획된 활동을 소개하여 유아들이 기대를 갖고 귀가할 수 있게 지도한다.

하원 때는 유아의 개인 소지품이나 작품, 세탁할 옷, 부모에게 전달해야 할 가정통신문이나 기타 서류를 개별 원아의 가방에 넣어 부모에게 전달하도록 한다. 담임교사는 해당 유아가 그날 가장 재미있게 한 놀이 활동이나 유아의 기분, 건강 상태, 또래관계, 그 이외에 전달해야 할 사항을 전달한다. 일정 시간대에 유아들의 하원이 계속 이어지는 경우 담임교사가 부모를 응대하면서 교실에 남은 유아들에게 소홀하기 쉬워 안전사고가 생길 위험이 있으므로 이점에 유의하도록 한다. 부모 이외 다른 사람이 귀가를 시킬 경우, 교사는 부모에게 이를 확인하고 유아를 인계한다. 모든 유아들이 귀가하고 나면 교사는 교실에 대해 최종 안전 점검을 하고 다음날 교육 활동 자료를 준비하여 배치한다.

C·H·A·P·T·E·R

08

환경 구성

유아교육기관의 물리적 환경은 단순히 물리적 공간을 의미하는 것이 아니고 영유아들이 탐색 활동과 놀이를 활발하게 할 수 있도록 편안하고 발달에 적합하게 준비된 환경이다. 물리적 환경은 크게 실내 환경과 실외 환경으로 나누어지며 실내 환경은 흥미 영역으로 구성되고 실외 환경 역시 신체활동을 할 수 있는 다양한 놀이시설과 도구가 비치되어 있고 흥미 영역으로 구성된다.

영유아의 발달에 적합한 실내 환경과 실외 환경은 영유아가 주도적으로 놀이를 하고자 하는 동기를 부여하여 각 놀이 활동에 설정된 교육 목표를 달성하는 데 도움을 준다. 유아교육기관은 교육뿐만 아니라 보호도 함께해야 하므로 건강하고 위생적이며 안전한 환경을 유지해야 한다. 실내외 환경 구성 시 유의해야 할 사항은 다음과 같다(Eliason & Jenkins, 2008).

- 시설과 자료들은 영유아의 신체 크기와 키에 맞아야 한다.
- 교실을 잘 조직하고 어수선하지 않게 정돈해야 한다.
- 교실을 구성할 때 영유아들의 움직임을 고려하여 안전하고 건강한 환경을 만든다.
- 대근육 발달을 위한 시설을 실내와 실외에 모두 설치한다.
- 교실과 실외 영역은 청결해야 한다.
- 교실을 질서 있게 사용하면서도 흥미를 유발하는 영역과 자료를 필요에 따라 변화시켜 제공한다.
- 교사가 교실 영역 전체를 한눈에 볼 수 있도록 흥미 영역 구분을 위한 교구장은 뚫린 교구장으로 배치한다.
- 교육 목표에 적합하게 흥미 영역을 배치하고 자료를 제공한다.
- 충분하고 다양한 교재교구를 선택한다.
- 필요에 따라 공간을 활용할 수 있도록 공간의 배치를 전환 가능하도록 구성한다.
- 지역문화가 반영되도록 교실 환경을 꾸민다.
- 시설과 자료를 체계적으로 정리하고 보관해야 한다.

1. 실내 환경 구성

유아교육기관의 실내 환경은 일상생활 영역과 흥미 영역으로 구성된다. 일상생활 영역은 생리적 욕구 충족을 위해 필요한 공간으로 수유 등의 식사를 위한 공간, 기저귀 갈이를 위한 공간, 잠자는 공간 및 휴식을 위한 공간이다. 교실 내 흥미 영역은 활동 특성에 따라 영역을 구분한 공간으로 영유아들이 선호하는 영역에서 활동을 선택하여 자발적으로 놀이할 수 있게 하는 공간이다.

일상생활 영역과 흥미 영역의 경계가 분명한 것이 바람직하나 교실 내 공간의 여유가 없는 경우 식사 공간과 낮잠 공간은 흥미 영역과 함께 사용한다. 즉 점심 식사 시간과 낮잠 시간에는 흥미 영역의 일부 공간이나 전체 공간을 점심 식사와 낮잠을 위한 공간으로 활용 가능하다. 흥미 영역은 교실 크기, 영유아의 흥미와 발달 수준, 연령, 프로그램의 특성에 따라 융통성 있게 배치할 수 있으며 흥미 영역의 종류로는 신체 영역, 표현 영역, 쌓기놀이 영역, 역할놀이 영역, 언어 영역, 수·조작 영역, 과학 영역, 미술 영역, 음률 영역, 물·모래 영역, 목공 영역, 컴퓨터 영역 등이 있다. 연령이 어릴수록 흥미 영역의 수가 적고 두 가지 영역을 통합하여 영역을 구성하기도 해 영역 간의 경계가 불분명하며, 연령이 높아질수록 흥미 영역의 수가 많아지는 동시에 각 영역의 특성이 분명히 드러난다. 교실 내 물리적 환경으로 흥미 영역 외에 영유아의 개인 사물함이 있다. 사물함은 교실의 출입문 가까이 배치하고 공간이 부족하면 복도를 활용하기도 한다.

흥미 영역을 구성할 때는 몇 가지 원칙에 따른다.

- 흥미 영역은 활동적이고 건조한 영역, 조용하고 건조한 영역, 활동적이고 물이 있는 영역, 조용하고 물이 있는 영역 등의 네 가지 영역으로 구분한다. 각 영역의 특성을 고려한 영역 구분의 예는 〈그림 8-1〉과 같다. 쌓기놀이 영역, 역할놀이 영역, 음률 영역은 활동적인 영역에 배치하고 과학 영역, 미술 영역, 수·조작 영역, 언어 영역, 그리고 컴퓨터 영역은 정적인 영역에 배치한다.

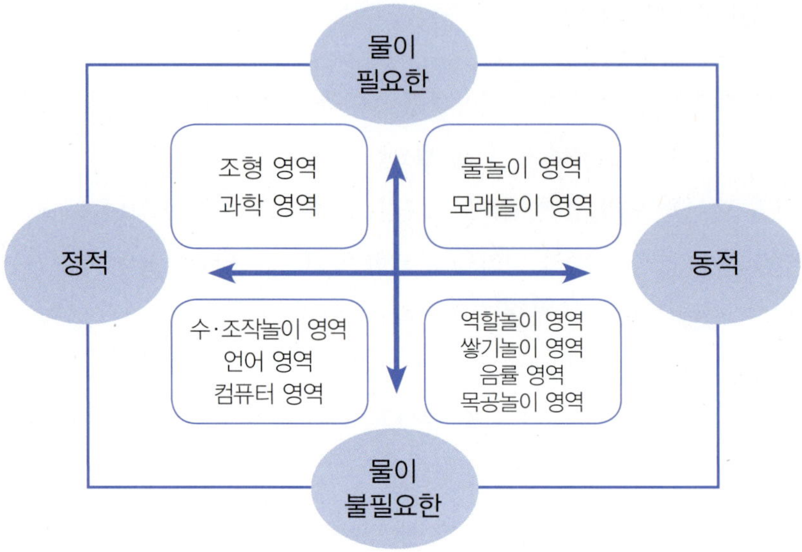

〈그림 8-1〉 흥미 영역 구성 원리에 따른 배치

출처: 엄정애(2009). 영유아 놀이와 교육. 199쪽에서 발췌.

- 서로 관련된 영역은 인접하여 가까이 배치한다. 예를 들면 쌓기놀이 영역과 역할놀이 영역을 인접하여 배치하는데 쌓기놀이 영역에서 역할놀이를 위한 구조물이나 배경을 만든 후 역할놀이로 이어지기 때문에 두 영역을 가까이 배치한다.
- 영유아의 놀이가 방해받지 않을 만큼의 공간으로 구성한다. 영유아가 방해받지 않고 놀이할 수 있는 최소 크기를 살펴보면 만 0~1세반은 1~2명 이상이 함께 놀이할 수 있는 공간이고, 만 2세반은 2~3명 이상, 만 3~5세반은 3~4명이 함께 놀이할 수 있는 크기의 공간이 필요하다.
- 교구장을 이용하여 영역별 경계를 나누고 통로와 동선이 적절한지 검토한다. 교구장을 이용한 영역 구분은 유아반에서 주로 이루어지고 흥미 영역 수가 상대적으로 적은 영아반에서는 벽면으로 돌아가면서 영역을 구분하고 교구

장을 사용하여 영역을 구분을 하는 것을 지양한다.

- 교실 내 채광과 통풍을 고려하여 배치한다.
- 모든 흥미 영역이 교사의 시야에 들어올 수 있도록 하고 사각지대가 있어서는 안 된다. 즉 영역 간 경계를 구분하는 교구장으로 인해 어떤 영역에서 놀이하는 영유아의 모습을 보지 못하는 경우가 생길 수 있으므로 이럴 경우 뚫린 교구장을 이용한다.
- 각 흥미 영역의 이름을 그림과 글자로 표시하여 영유아들이 흥미 영역에 대해 이해할 수 있게 한다.

1) 영아반의 흥미 영역 구성

영아를 위한 공간은 일상생활 영역이 차지하는 비중이 크며 안전하고 청결한 환경을 필요로 한다. 영아는 발달상 월령에 따른 개인차가 유아보다 훨씬 크므로 개별 영아의 생리적 리듬, 배변 상황, 신체 발달 등을 고려하여 일상생활 영역과 흥미 영역을 구성하여야 한다.

0~만 2세 영아기에는 신체적 성장이 급속히 일어나는 시기이며 운동 기능도 기기, 걷기, 뛰기, 달리기와 같은 대근육 운동 기술과 물체를 조작하는 소근육 운동 기술이 활발하게 발달한다. 따라서 대소근육 움직임을 경험할 수 있도록 신체 영역이 필요하다. 그리고 감각과 지각 발달로 인해 오감을 충분히 경험할 수 있는 환경을 마련해 주는 것도 필요하다. 인지적 성장도 영아기에 급속히 발달하는데 특히 만 2세에 사람이나 사물이 보이지 않아도 어딘가에 항상 존재한다는 대상영속성 개념을 획득하는 것이 중요한 과제이다. 이 시기는 의사소통을 위한 다양한 몸짓이 나타나고 언어 발달로 인해 어휘 폭발이 일어나는 시기이다. 따라서 언어 발달을 도와주는 환경 구성이 필요하다. 영아는 최초로 부모와 애착을 형성하고 이후 형제, 또래, 기관의 교사와 사회적 관계를 형성하고 상호작용을 한다. 따라서 정서적으로 안정감을 주고 편안하게 사회적 관계를 맺는 기회를 경험할 수 있

는 환경을 제공해야 한다.

영아를 위한 흥미 영역을 배치할 때는 각 영역의 공간의 크기를 정해야 하며 흥미 영역의 성격을 고려해야 한다. 즉 그 영역에서의 놀이가 조용한 놀이인지 소음이 발생하는 놀이인지를 구분해야 한다. 조용한 놀이와 소음이 발생하는 영역을 인접하여 배치하지 않고 가능하면 거리를 멀리 두는 것이 좋다. 신체 영역과 표현 영역의 공간은 다른 영역에 비해 커야 영아가 자유롭게 움직이고 신체표현을 할 수 있다. 다음으로 물이 필요한 영역인지 건조한 영역인지를 살펴봐야 한다. 즉 만 2세의 경우 물을 사용한 미술 활동을 하는 경우 표현 영역을 물을 사용하는 곳과 가까운 곳에 배치하면 좋다. 교사는 영아들이 놀이하는 모습을 한눈에 파악할 수 있도록 흥미 영역을 배치하고 각 영역에 놀잇감을 준비할 때는 영아가 놀잇감을 쉽게 사용하고 정리할 수 있도록 적합한 위치를 정해야 한다.

모든 영아 연령에 기저귀 갈이 영역과 같은 기본생활 영역은 공통적으로 들어가며 흥미 영역은 연령이 높아지면서 그 수가 늘어난다. 0세반은 신체 영역, 언어 영역, 감각·탐색 영역으로 구성하고 만 1세반은 신체 영역(쌓기놀이 영역 포함하기도 함), 언어 영역, 감각·탐색 영역, 표현 영역(미술 영역, 음률 영역, 역할놀이 영역 통합)으로 구성한다. 만 2세반의 경우 신체 영역, 언어 영역, 감각·탐색 영역, 표현 영역(미술 영역, 음률 영역 통합), 쌓기 및 역할놀이 영역으로 구성한다. 영아가 어떤 한 흥미 영역에 지속적으로 관심을 보이지 않을 경우 다른 영역과 통합하는 것이 가능하다. 때로는 놀이 또는 활동의 성격에 따라 흥미 영역의 경계를 허물어 공간을 바꾸거나 옮길 필요가 있다. 또한 공간이 협소하거나 충분하지 않으면 영아의 흥미 여부에 따라 영역 간 통합이 이루어지듯이 유사한 성격의 활동이 이루어지는 영역을 통합하여 구성한다.

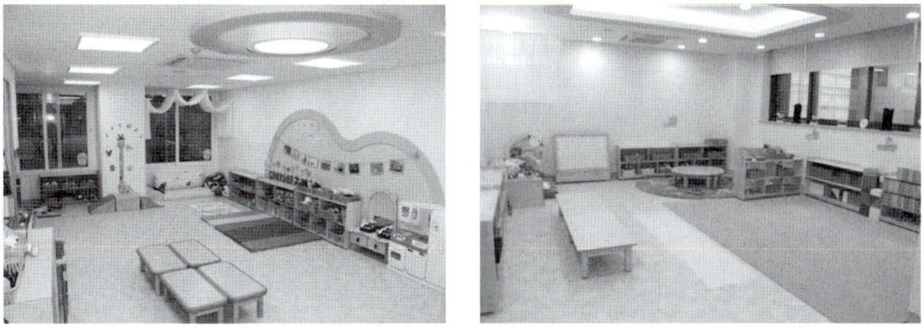

영아반의 모습

영아의 발달 특성을 고려한 영아반의 실내 흥미 영역 구성을 구체적으로 살펴보면 다음과 같다.

(1) 기본생활 영역

0~1세반에는 기저귀를 가는 영역이 따로 설치되어 있다. 이 공간은 물을 사용하는 곳과 인접해 있으며 기저귀 갈기에 필요한 용품을 함께 마련한다. 영아가 어릴수록 이 영역에 영아의 흥미를 끌 수 있는 인형이나 모빌, 거울 등을 비치하면 좋다.

(2) 신체 영역

안전하게 달리기, 구르기, 던지기, 오르기 등의 활동적 놀이를 할 수 있는 놀잇감과 밀고 당기는 놀잇감, 탈 수 있는 놀잇감, 바퀴 달린 놀잇감, 커다란 블록, 여러 가지 인형과 놀이용 카트, 다양한 종류의 공, 안전 거울 등을 준비한다. 그리고 영아의 안전을 위해 스펀지 매트나 충격 흡수 카펫을 깔아 준다. 만 1세반의 경우 신체 영역에 쌓기 활동을 할 수 있는 블록과 공간을 마련한다.

영아반 신체 영역의 예

(3) 언어 영역

언어 영역은 소음이 나는 영역과 거리를 두어야 하며 밝은 곳에 배치한다. 언어 영역에서는 영아가 편안하게 그림책을 보고 휴식을 취할 수 있도록 아늑한 분위를 만들어 주는 것이 필요하다. 휴식을 취할 수 있도록 매트를 깔아 주고 쿠션을 준비하는 것도 좋고 작은 소파를 마련해 주어도 좋다. 언어 발달을 도와주는 자료로 영아용 책꽂이, 다양한 질감(헝겊, 비닐, 촉감책, 하드커버)의 작은 크기의 책, 인형(손인형, 봉제인형, 손가락 인형, 막대인형), 영아의 일상을 소재로 하는 그림이나 사진 자료, 간단한 필기도구와 듣기 자료도 준비해 준다.

영아반 언어 영역의 예

(4) 감각·탐색 영역

감각·탐색 영역은 조용한 놀이를 하는 흥미 영역과 가까이 배치한다. 이 영역에서는 관찰과 오감을 통한 감각적 경험을 할 수 있도록 하고 영아가 소근육을 조작할 기회를 제공한다. 영아가 스스로 조작할 수 있는 놀잇감을 마련하고 관찰을 위해 다양한 사물이나 실물 자료를 제공한다. 즉 관찰과 탐색을 통해 모양, 질감, 촉감 등을 경험할 수 있도록 한다. 영아용 탐색 놀잇감은 특별히 안전에 유의하여 선택하고 수시로 관리하여야 한다. 놀잇감을 자주 입으로 가져가는 영아의 특성을 고려하여 입에 넣어도 될 정도로 유해 성분이 없고, 삼킬 수 없는 크기(직경 3.5cm 이상)여야 한다.

만 1세 영아에게는 영아용 끼우기 블록이 구성물의 의미보다는 소근육 조작 능력, 눈과 손의 협응 능력 발달에 도움이 된다. 만 2세반에는 만져 볼 수 있는 자연물을 비치하여 보고, 만지면서 느껴 보도록 한다. 놀잇감으로는 분리하고 합칠 수 있는 조작 놀잇감, 꼭지 퍼즐, 쉽게 빼고 끼울 수 있는 퍼즐, 찰흙과 밀가루 반죽 등이 있다.

영아반 감각·탐색 영역의 예

(5) 표현 영역

영아반의 표현 영역은 음률 활동, 미술 활동, 역할놀이를 할 수 있는 공간을 의미한다. 만 1세의 경우 세 영역을 통합하고, 만 2세부터 음률 영역과 미술 영역을 통합하고, 역할 및 쌓기놀이 영역을 따로 구분하여 구성하기도 한다. 따라서 미술 재료를 탐색하고 리듬 악기를 다루어 보고 노래 부르기와 흉내 내기와 같은 단순한 수준의 상상놀이를 하는 공간이다.

영아의 미술 활동은 결과물이나 작품보다는 조형 활동 자료의 속성을 탐색할 기회를 제공한다. 따라서 각 자료를 반복 사용해 볼 수 있도록 제시한다. 역할놀이 영역에는 일상생활에서 일어나는 상황을 흉내 내면서 상상놀이를 해 볼 수 있도록 실제 사물과 유사한 놀잇감 제공한다. 음률 활동을 위해서는 영아가 쉽게 두드리고 흔들어 소리 낼 수 있는 리듬 악기를 배치하고 음률 활동과 더불어 신체표현이 이루어지므로 신체 영역과 인접하여 배치하는 것이 바람직하다. 또한 영아의 작품을 영아의 눈높이에서 전시할 수 있는 공간도 필요하다

표현 활동을 위한 자료로는 크레용, 사인펜, 색연필, 여러 종류의 종이, 테이프, 풀, 안전 가위, 다양한 그림 및 사진 자료, 리듬 악기, 녹음기와 다양한 장르의 음악 CD, 리본 막대, 물·모래놀이 도구, 각종 인형과 인형 침대, 포대기, 우유병, 모형 씽크대, 냉장고, 각종 주방용품, 모형 음식, 옷장, 화장대, 각종 모자, 역할놀이용 의상 등이 있다.

영아반 표현 영역의 예

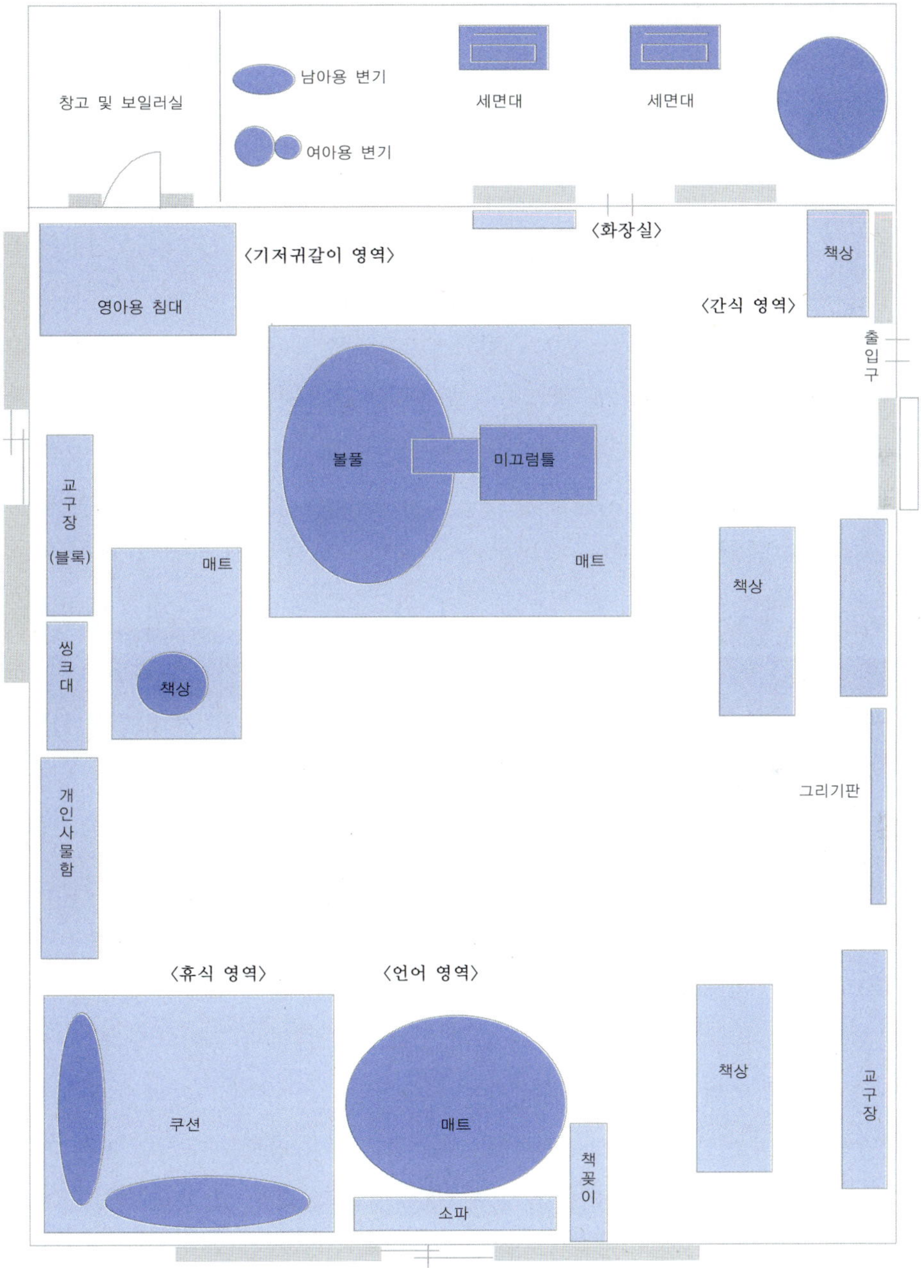

〈그림 8-2〉 만 1세반 실내 흥미 영역 배치도

2) 유아반의 흥미 영역 구성

유아기가 되면 자율성이 발달하면서 혼자 식사하기, 옷 입기, 대소변 가리기 등 스스로 할 수 있는 일이 많아진다. 유아는 대근육뿐만 아니라 소근육이 발달하면서 신체활동이 더욱 활발해진다. 표상 능력이 발달하면서 상징놀이가 정교화되고 어휘 발달과 더불어 문장 구성 능력도 발달한다. 아직은 자기중심적 성향이 강하기는 하나 역할놀이를 통해 다른 사람을 이해하고 타인의 감정을 지각하고 감정이입이 가능하게 된다. 즉 유아는 자기중심성에서 점차 벗어나면서 타인에 대해 이해하고, 또래에 관심이 높아지면서 친사회적 행동이 나타난다. 그러므로 다른 사람의 입장을 고려해 보도록 이야기 나누기, 문제 상황 인형극, 관련 동화책 등을 활용하는 것이 좋다. 이 시기에는 도덕적 판단을 하는 것이 가능해 지켜야 하는 약속 및 사회적 규칙을 이해하게 되기 때문에 자신이 선택한 놀잇감을 가지고 충분히 논 후에 제자리에 정리할 수 있다. 선호하는 친구가 생기면서 협력하고 타협하는 경험을 통해 자연스럽게 또래관계가 형성되고 사회성이 발달한다.

유아는 스스로 흥미 있는 놀이를 선택하여 주도적으로 놀이를 하면서 몰입하는 경험을 하게 된다. 이러한 놀이 몰입 경험은 유아가 이후 지루하고 반복적인 어려운 과제를 해결하기 위해 집중하는 데 도움이 된다. 또한 유아가 각 흥미 영역에서 스스로 활동을 선택함으로써 의사 결정 능력과 자율성이 증진되기도 한다. 따라서 교실 내 다양한 흥미 영역을 구성하여 유아가 개별 활동과 소집단 활동에 집중하고 즐길 수 있도록 각 영역에 적합한 교구와 교재를 준비해 주는 것이 필요하다.

흥미 영역의 배치 기준은 영아반 흥미 영역 배치 기준과 동일하다. 유아반의 경우 영아반에 비해 각 유아의 개별적인 활동과 소집단 활동 및 대집단 활동들이 활발하게 이루어질 수 있도록 공간을 구성한다. 흥미 영역을 구성할 때는 각 영역의 특성과 소음 정도를 고려하여 영역 간 방해가 되지 않고 서로 관련된 영역을 인접하여 배치하고 유아의 이동 통로를 고려하는 동시에 각 영역에서 활동하는 유아들이 방해받지 않도록 해야 한다. 유아반에서는 흥미 영역의 수가 많아 영아반과 달리 가구(책꽂이, 교구장 및 칸막이)로 각 놀이 영역을 구분하고 흥미 영역과 놀잇감을 글씨와 그림으로 표시한다.

흥미 영역의 위치는 고정된 것이 아니라 필요에 따라 변경이 가능하다. 그렇지만 너무 자주 변경하는 것은 바람직하지 않다. 또한 유아가 지속적으로 흥미를 보이지 않는 영역을 다른 영역과 통합할 수 있다. 때때로 유아의 놀이나 활동이 교실 밖의 공간으로 확장되는 경우가 생기기도 한다. 이럴 경우 교실 외 공간으로 복도나 계단, 빈 공간의 안전 상태를 점검한 후 놀이 공간으로 이용할 수 있다.

각 영역에 적절한 놀잇감과 공간을 확보해야 유아가 놀이에 몰두하여 수준 높은 놀이로 발전할 가능성이 높아진다. 또한 유아의 활동 결과물이나 작품을 전시할 공간도 마련하고 모든 책상이나 의자, 교구장은 유아의 신체 크기에 맞춰 배치한다.

유아반의 모습

(1) 역할놀이 영역

역할놀이 영역 구성 시 여러 영유아가 함께 놀이할 수 있도록 충분한 공간을 마련하는 것이 좋다. 역할놀이 영역과 쌓기놀이 영역은 연계된 놀이가 발생하므로 근접하여 배치한다. 그림이나 사진 등을 이 영역 벽면에 게시하여 역할놀이를 격려하고 이야기를 끌어낼 수 있는 환경을 조성하는 것이 중요하다.

역할놀이 영역에 자신의 모습을 비춰 볼 수 있는 거울을 설치하고 역할, 직업을 상징하는 역할의상과 소품을 기본 교구로 제시한다. 이 외에 음식 모형, 가정에서 사용하던 화장품통, 신발, 모자, 인형, 옷 등의 생활소품을 제공한다.

유아반 역할놀이 영역의 예

(2) 쌓기놀이 영역

쌓기놀이 영역을 구성할 때는 충분한 공간이 확보되도록 하고 다른 영역과의 경계를 분명히 하여 영역 간 서로 방해가 되지 않도록 한다. 그렇지만 역할놀이 영역과 쌓기놀이 영역은 연계된 놀이가 발생할 가능성이 높으므로 근접하여 배치하고, 통합놀이가 이루어질 때는 두 영역을 공간적으로 통합하는 것도 가능하다.

쌓기에 지장이 없으면서 소음을 흡수해 줄 수 있는 카펫을 까는 것이 소음 방지에 도움이 된다. 그리고 블록을 종류, 모양, 색깔에 따라 보관하도록 여러 칸으로 구분된 수납장을 사용하고 유아 스스로 블록을 정돈할 수 있도록 교구장에 블록의 모형 그림을 부착하고 블록은 한 종류당 충분한 양을 제공해야 한다. 다양한 종류의 블록, 즉 유니트 블록, 우레탄 블록, 속 빈 블록, 와플 블록, 눈송이 블록을 제공하고 연결용 경사로, 각종 모형차, 동물, 비행기, 사람 모형의 소품도 제공한다.

유아반 쌓기놀이 영역의 예

(3) 수·과학 영역

수·과학 영역은 언어 영역과 같이 조용한 곳에 위치하여 다양한 자연물과 사물을 관찰하고 실험할 수 있는 공간을 의미한다. 이 영역에는 유아가 직접 관찰하고 조작할 수 있는 다양한 자연물과 실물을 자료로 비치하여 관찰 활동을 격려한다. 동식물을 선정할 때 유아의 흥미와 의견을 고려함과 동시에 감염 등의 위험이 없는지를 점검할 필요가 있다. 식물이나 관찰물은 햇볕이 잘 드는 곳에 두고, 동물의 특성을 파악하여 적절한 환경을 마련해 주는 것이 필요하며 동식물을 키우는 과정에 유아가 참여하도록 해야 한다.

유아는 다양한 자연물과 사물을 가지고 놀면서 크기, 형태, 부피, 세기, 분류, 서열, 공간, 비교, 측정의 수학적 개념을 경험하게 된다. 과학 영역에는 화분, 동식물을 기르기 위한 자료, 씨앗, 곡식, 돌, 솔방울과 같은 탐색 자료, 거울, 확대경, 자석, 프리즘 등의 관찰 자료, 저울, 컵, 온도계, 체중계 등의 측정 자료 등을 마련한다.

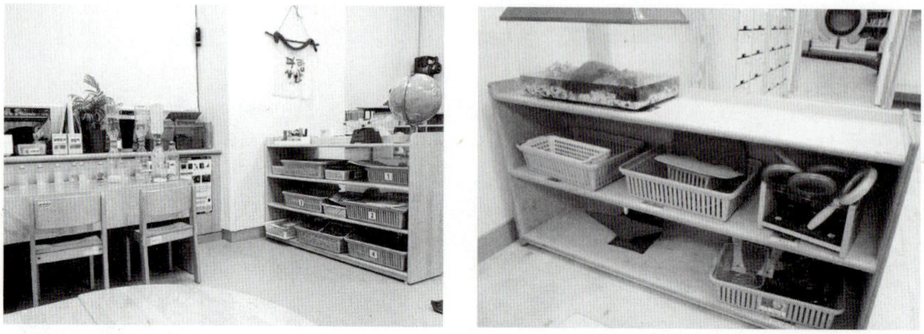

유아반 수·과학 영역의 예

(4) 언어 영역

언어 영역을 구성할 때는 교실에서 밝고 조용한 곳을 선택하여 유아가 편안하게 책을 볼 수 있도록 매트와 쿠션을 설치한다. 매트는 유아의 휴식 공간으로도 활용할 수 있으며 다른 영역에 비해 아늑한 느낌을 주도록 캐노피를 설치하기도 한다. 이 영역에서 말하기, 듣기, 쓰기, 읽기의 활동이 균형 있게 이루어지기 위해 다양한 그림책, 융판동화, 자석동화, 손가락 인형, 손인형, 막대인형, 그림 자료, CD, 다양한 필기도구, 크기와 재질이 다른 종이류, 잡지, 카탈로그 등의 각종 환경인쇄물을 제공한다.

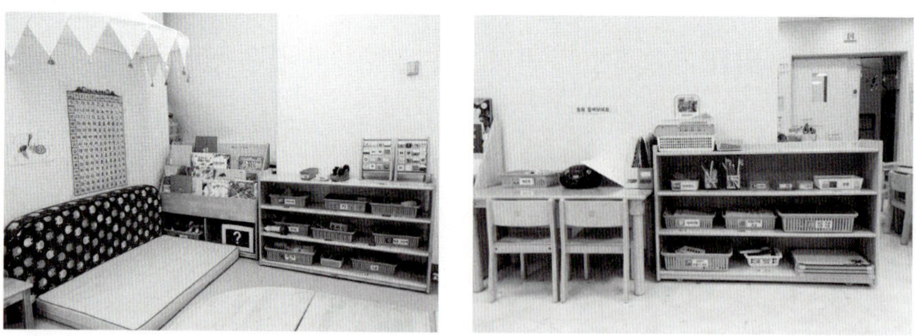

유아반 언어 영역의 예

(5) 미술 영역

미술 영역에서는 유아가 모든 자료를 한눈에 볼 수 있도록 배치하고 자료 사용이 용이하고 스스로 꺼내고 정리할 수 있는 자료장을 준비한다. 미술 활동에 필요한 교구로 미술도구 수납장, 게시판 등의 전시 공간, 그리고 작품을 말릴 수 있는 건조대 등이 있다. 물감놀이와 같이 책상과 옷이 더러워질 수 있는 활동을 할 때는 비닐 테이블보와 물감놀이용 앞치마를 사용하여 유아가 자유롭게 활동하도록 한다. 미술 영역에는 색, 두께, 재질, 모양이 다양한 종이류, 한지, 가위, 이젤, 물감, 크레파스, 비닐 앞치마, 창의적인 만들기를 격려하는 각종 재활용품과 테이프 등의 재료를 항시 구비한다. 그리고 물이 필요한 활동이나 정리를 위해 물 가까이 있는 곳에 배치한다.

유아반 미술 영역의 예

(6) 음률 영역

음률 영역은 악기를 다루거나 표현 활동을 할 수 있는 공간으로 조용한 영역을 방해하지 않는 곳에 음률 영역을 배치한다. 음률 활동을 위해 다양한 종류의 악기를 제공하고 유아들의 참여 상황에 따라 공간을 유동적으로 조절할 필요가 있다. 필요한 교구로 타악기, 리듬 악기, 건반 악기, 국악기 등과 여러 장르의 노래 CD, 이어폰, 리듬 막대, 리본 막대, 스카프 등을 들 수 있으며 이러한 교구를 이용하여 유아가 자신의 느낌을 신체로 자연스럽게 표현하도록 격려한다.

음률 영역은 활동적이고 소음이 많은 영역이므로 조용한 영역과 떨어진 곳에 배치하고 바닥에 카펫을 깔아 소음을 방지한다. 그리고 음률 영역 벽면에 그림으로 된 노래 악보를 붙여 놓아 악보를 보고 노래나 연주를 할 수 있게 한다.

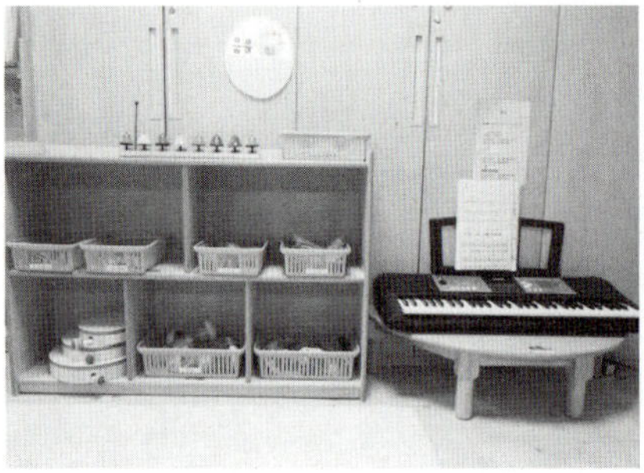

유아반 음률 영역의 예

(7) 컴퓨터 영역

컴퓨터 영역은 만 5세반에 구성한다. 이 시기의 유아는 소근육이 더욱 정교하게 발달하면서 기계에 대한 관심이 높아지고 실생활에서도 자주 접하기 때문에 필요한 영역이다. 컴퓨터 영역에서 주제와 관련하여 궁금한 점이나 관심 있는 사항을 직접 검색해 봄으로써 탐구력을 기르고 문제해결력을 증진시킬 수 있다.

컴퓨터 영역은 조용하고 언어 영역, 수·과학 영역 가까이 배치하여 영역 간 연계 활동이 원활히 이루어지도록 한다. 컴퓨터는 2명이 함께 사용할 수 있도록 컴퓨터 1대 당 의자 2개를 비치하고 유아 10명당 1대의 비율을 적용한다. 컴퓨터 영역에는 컴퓨터 각 부분의 명칭과 기능, 사용법을 적은 안내문을 부착하여 유아들이 사용하기 쉽게 한다. 컴퓨터와 더불어 프린트기도 비치하여 수·과학, 쓰기 활동, 미술 활동과 연계하여 유아가 기록하거나 창의적으로 표현한 것을 프린트로 받아 볼 수 있게 한다. 컴퓨터 영역의 기본 자료로는 컴퓨터, 자판, 컴퓨터용 책상 및 의자, 스피커, 마우스, 컴퓨터 사용 순서판 등을 비치한다.

유아반 컴퓨터 영역의 예

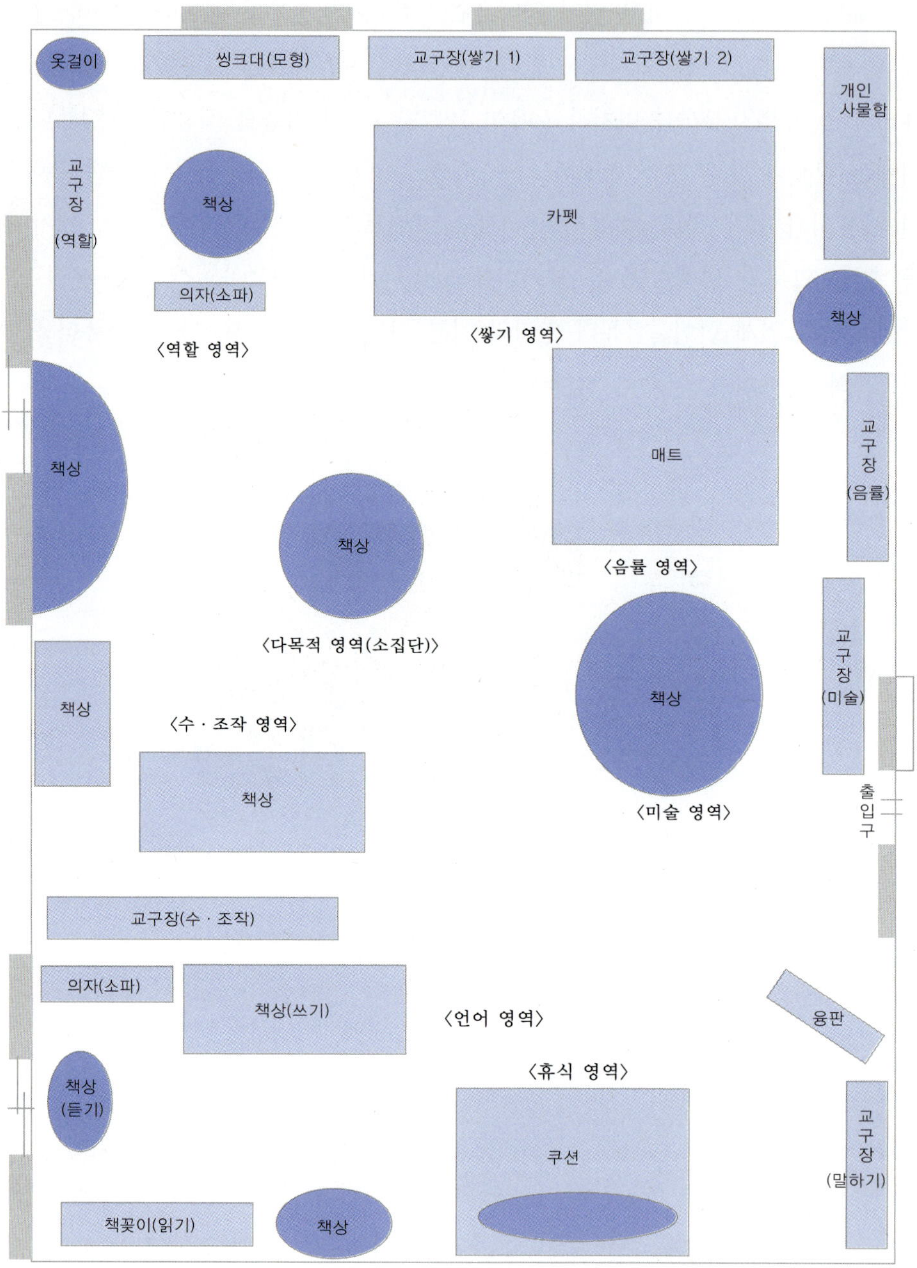

〈그림 8-3〉 만 5세반 실내 흥미 영역 배치도

3) 실내놀이터

실내놀이터는 영유아가 실내에서 활발한 신체활동을 할 수 있는 공간으로 대근육 발달과 운동 기능을 길러 줄 수 있다. 실내놀이터에는 고정시설로 복합놀이대가 설치되어 있고 다양한 이동놀이기구를 비치하여 영유아의 신체 발달 수준에 맞게 사용하도록 한다. 실내놀이터는 공간의 크기에 따라 각종 행사를 위한 공간으로 사용되기도 하고 영유아의 전이를 위해 공간으로 활용할 수 있다.

실내놀이터

2. 실외 환경 구성

유아교육기관에서 실외놀이 환경으로 실외놀이터를 들 수 있는데 여러 가지 신체활동이 이루어지는 장소이다. 영유아들이 기관에 머무는 시간이 점점 길어짐에 따라 신체를 충분히 움직일 수 있는 공간과 시간이 더욱 더 필요함에 따라 실외놀이의 중요성이 더욱 부각되고 있다. 따라서 실외놀이터는 영유아의 대근육 발달과 기초운동 능력을 증진시킬 수 있도록 설계되어야 한다. 그렇지만 유아교육

기관의 여건상 실외놀이터를 설치할 공간이 없을 경우 인근 공원이나 지역사회의 놀이터을 이용할 수 있다.

실외놀이터는 여러 가지 기능이 있다. 모래놀이나 물놀이를 통해 영유아에게 다양하고 풍부한 감각적 경험을 제공하고 식물, 곤충과 동물, 그리고 자연현상을 관찰하는 자연학습 장소로서의 역할도 한다. 실외놀이터에서 다양한 놀이시설과 놀이도구를 이용하면서 동적 활동이 활발하게 이루어지기도 하지만 책을 보거나 그림을 그리고, 미술 활동과 같은 정적인 놀이를 하는 장소도 마련되어야 한다. 영유아는 또래와 함께 놀면서 차례를 지키고, 놀잇감을 나누거나 협동하는 경험을 하게 되는데 이를 통해 사회관계 형성을 위한 기초능력을 기른다. 실외에서는 동적 활동을 많이 하기 때문에 간간이 휴식이 필요하다. 따라서 휴식을 위한 공간을 따로 배치하거나 의자나 돗자리를 준비하여 잠시 쉴 수 있는 장소를 마련해 줄 필요가 있다.

실외놀이터는 정적 활동과 동적 활동 공간, 그늘진 공간과 양지바른 공간, 단단한 지면과 부드러운 지면, 높은 곳과 낮은 곳이 균형을 이루어 구성되어야 한다. 그리고 모든 놀이시설과 놀이기구가 영유아의 시야에 들어오도록 배치하고 시설물 간에 통로를 두어야 한다. 통로는 놀이시설과 구분하여 이동 공간을 의미하는 것으로 영유아가 놀이시설에서 놀고 있는 다른 영유아를 방해하거나 서로 부딪치지 않고 이동할 수 있게 한다. 실외놀이터에는 빈 공간도 필요한데 이 공간은 교사의 의도나 유아의 요구에 의해 융통성 있게 활용할 수 있는 공간이다. 실외놀이터의 지형을 활용하면 유용한데 언덕이 있다면 미끄럼틀이나 흔들다리를 설치하여 사용한다. 또한 옥상에 실외놀이터가 있는 경우에는 추락 방지용 난간을 필수적으로 설치하고 주기적으로 안전 점검을 해야 한다.

실외놀이 시설 및 기구는 견고하고 심미적이며 안전해야 하며 영유아의 연령과 발달 수준에 적합해야 한다. 고정된 놀이시설과 이동 놀이기구를 함께 제공해야 하고 유아들의 발달 차이를 고려하여 기능과 난이도 수준도 다양해야 한다. 모래놀이터는 이물질이 없고 사용하지 않을 때는 천막 덮개로 덮어 두고 정기적으로 소독을 하여 청결하게 관리하고 모래가 유실되지 않도록 한다. 모래놀이터에는 다양한 종류의 모래놀이 도구를 준비해 둔다. 물놀이 영역은 미끄럼 방지 바닥이어야 하며 바닥 청소가 쉽고 급·배수가 잘되도록 해야 한다.

실외놀이터에서 영유아는 자유롭게 다양한 탐색 활동을 하면서 어떤 사물이나 자연현상에 관한 지식을 발견하는 기쁨을 누리고 새로운 도전을 시도할 수 있다. 이와 같이 실외놀이터는 영유아의 신체 발달뿐만 아니라 인지, 정서, 사회성 발달에 도움이 된다. 그렇지만 그에 못지않게 영유아의 안전이 보장되어야 한다. 실외놀이터의 안전을 위해 놀이시설물의 돌출 부분, 뾰족한 끝이나 날카로운 모서리가 없도록 상시 관리하고 시설물을 연결하는 죔쇠나 시설물 간의 틈새를 살펴보아야 한다. 시설물의 틈새나 구멍 크기가 직경 9~22.5cm인 경우 영유아의 손이나 팔, 머리가 끼거나 다리가 빠질 위험이 있으니 주의가 필요하다. 복합놀이대 미끄럼틀이 금속 표면재인 경우 여름에 금속의 온도가 높아져 가벼운 화상을 입을 위험이 있다. 이외 미끄럽거나 굴곡이 심한 바닥, 유해한 식물과 곤충이 없도록 유의해야 한다.

1) 영아를 위한 실외 환경

영아를 위한 실외놀이터는 다양한 동작을 할 수 있고 영아의 감각을 자극한다. 또한 편안함을 느끼고 신기함과 다양함을 즐길 수 있고 새로운 도전을 할 수 있게 한다. 그렇지만 무엇보다 영아의 안전이 보장되도록 설계되어야 한다.

영아를 위한 실외놀이 영역은 운동놀이 영역, 역할놀이 영역, 감각놀이 영역, 정적놀이 영역, 물·모래놀이 영역으로 구성된다.

2) 유아를 위한 실외 환경

유아를 위한 실외놀이터는 유아의 기본적인 사회적, 신체적 욕구를 만족시켜 준다. 그리고 유아의 감각과 호기심을 자극하고 유아–유아, 유아–교사, 유아–놀이기구 간에 다양한 상호작용이 이루어지도록 하고 다양한 놀이를 경험하게 하며 발전된 놀이로 이끌어 준다.

유아를 위한 실외놀이 영역은 운동놀이 영역, 역할놀이 영역, 정적놀이 영역, 물·모래놀이 영역, 목공놀이 영역, 동식물 기르기 영역으로 구성된다.

실외놀이터에서 안전하게 놀기 위해 교사는 하루 일과가 시작되기 전에 실외놀이터의 모든 시설을 점검하여야 하며 놀이 후에는 정리정돈하는 것이 필요하다. 유아들과 이야기 나누기 시간에 실외놀이장에서 지켜야 할 안전 규칙에 대해 함께 토론하고 규칙 목록을 만드는 활동을 하는 것도 안전사고를 줄일 수 있는 방법이다.

실외놀이터

C·H·A·P·T·E·R

09

교수·학습 방법

영유아를 위한 교수·학습은 '놀이 중심의 교육 활동'으로 진행된다. 영유아가 하는 놀이나 활동이 교육 활동이며 이러한 활동은 영유아의 내적 호기심과 자발적 동기에 의해 나타난다. 영아를 위한 교수·학습 방법은 영아가 놀이 자료를 충분히 탐색한 후 놀이로 이어지도록 지도하는 것이고 유아들을 위해서는 스스로 놀이나 활동을 계획하고 선택하는 기회를 제공한다.

교수–학습 방법이란, 교사가 어떤 의도로 언제, 어떻게 영유아의 교육 경험이나 활동을 이끌고자 하는가에 대한 접근 방식을 말한다. 교사는 영유아와 활발하게 상호작용하면서 이러한 경험이 영유아에게 의미 있는 경험과 학습의 기회가 되도록 해야 한다(보건복지부·한국보육진흥원, 2017).

교사는 주제에 적합한 활동을 계획하고 적절한 교수·학습 방법을 결정하고 필요한 자료를 준비해야 한다. 활동 자료를 준비할 때는 영유아의 연령, 발달 수준, 사전 경험을 충분히 고려해야 하며 영유아에게 친숙한 자료를 우선적으로 제공한다. 예를 들면 어린 영아는 발달 특성상 놀잇감을 나누는 것이 힘들기 때문에 동일한 교구를 여러 개 구비해야 영아 간 갈등을 줄일 수 있다. 주제에 따른 활동을 계획할 때는 영유아의 주제 관련 사전 경험을 파악하여 반영하고 내용에 따라 교사 주도적 접근과 영유아 주도적 접근을 적절하게 안배한다. 영유아의 탐색 활동의 경우 충분한 탐색 시간을 제공하여 영유아가 스스로 탐색을 하도록 하고 어떤 지식이나 정보를 제공할 경우는 교사가 설명을 하거나 시범을 보여 주는 것이 효과적이다.

놀이나 활동을 위한 자료가 준비되면 교사는 영유아가 활동에 대해 호기심과 흥미를 갖도록 이끌어 주는 것이 필요하다. 이를 위해서 교사는 평소 관찰을 통해 개별 영유아의 흥미를 파악해야 할 것이다. 다음으로 교사는 영유아가 자발적으로 놀이를 선택하여 주도적으로 활동하도록 격려하고 지원한다. 영유아의 사전 경험을 파악하여 영유아의 실제 경험을 활동에 반영하고 다양한 생각을 하도록 개방형 질문을 활용한다. 영유아는 교사와의 질 높은 놀이 상호작용을 통해 정서적으로 안정되고 효과적인 학습이 이루어지므로 영유아와 교사 간의 상호작용은 영유아 교수–학습 방법의 필수적 요소이다.

1. 영아에 대한 교수·학습 방법

영아를 위한 교수·학습은 탐색과 놀이에 기초한다. 영아기는 감각운동기로 이 시기의 영아는 주변 세계를 오감을 통하여, 즉 사물을 빨아 보고, 냄새 맡고, 들여다보고, 흔들어 보거나 두드려 보면서 탐색한다. 따라서 영아는 놀잇감이나 사물, 환경을 충분히 탐색한 후에 관련된 지식과 기술을 얻고 놀잇감이나 사물, 환경에 익숙해진 다음에 놀이를 하게 된다. 즉 처음부터 놀이를 시작하기보다는 탐색이 놀이에 선행한다. 영아의 놀이와 탐색이 영아의 내적 동기에 의해 유발되면 자율적이고 주도적으로 놀이를 하고 놀이에 몰입하게 된다. 이러한 경험을 반복하면서 영아의 놀이는 더 높은 수준으로 발전하게 된다.

영아는 자유롭게 충분한 탐색을 한 후 놀이를 하게 되므로 다양한 놀잇감을 제시하여 영아의 흥미를 이끌어 내는 것이 필요하다. 탐색과 놀이 중심 교수·학습 방법은 다음의 4단계를 거친다. 첫 번째 단계로 제시하기가 있다. 교사는 새로운 놀잇감을 영아에게 제시하여 영아의 관심을 이끌어 낸다. 그리고 놀잇감이나 교구를 제시할 때는 개별 영아의 발달 수준과 흥미, 안전을 충분히 고려하고 개별 영아의 반응을 관찰하여 제시한 놀잇감이나 교구가 적합한지 점검하고 수준이나 난이도를 적절하게 조절할 필요가 있다. 두 번째 단계는 탐색하기이다. 교사는 영아가 다양한 방법으로 탐색할 수 있도록 편안한 분위기를 조성하고 탐색을 위한 충분한 시간을 허용하고 기다려 준다. 왜냐하면 놀잇감이나 교구를 충분한 탐색을 한 이후에 놀이 활동으로 이어지기 때문이다. 세 번째 단계에서는 놀이하기가 이루어진다. 즉 이 단계에서 영아들의 탐색이 끝난 후 놀이로 이어지는데 이때 교사가 개별 영아의 놀이에 관심을 보이고 적극적으로 격려한다. 마지막 단계는 놀이 확장하기 단계이다. 교사는 영아의 놀이를 관찰하여 필요한 경우 놀잇감을 추가하거나 놀이를 확장해 준다.

1) 활동별 교수·학습 방법

(1) 기본생활습관

영아기에는 일상생활을 하는 데 필요한 기본생활습관을 길러 주는 것이 필수적이다. 기본생활습관이란 먹기, 씻기, 낮잠 자기, 기저귀 갈이와 배변, 이 닦기, 수저 사용하기, 컵 사용하기, 안전하게 놀잇감 사용하기, 질병에 대해 알기, 안전하게 생활하기, 인사하기, 물건 정리하기 등을 의미한다. 영아가 이러한 기본생활습관을 형성하면 독립적이고 자조적으로 일상생활을 할 수 있다. 4차 표준보육과정에 의하면 기본생활은 건강하게 생활하기와 안전하게 생활하기 두 가지 내용범주로 구성되어 있다(보건복지부, 2020). 기본생활습관은 매일 일과 중에 자연스럽게 반복되면서 습관으로 정착하게 된다. 교사는 영아기 기본생활습관의 중요성을 인지하고 습관 형성을 위한 적절한 지원을 해야 한다.

기본생활습관 형성을 위한 지도 방법은 우선 영아가 스스로 하려고 하는 내적 동기를 일으키도록 영아의 행동에 관심을 가지고 칭찬과 격려를 한다. 그리고 영아의 행동 특성과 관심 정도, 수행 수준 등을 고려하여 개별적으로 지도하는 것이 바람직하다. 교사는 필요한 경우 영아에게 시범을 보이고 각 단계를 이해하기 쉽게 설명해 준다. 그리고 교사의 지도 방법은 일관성이 있어야 한다.

(2) 신체활동

영아의 신체 발달은 운동 발달과 밀접히 관련되어 있고 영아의 삶에서 중요한 발달 영역이다. 모든 영아는 동일한 방식의 신체 발달을 거치지만 시기는 개인차가 있다. 영아는 자신의 신체 부위를 발견하고 그것들이 어떻게 기능하는지에 대해 탐색을 한다. 또한 영아가 신체적으로 발달하면서 새로운 운동 기술을 습득하게 된다. 운동 발달은 감각 발달과 연결되어 있으며 건강한 뇌 발달은 초기 운동 경험에 의해 촉진된다고 한다(Pica, 2010). 그리고 영아는 운동을 통해 주변 환경과 몸에 대해 많은 정보를 얻고 거리, 높이와 공간에 대한 기초 개념을 습득한다.

신체 영역에서 교사는 신체를 이용한 놀이를 통해 영아가 자연스럽게 신체 부분에 대해 인식하고 신체 명칭을 알게 지원한다. 이를 위해 교사는 영아가 몸을 움직일 때 신체 명칭을 알려 주고 오감을 자극하는 다양한 자료를 제시한다. 그리고 영아가 자유롭게 움직일 수 있는 충분한 공간을 마련하고 일과 중 규칙적으로 신체운동을 할 수 있게 할 필요가 있다. 영아는 아직 신체조절 능력이 부족하므로 신체활동을 하는 동안 영아에게 위험 요소를 알려 주어 안전에 주의하게 하고 신체활동 후에는 휴식을 취할 수 있게 한다.

(3) 언어 활동

영아가 언어를 습득하는 과정은 모든 영아가 비슷하나 속도에서 개인차가 있다. 만 18개월에서 만 2세경에 단어를 폭발적으로 습득하고 이후 두 단어 문장으로 말하고 만 30개월경에는 3~5개의 단어로 된 문장을 말할 수 있다.

영아는 언어적 표현이 미숙하므로 교사는 영아의 행동과 감정을 정확한 문장으로 표현해 주어 영아가 자신의 행동과 감정을 언어적으로 인식하도록 돕는다. 정서적 측면에서 영아는 교사가 자신이 하고 있는 행동과 감정을 말해 주기 때문에 자신이 교사의 관심을 받고 자신의 행동과 감정이 가치 있다고 느끼게 된다. 언어적 측면에서 교사가 영아의 수준에 맞게 적절한 단어를 사용하여 문법에 맞게 말해 줌으로써 영아는 단어의 의미를 이해하고 따라서 수용언어 능력이 발달하게 된다. 교사가 새로운 단어를 소개할 때 구체적 사물과 연결시키면 그 단어에 대한 개념이 정확하게 형성된다. 그리고 영아가 말한 부정확한 단어나 문장을 교사가 다시 정확한 단어나 문장으로 말하고 확장시켜 준다. 예를 들어 영아가 물을 먹고 싶다는 의사를 "무 무"로 표현하면 "ㅇㅇ가 물을 먹고 싶구나. 여기 물 있어."라고 "물"을 정확하게 발음하여 말해 준다. 교사는 영아의 요구를 미리 파악하여 해결해 주기보다는 영아가 자신의 요구 사항을 언어로 표현할 수 있도록 격려할 필요가 있다. 교사는 평소 부드러운 어조로 언어적 상호작용 외에 표정이나 몸짓, 신체적 접촉 등의 비언어적 기술을 효과적으로 사용한다. 영아는 교사의 언어를 모방하기 때문에 교사 자신이 바른 언어를 사용하도록 해야 한다.

언어 활동을 위한 말하기 지도 방법으로 영아에게 말할 기회를 자주 제공하고 자유롭게 표현하도록 허용적 분위기를 조성해 준다. 이를 위해 다양한 그림, 사진, 그림책을 상시 교구로 비치하고 가작화할 수 있는 다양한 인형과 친숙한 물건도 배치한다. 무엇보다 영아가 말하는 표현에 칭찬과 격려를 아끼지 않는 것이 중요하다. 듣기 활동을 위해서는 다양한 듣기 활동 자료를 제공한다. 영아기는 이미지를 받아들이려는 욕구가 강하므로 그림책을 읽어 줄 때는 글보다 그림에 관심을 갖도록 유도하고 그림에 대해 물어본다. 영아의 듣기를 촉진하기 위해서는 교사가 집중해서 영아의 말을 잘 경청하는 태도를 보이는 것이 필요하다. 영아의 읽기 활동을 위해서 그림책에 흥미를 갖게 하고 글자 모양에 관심을 갖도록 유도한다. 교사가 그림책 읽어 주는 것을 즐기고 그림책을 읽어 달라고 요구할 수 있는 분위기를 조성하는 것도 필요하다. 쓰기 활동을 위해서는 다양한 필기도구와 종이류를 비치하여 영아의 끼적거리기를 격려한다. 교사는 끼적거리기를 할 수 있는 다양한 공간을 마련하고 영아가 끼적거린 것에 대해 물어보고 어떤 내용인지 적어 준다.

(4) 탐색 활동

영아는 감각기관을 통해 탐색 활동을 하면서 사물이나 어떤 현상에 대해 관심을 갖기 시작한다. 이후 사물들 또는 현상들을 비교하고 추리하고 예상하는 단계를 거친다. 교사는 영아가 호기심을 가지고 오감을 통해 탐색할 수 있는 다양한 환경과 자료(예: 자연물, 밀가루, 비눗방울, 야채, 간단한 생활도구 등)를 제공한다. 처음에는 영아에게 익숙한 자료를 제공하고 점차 새로운 자료를 제공한다. 영아가 충분히 탐색할 시간을 주고 반복해서 탐색하도록 격려한다. 탐색은 영아 스스로 할 수 있도록 유도한다. 즉 영아가 선택하여 직접 경험해 볼 수 있는 기회를 주고 탐색 활동을 확장하고 다른 탐색 활동과 연계할 수 있도록 지원한다.

영아의 수학적 사고 증진을 위해 탐색과정 중에 많고 적음, 크고 작음, 길고 짧음과 같은 비교하기, 비슷한 것끼리 짝짓기, 간단한 수세기와 같은 활동을 제공한다. 그리고 주변에서 동식물을 접할 기회를 제공하여 다양한 생물체가 있음을 인식하게 한다. 또한 자신의 행동이나 사물의 변화에 대해 원인과 결과를 이해할 수 있도록 언어화한다.

(5) 표현 활동

영아의 미술 활동을 위해서는 미술 자료를 충분히 탐색할 기회와 시간을 제공하고 직접 사용하는 경험을 통해 창의적 표현을 하도록 격려한다.

영아의 음률 활동을 위해서 주변에서 들을 수 있는 다양한 소리와 여러 종류의 음악을 들을 기회를 제공한다. 자신의 생각과 느낌을 다양한 도구, 리듬 악기와 신체로 표현하면서 즐거움을 느끼도록 한다. 그리고 의성어와 의태어, 반복되는 부분이 많은 노래를 자주 들려주어 말이 갖는 느낌을 경험해 보게 한다.

(6) 극화 활동

극화 활동은 표현 활동의 일부로 자신이 경험한 것을 재현하거나 상상한 것을 행동으로 표현하는 것이다. 즉 눈에 보이지 않는 대상을 표상하거나 사물이나 상황을 실제와 다르게 표상하는 상징놀이를 하게 된다. 극화놀이, 상상놀이, 가상놀이 등으로 다양하게 불려지는데 가작화가 공통적 요소이다. 연령이 어릴수록 가작화의 행위자가 자신이었다가 연령이 증가하면서 다른 사람이 가작화의 행위자가 된다. 예를 들어 스스로 블록을 들고 전화하는 척하는 가작화를 하다가 인형이 컵으로 물을 마시도록 하는 타인 가작화 모습이 나타난다. 그리고 경험한 사회관계가 단순하기 때문에 가정에서의 경험과 일상생활에서의 경험이 표현되는 단순한 가작화놀이가 이루어진다. 예를 들면 엄마 아빠 옷을 입고 흉내를 내거나 아기 돌보기, 청소하기, 요리하기와 같은 극화 활동을 한다.

교사는 이러한 영아의 특성을 고려하여 모방행동이나 상상놀이를 즐기도록 격려하고 다른 사람의 행동을 모방하거나(예: 컵으로 물마시는 흉내 내기) 놀잇감으로 가작화하는 행동(예: 블록을 들고 전화하는 척하기)에 적극적으로 반응한다. 역할 영역에는 전신을 볼 수 있는 거울을 비치하고 상상놀이에 필요한 다양한 물품(예: 구두, 옷, 모자, 가방 , 화장품, 인형, 유모차, 운전대, 동물인형, 주방용품, 접시, 끌차 등), 그리고 영유아가 편안한 분위기에서 자신의 생각과 느낌을 자유롭게 표현하도록 환경을 마련해 주는 것이 필요하다.

2. 유아에 대한 교수·학습 방법

유아를 위한 교수방법으로는 유아 스스로 놀이나 활동을 계획하고 선택하는 능동적 참여 경험을 제공하여 선택한 놀이나 활동에 몰입할 수 있도록 이끌어 주어야 한다. 이를 통해 유아는 사고력이 증진되고 정확하게 언어를 사용하고 활동의 결과물을 통해 성취감을 느끼게 된다. 따라서 교사는 다양한 교육적 자극을 주고 놀이를 통해 유아의 잠재력이 최대한 발휘되도록 지원할 필요가 있다. 교사가 정해진 주제에 맞춰 미리 활동을 계획했더라도 유아의 흥미와 요구에 따라 수정할 수 있다. 이는 유아가 놀이를 주도하여 스스로 즐겁게 배울 기회를 주는 것이다. 이러한 측면에서 교사는 유아의 배움을 지원하는 데 보다 집중해야 할 것이다. 또한 원만한 또래관계를 형성하여 사회성을 기를 수 있는 기회를 자주 제공해 주어야 한다. 영아의 교수·학습 방법과 동일하게 유아의 경우에도 놀이에 기초한 교수·학습 방법을 활용한다.

유아를 위한 바람직한 교수·학습 방법은 다음과 같다.

첫째, 유아가 스스로 놀이를 계획하고 주도한다. 즉 유아는 스스로 선택한 놀이에 몰입하고, 자신의 놀이에 대한 평가를 함으로써 스스로 지식을 구성하는 능동적인 학습을 한다. 이때 교사는 유아의 놀이를 지원하는 안내자의 역할을 한다.

둘째, 유아의 발달과 흥미에 적합한 생활주제를 선정하여 유아의 사전 경험과 활동 간의 통합, 활동 영역 간의 통합이 이루어지도록 활동을 구성한다.

셋째, 놀이를 통해 기본 개념과 지식을 습득하도록 지원하고 놀이를 위한 충분한 시간과 공간, 그리고 자료를 제공한다. 종종 유아가 놀이 중에 놀이 시간을 늘이거나 공간을 교실 외부(복도, 계단, 실내놀이터 빈 공간 등)로 확장하고자 하는 경우가 발생하기도 한다. 이러한 유아의 요구가 진행되고 있는 놀이를 확장시키고 심화시킬 수 있다고 판단되면 유아의 요구를 수용한다.

넷째, 유아의 흥미와 관심이 기존에 하고 있던 놀이와 다른 방향으로 전환될 경우 유아의 흥미와 관심을 수용하여 새로운 놀이에 몰입할 수 있도록 지원한다.

다섯째, 유아의 개인차를 고려하여 개별화된 교수 전략 세우고 상호작용을 한다.

여섯째, 소집단 활동으로 또래 간의 토론을 통해 타인의 관점을 받아들이면서 논리적 사고를 발달시켜 나가고 또래 간에 긍정적인 관계 형성을 하도록 지원한다.

일곱째, 직접적인 체험을 돕는 현장학습과 견학을 통해 탐구심을 기르고 유아의 관심을 확장시킨다.

1) 활동별 교수·학습 방법

(1) 신체활동

유아는 움직임을 통해 자신의 신체를 조절하고, 생각과 느낌을 표현할 수 있다. 그리고 다양한 신체활동을 하면서 부정적 정서를 발산하여 정신 건강에 도움이 된다. 신체활동으로는 음악에 맞춰 신체 동작을 따라 하거나 창의적으로 표현하는 것이 있다. 신체활동을 위해서는 충분한 공간을 확보하여 유아들 간의 부딪힘이나 갈등을 최소화하고 적절한 음악을 제공한다. 창의적 신체표현 활동을 위해 다양한 자료를 준비해 준다.

(2) 쌓기놀이 활동

쌓기놀이 영역에는 충분한 공간과 다양한 블록과 소품을 준비하여 유아들이 자유롭게 구성물을 만들도록 돕는다. 쌓기놀이 영역은 역할 영역과 인접하여 구성함으로써 완성된 구조물을 역할놀이의 배경으로 사용할 수 있다.

유아가 블록으로 구조물을 구성하기 전에 계획을 세우는 시간을 갖도록 하여 유아의 생각과 계획을 자유롭게 말할 수 있도록 안내한다. 구조물 구성을 위해 쌓기놀이 영역 벽면에 실물 사진을 붙여 유아들이 참고할 수 있게 한다. 구조물을 만드는 과정 중에 크기, 무게, 부피, 균형, 비교와 같은 수학적 개념과 과학적 개념을 형성할 수 있으므로 교사는 관련된 용어를 사용하는 모델링을 보여준다.

학기 초에 나무 블록에 부딪히거나 블록을 던지거나 떨어뜨려 다칠 우려가 있으므로 단위 블록이나 속 빈 블록(할로우 블록)을 안전하게 사용하는 방법과 주의점을 유아들에게 알려 준다. 쌓기놀이 영역은 다른 영역보다 정리하는 데 시간이 많이 걸리므로 유아들과 정리하는 방법에 대해 이야기 나누는 시간을 갖는다. 유아들이 원할 경우 오전 자유놀이 시간에 완성한 구조물을 그대로 유지하고, 낮잠이나 점심 식사를 위한 공간이 필요하여 부득이하게 완성한 구조물을 정리해야 할 경우에는 사진을 찍어 벽면에 부착하여 공유하도록 한다.

(3) 극화 활동

유아는 역할놀이를 통하여 놀이를 계획하고 발전시키기 위해 또래 간에 언어적 상호작용을 하고 상황에 적절한 언어를 사용함으로써 의사소통 능력과 사회성이 발달한다. 그리고 사전에 놀이의 내용이 정해져 전개되는 것이 아니므로 유아의 상상력, 경험, 희망에 따라 자유롭게 구성되므로 창의성이 발달한다. 또한 현실에서 충족시키지 못한 욕구를 충족시키고 불쾌한 경험을 놀이로 재현함으로써 유아의 스트레스를 줄이고 카타르시스를 경험하게 하는 장점도 있다.

교사는 사회 구성원으로서 다양한 역할을 하는 데 필요한 자료를 제공하고 미술 영역과 연계하여 유아 스스로 필요한 자료를 만들어 사용하도록 격려한다. 교사는 교실에서 일어나는 역할놀이 상황을 전반적으로 파악할 필요가 있다. 즉 역할놀이의 주제, 유아들이 맡은 역할의 종류, 역할놀이가 많이 일어나는 영역, 빈번히 사용되는 놀잇감, 역할놀이 집단의 구성(연령, 인원수, 성별, 고정성)을 관찰한다. 아울러 개별 유아의 놀이 주제, 지속 시간, 참여 정도, 언어적 의사소통 능력, 가작화 수준, 다른 유아와의 상호작용 관찰한다. 관찰 결과, 같은 종류의 역할놀이가 계속 반복되고 확장되지 않을 경우 교사가 개입하여 유아의 참여를 이끌고 놀이 내용이 풍부해지도록 직·간접적으로 상호작용을 한다. 연령이 낮을수록 일상생활과 관련된 놀이를 반복하므로 일상생활에서 벗어난 놀이로 확대하도록 지원하며(예: 소풍놀이, 시장놀이, 은행놀이, 우주정거장놀이 등) 놀이 개입 후 놀이가 안정되면 놀이에서 빠져나오도록 한다.

(4) 언어 활동

유아를 위한 언어 활동은 말하기, 듣기, 읽기, 쓰기가 균형 있게 이루어져야 한다. 유아들은 교사의 언어를 따라하거나 모방하는 경향이 있으므로 교사는 정확한 발음과 문법에 맞게 문장을 구사하고 풍부한 어휘를 사용함으로써 언어적 모델이 되도록 한다. 교사는 유아가 하는 말에 적절하게 반응하고 유아가 자신의 생각을 자유롭게 말할 수 있도록 격려한다. 또한 또래 간 언어적 상호작용의 기회를 제공함으로써 다른 사람과 대화하는 방법을 익히도록 한다.

읽기 활동을 위해 다양한 종류의 책을 제공하여 책 읽기에 관심을 갖게 한다. 유아들은 책 읽는 즐거움뿐만 아니라 책에서 필요한 정보를 얻을 수 있다. 일상생활 속에서 유아들이 읽기에 흥미를 이끌어 내기 위해 주변에서 접하는 다양한 환경인쇄물을 활용할 수 있다. 유아는 환경인쇄물을 통해 자연스럽게 글자와 친숙해지고 읽기와 쓰기를 시도한다. 언어 영역뿐만 아니라 역할 영역, 수·과학 영역, 미술 영역에도 쓰기도구를 비치하여 쓰기 활동이 자연스럽게 이루어지도록 한다.

(5) 수·과학 활동

유아를 위한 수·과학 활동은 일상에서 호기심을 가지고, 궁금한 것을 탐구하는 과정을 즐기며 동식물, 자연환경, 날씨와 계절의 변화에 관심을 갖고 생명과 자연을 존중하는 태도를 기르는 데 목표를 둔다(교육부·보건복지부, 2019)

유아의 수학 활동은 일상생활 안에서 경험할 수 있는 수학적 지식을 습득할 기회를 제공하는 것에 중점을 둔다. 교사는 유아가 놀이 중에 수학적 사고를 하도록 도전적 질문이나 피드백으로 상호작용을 하는 것이 필요하다. 유아를 위한 수 활동은 일대일 대응 수 세기, 분류, 비교, 서열, 무게, 부피, 부분과 전체, 형태, 공간, 측정의 수학적 개념을 고루 경험하도록 활동을 계획한다(푸르니보육지원재단, 2020).

유아를 위한 과학 활동은 유아가 직접적으로 과학적 경험을 하면서 과학적 지식과 기술을 익히고 탐구하는 태도와 능력을 기르도록 계획하여야 한다. 과학 활동은 유아의 인지 발달 수준에 적합해야 하며 교사는 유아의 사전 지식을 기초로 하여 새로운 개념을 습득하도록 돕는다. 그리고 주변 자연환경과 자연현상에 호기심을 갖고 탐구하는 과정을 즐기는 기회를 제공할 필요가 있으며 이를 위해 실물 자료를 관찰하고 구체적으로 조작하고 실험하는 경험이 필요하다. 식물 기르기 활동을 위해 햇빛이 잘 드는 곳에 식물을 비치하여 성장과정을 관찰할 수 있게 한다. 유아가 습득한 과학적 개념을 다양하게 표상하는 기회를 제공하고 또래와의 상호작용, 질문 및 토의를 통해 자신의 생각과 또래의 생각이 다를 수 있음을 이해할 수 있도록 도움을 준다.

(6) 음률 활동

유아의 음률 활동으로 우선 다양한 음악을 감상할 기회를 제공하며 교사가 음악을 즐기는 모습을 보여 준다. 악기 연주를 위해 유아가 쉽게 다룰 수 있는 리듬악기나 타악기부터 시작해서 익숙해지면 멜로디 악기로 확장시킨다. 만 5세 유아는 멜로디 악기를 다루는 것이 가능하며 활용할 수 있는 멜로디 악기로 실로폰이 있다. 색깔 악보를 보고 악기를 연주하면서 음에 대한 이해를 도모할 수 있다. 또한 교사는 유아가 자신의 생각과 감정을 리듬과 곡에 맞춰 자유롭게 신체로 표현해 보도록 격려함으로써 창의력과 즐거움을 느끼고 유아 자신에 대해 긍정적인 자아 개념을 형성하게 도울 수 있다.

(7) 미술 활동

유아의 미술 활동을 위해 교사는 크레파스, 그림물감, 밀가루 반죽, 찰흙, 재활용품 외에 자연물을 비롯한 다양한 재료를 제공하여 유아가 충분히 탐색할 기회를 주어야 한다. 한꺼번에 많은 양과 종류의 재료를 제시하기보다는 점차 새로운 재료를 소개하고 한동안 사용하지 않았던 재료도 다시 제공하여 이전과 다른 방법으로 활용할 수 있게 돕는다. 일과 중 실외 활동 시간에 자연물을 시각적으로 탐색할 기회를 주고 간식이나 식사 시간에 음식을 탐색하면서 색, 모양, 질감 등에 대해 이야기하며 시각적 감각을 길러 간다.

유아에게 완성된 미술작품과 같은 결과물을 내도록 압력을 가하기보다 과정을 즐기도록 격려하고 사물을 표상하는 데 필요한 다양한 재료와 도구를 제공한다. 유아가 그리거나 만든 것에 대해 무엇을 더 추가할 것을 요구하지 말아야 한다. 왜냐하면 이럴 경우 유아는 자신의 작품에 부족한 면이 있는 것으로 해석하여 미술 활동에 대한 흥미와 동기를 상실할 수 있기 때문이다. 또한 유아가 표상한 것에 대해 교사가 해석하지 말고 유아 자신이 설명하게 한다.

미술작품 감상 활동도 필요한데 미술가를 학급으로 초청하거나 미술가의 작업실을 방문하는 기회를 갖거나 박물관이나 미술관을 방문하여 미술작품을 관람한다. 미술가의 작업실이나 미술관 견학 후에는 견학에서 봤던 관련 소품과 재료를 제공해 주어 미술작품의 이미지를 떠올리고 재현해 보도록 한다. 이러한 활동을 통해 유아들은 심미감을 발달시키고 정서적으로 풍부해진다.

C·H·A·P·T·E·R

10

상호작용

영유아교육과정의 토대가 되는 상호작용은 '어떻게 가르쳐야 하는가?'라는 과정 중심의 교수-학습 방법을 의미한다. 영유아의 흥미 중심의 교육과정을 실행하기 위해 상호작용의 원리가 적용되어야 하며 영유아와 교사 간 상호작용, 또래 간 상호작용, 영유아와 교구 간 상호작용이 강조된다. 교사는 다양한 상호작용 전략을 사용하여 상호작용의 바람직한 모델이 되어야 한다.

1. 상호작용의 중요성

영유아가 교사와 적극적인 상호작용을 할 때 영유아의 인지, 사회정서, 언어 발달이 향상되는 경향이 있다. 교사와 영유아 간의 섬세한 상호작용을 통해 더욱 강한 애착관계가 형성되고, 엄격하고 냉정한 상호작용을 하면 영유아가 받는 스트레스가 더 커진다(이희정 외, 2018)

유아교육기관에서 교사는 영유아를 이해하고 민감하게 반응하는 상호작용을 함으로써 영유아가 정서적으로 안정되게 생활하고, 영유아 자신이 존중받고 있다는 것을 느끼게 된다. 이런 경험은 영유아가 자신의 감정을 적절하게 표현하고 자유롭게 환경을 탐색하면서 다양한 지식을 구성하고 긍정적 자아 개념을 형성할 수 있게 한다. 교사와 영유아 간에 상호작용이 활발하게 일어나려면 기본적으로 신뢰관계가 형성되어야 한다. 이를 위해 교사는 영유아의 기질과 배경, 가정 환경, 정서적·행동적 발달 특성을 파악하여 영유아의 정서적 반응에 주의를 기울이고 공감해 주어야 한다. 교사와 영유아 간의 바람직한 상호작용은 영유아가 안정적으로 사회적 관계를 맺는 데 기초가 되기도 한다.

2. 유형별 상호작용

1) 정서적 지원을 위한 상호작용

교사는 영유아에게 정서적 안정감을 제공하기 위해 영유아의 다양한 정서를 이해하여 적절한 상호작용을 해야 한다. 영유아를 일관성 있게 대하고 온정적인 태도로 반응하여 신뢰관계를 형성하는 것이 우선적으로 요구된다.

(1) 영유아의 정서 상태에 민감하게 반응하기

교사는 개별 영유아가 표현하는 정서가 어떤 상황에서 발생한 것인지를 파악하여 적절하게 반응한다.

예) 낮잠에서 일어나기 힘들어 울면서 짜증을 내는 영아

"○○이가 아직 잠이 덜 깼는데 친구들이 자꾸 일어나라고 이야기해서 불편했구나. 선생님이랑 조금 더 쉬고 일어날 준비가 되면 화장실로 가보자."

예) 점심 식사 후 양치 하기를 기다리면서 레고 블록놀이를 하다가 차례가 되어 교사가 부르자 가기 싫다고 화를 내는 영아

"놀이를 많이 하지 못해서 이를 닦으러 가는 것이 싫구나. 그럼 조금 더 놀이를 하다가 양치하러 갈까?"

(2) 영유아의 정서에 공감하기

교사는 끄덕임, 미소, 토닥거리기, 눈 맞추기, 이름 불러 주기, 안아 주기와 같은 반응을 하여 영유아가 표현하는 정서에 행동이나 말로 공감해 준다. 그리고 영유아가 표현하지 못하는 감정을 알아차려 그대로 표현해 주고 그것에 대해 공감하는 반응을 한다.

예) 낮잠 시간 중에 갑자기 일어나 우는 영아

"○○이가 무서운 꿈을 꿨나 보구나. 많이 무서웠구나. 이리 와, 선생님이 안아 줄게. 기분이 좀 괜찮아졌니?"

(3) 영유아의 정서 표현 도와주기

교사는 영유아가 자신의 긍정적 감정과 부정적 감정을 자유롭게 표현하도록 허용적 분위기를 조성해 주어 특히 부정적 감정을 표현하여 해소할 수 있도록 도움을 준다.

정서 표현 도와주기의 예

- "○○가 쉬했네~? 갑자기 쉬가 나와서 놀랐구나. 괜찮아 선생님이 닦아 줄게."
- "친구가 놀잇감 안 빌려준다고 해서 ○○가 속상해서 눈물이 났구나. 선생님이랑 물 한잔 마시고 올까?"
- "너희들이 오늘 숲체험을 즐겁게 해서 기분이 좋구나."
- "(영아를 안아 주며) 다른 친구가 ○○가 높게 쌓은 블록을 무너뜨려서 속상했구나. 열심히 만들었는데 물어보지 않고 무너뜨려서 놀라고 화가 났구나.
- "(영아를 안아 주며) ○○도 주황색 색연필을 사용하고 싶은데 없어서 눈물이 났구나. 그런데 지금 □□가 사용하고 있으니, 친구가 다 쓰고 나서 써볼까? 아니면 친구한테 빌려줄 수 있는지 물어보자."

2) 놀이 지원을 위한 상호작용

교사는 영유아와 놀이 중에 상호작용을 하면서 영유아의 놀이 내용을 풍부하게 하고 놀이를 촉진시킬 수 있다. 교사가 영유아와 놀이 상호작용을 하는 경우는 영유아가 놀이를 전혀 하지 않고 있거나 또래와의 상호작용을 못하는 경우 놀이 개입을 통한 상호작용을 한다. 그리고 교사는 영유아의 놀이가 동일한 방식으로 반복되고 확장되지 않으면 새로운 방식으로 놀이를 하도록 질문하고 제안하고 격려함으로써 자연스럽게 비계 설정을 한다. 교사는 영유아의 즐거운 놀이 친구이므로 자신들의 놀이 상황에 교사를 초대하기도 한다. 이때 교사는 놀이 속에서 영유아의 생각과 지식, 놀이 수준을 파악함으로써 영유아의 발달 수준을 가늠해 볼 수 있다.

(1) 활동에 대한 흥미나 호기심 유발 및 지속을 위한 상호작용

영아가 놀이를 주도적으로 이끌어 가도록 교사는 영유아의 놀이 상황과 흥미를 관찰하여 적절한 상호작용을 해야 한다. 이를 위해 교사는 영아가 활동에 흥미와 호기심을 갖도록 동기를 유발시키고 활동 중 영아의 반응에 즉각적으로 반응하는 것이 필요하다.

〈표 10-1〉 활동에 대한 흥미나 호기심 유발 및 지속을 위한 상호작용(영아)

상호작용 유형	세부 유형	상호작용의 예
활동에 대해 흥미나 호기심 유발 및 지속을 위한 상호작용	1. 동기 유발 시키기	• "책상 위에 장갑이 놓여 있네. 어떤 색이니? (영아가 빨간색이라고 말함) 아, 빨간색 장갑이 놓여 있구나! (영아가 장갑을 만지자) ㅇㅇ가 빨간색 장갑을 만지고 있구나. 어떤 느낌이니? (영아가 부드럽다고 말함) 아, ㅇㅇ는 장갑이 부드럽다고 느꼈구나. 선생님도 장갑을 만져 보니 정말 부드럽구나."
	2. 영아를 관찰하여 영아의 흥미를 파악하기	• "ㅇㅇ는 자동차에 기름을 넣고 싶었구나. 선생님이 기름 넣는 것을 도와줄게. 어떻게 넣으면 좋을까? (영아가 한 곳을 가리키며 기름 넣는 곳이라고 말함) 아, 여기가 기름 넣는 곳이구나. 여기에다 기름을 조금 넣어 볼까? 많이 넣어 볼까? (영아가 "많이"라고 말함) 그래, ㅇㅇ와 선생님이 힘을 합쳐서 기름 넣는 곳에 기름을 많이 넣어 보자."
	3. 다양한 방법으로 영아의 흥미 지속시키기	• (종이에 꽉 차게 끼적인 후 여백이 없어 흥미를 잃은 영아에게) "ㅇㅇ가 열심히 끼적여 봤구나. 이번엔 다른 도화지 위에 끼적여 볼까? 선생님은 하늘색 도화지 위에 끼적여 봐야겠다. ㅇㅇ는 무슨 색 도화지에 끼적여 볼래?"
	4. 영아의 반응에 맞춰 흥미를 지속시키기	• "초록색 벽돌 블록으로 집을 만들고 싶었는데, 초록색 벽돌 블록을 다른 친구들이 모두 사용해서 속상했구나. 그럼 ㅇㅇ가 가지고 있는 빨간색 벽돌 블록과 선생님이 가진 초록색 벽돌 블록을 바꿔서 집을 만들까?"

〈표 10-2〉 활동에 대한 흥미나 호기심 유발 및 지속을 위한 상호작용(유아)

상호작용 유형	세부 유형	상호작용의 예
활동에 대해 흥미나 호기심 유발 및 지속을 위한 상호작용	1. 동기 유발 시키기	• "(솜을 만지며) 이게 무엇일까? 만져 보니까 재미있는 느낌이 나네?" • "전화기가 없었던 옛날에는 멀리 사는 친구에게 하고 싶은 말이 있을 때 어떻게 했을까?" • "ㅁㅁ야, 이렇게 생긴 열매를 본 적이 있니?" • "평소에 우리가 볼 수 없었던 나뭇잎들이 많이 있네? ㅁㅁ도 같이 찾아보지 않을래?"
	2. 유아를 관찰하여 유아의 흥미를 파악하기	• "길가에 낙엽이 많이 있어 △△△반 친구들이 낙엽 위를 걸어 보고 싶었구나. 그럼 같이 걸어 볼까? 어떤 소리가 날까?" • "오늘은 솜으로 눈사람을 만드는 활동을 재미있어하는 친구들이 많구나."(솜과 재료들을 보충해 줌)
	3. 다양한 방법으로 유아의 흥미 지속시키기	• "이 씨앗을 조금 더 크고 자세히 보려면 어떻게 해야 할까?" • "이번에는 단풍 씨앗이 어떻게 생겼는지 식물도감에서 찾아 볼까?" • (겨울풍경 디오라마 그림 장면을 한 장 넘기며) "어? 이번에는 어떤 그림이지? 이곳에서는 어떤 일이 일어났을까?"
	4. 유아의 반응에 맞춰 흥미를 지속시키기	• "ㅁㅁ도 영양사 선생님께 궁금한 점이 많이 있었구나. 어떤 점이 궁금했니? 궁금한 점을 이 종이에 적어서 붙여 보겠니?" • (쌓기놀이 영역에서 우리 동네를 구성하면서) "약국이 필요하다고 생각했구나. 약국 건물을 어디에 만들어 볼 수 있을까? 약국 건물을 만들려면 무엇이 필요할까?"

(2) 자발적 선택 및 주도적 활동 전개를 위한 상호작용

영유아가 놀이와 활동에 몰입하도록 하기 위해 놀이와 활동을 스스로 선택하여 주도적으로 참여하여야 한다. 영아의 경우 실내 자유놀이와 실외 활동 시간에 놀잇감과 자료를 자유롭게 탐색할 충분한 시간을 허용해야 한다. 왜냐하면 영아는 놀잇감이나 활동 자료를 반복하여 충분히 탐색하여 익숙해진 이후에 놀이를 하기 때문에 재촉하지 말고 편안한 분위기를 조성하는 것이 필요하다. 각 영아마다 탐색하는 방법이 다르므로 교사는 영아의 특성을 파악하여 적절하게 상호작용할 필요가 있다. 또한 영유아가 주도적으로 선택한 활동에 몰입할 수 있도록 격려하고 영유아의 행동을 언어적으로 반영하고 확장해 준다.

〈표 10-3〉 영아의 자발적 선택 및 주도적 활동 전개를 위한 상호작용

상호작용 유형	세부 유형	상호작용의 예
자발적 선택 및 주도적 활동 전개를 위한 상호작용	1. 영아의 자발적 선택 지원하기	• "ㅇㅇ는 강아지 인형을 데리고 왔네." (영아가 "밥 줄거야." 라고 말함). "강아지 인형이 배고파 보인다고 생각했구나. 강아지 인형에게 어떤 음식을 만들어 주면 좋을까?" (영아가 우유병을 가지고 오자) "아! 우유를 주고 싶구나."
	2. 영아의 주도적 참여 격려하기	• "ㅇㅇ가 요리를 하고 있구나. 어떤 요리를 하고 있니?" (영아가 '스프'라고 말하자) "아, ㅇㅇ가 스프를 만들고 있구나. 맛있는 냄새가 난다. ㅇㅇ가 다 만들면 선생님이 한 입 먹어 봐도 될까?" • "ㅇㅇ가 혼자서 컵 블록을 ㅇㅇ의 키만큼 쌓아 보았구나. ㅇㅇ는 정말 높이 컵 블록을 쌓아 볼 수 있구나. 빨간색, 파란색, 노란색, 초록색 등 여러 가지 색 블록을 이용해 쌓으니 멋있는 탑이 되었어!"

〈표 10-4〉 유아의 자발적 선택 및 주도적 활동 전개를 위한 상호작용

상호작용 유형	세부 유형	상호작용의 예
자발적 선택 및 주도적 활동 전개를 위한 상호작용	1. 유아의 자발적 선택 지원하기	• "오늘은 어떤 새로운 놀잇감이 있는지 선생님과 함께 살펴볼까? 선생님도 궁금하네." • "수·조작 영역에서는 패턴놀이를 해 볼 수 있고 미술 영역에서는 선생님의 모습을 재미있게 꾸며 주는 활동도 준비되어 있어. ㅁㅁ는 어떤 놀이를 해 보고 싶니?"
	2. 유아의 주도적 참여 격려하기	• "신체표현 놀이가 재미있었구나. 그럼 너희들의 생각대로 역할을 바꿔서 해 보렴. 노래는 선생님이 계속 틀어 놓을게" • "ㅁㅁ는 선생님이 드레스를 그려 주길 원했구나. 그런데 ㅁㅁ만의 생각으로도 멋지게 드레스를 그려 꾸며 볼 수 있을 것 같아. 한 번 해 보겠니?" (유아가 계속 선생님에게 드레스를 그려 달라고 하자) "그림 그리기가 힘들면 잡지에서 좋아하는 드레스를 찾아서 붙여 보는 건 어떨까?" • "ㅁㅁ는 친구들이 만든 동극 무대 옆에 문구점을 구성하고 싶었구나. 동극을 보러 온 손님들이 필요한 물건이 있을 때 문구점에 갈 수 있겠는걸? 문구점을 어떻게 만들면 좋을까?"

(3) 놀이 진행 중 또는 놀이가 부진한 경우의 상호작용

교사는 놀이가 이루어지는 상황을 수시로 관찰하여 놀이 진행과정을 전체적으로 파악하고 있어야 한다. 놀이가 더 이상 진전되지 않고 같은 행동이 반복적으로 나타나면 새로운 아이디어나 놀잇감을 제공하여 놀이를 발전시킨다. 또한 놀이에 참여하지 못하고 있는 영유아를 위해서는 흥미를 유도할 수 있는 놀이와 놀잇감을 제시하거나 놀이 상대가 되어 개별적으로 상호작용한다. 영유아가 자신의 의사를 언어로 적절하게 표현하지 못할 경우 영유아의 의도를 적절하게 파악하여 말로 표현해 줄 필요가 있다.

〈표 10-5〉 영아의 부진한 놀이 개입을 위한 상호작용

상호작용 유형	세부 유형	상호작용의 예
놀이 진행 중 또는 놀이가 부진한 경우의 상호작용	1. 영아의 놀이 진행과정 파악하기	• "나비반 친구들이 모여서 블록으로 기차를 만들고 있구나. 여러 색깔로 된 길쭉한 기차구나."
	2. 흥미 영역의 활동들 간의 연계 지원하기 실내외 활동들 간의 연계 지원하기	• "ㅇㅇ가 빅 레고 블록으로 집을 만들고 있구나. 실내놀이터에서 사용했던 담요를 이용해서 집 안에 깔아 보았네. ㅇㅇ가 담요를 깔아 주어서 집이 따뜻하겠다. 이제 집을 다 만들었으니 무엇을 할까? (영아들이 친구들을 부르자고 함) 그래 우리 친구들을 집으로 초대하자. 친구들과 집에서 뭘 하면 좋을까?" (쌓기놀이와 극화놀이가 연계됨)
	3. 교사의 놀이 개입으로 영아의 놀이 수준 높이기	• "ㅇㅇ가 〈작은 동물원〉노래를 듣고 있구나. 선생님은 노래에 맞춰 마라카스를 흔들어 봐야겠다. ㅇㅇ도 선생님과 함께 노래에 맞춰 마라카스를 흔들어 보고 싶구나. 함께해 볼까?"
	4. 놀이에 참여하지 못하는 영아의 놀이 참여 지원하기	• (배회하는 영아에게 다가가) "ㅇㅇ는 교실을 돌아다니면서 무엇을 할지 살펴보고 있구나. 선생님과 함께 무엇을 하며 놀이할지 찾아볼까? 어, 저기 친구들은 컵 블록 안에 알록달록한 솜공을 넣어 보고 있네." (영아가 컵 블록놀이에 관심을 보이자) "ㅇㅇ도 컵 블록 하고 싶어? 저기 교구장에 컵 블록이 남아 있네. 선생님이랑 꺼내서 함께해 보자."

〈표 10-6〉 유아의 부진한 놀이 개입을 위한 상호작용

상호작용 유형	세부 유형	상호작용의 예
놀이 진행 중 또는 놀이가 부진한 경우의 상호작용	1. 흥미 영역의 활동들 간의 연계 지원하기 실내외 활동들 간의 연계 지원하기	• (쌓기 영역에서 우리 동네를 구성하는 중에) "이곳을 약국이라고 하고 싶었구나. 그런데 사람들이 이곳이 약국이라는 것을 알 수 있을까?" (이후 유아들이 '약', '약국' 등의 글자를 쓴 간판을 만들어 붙임. 역할놀이와 언어 활동의 연계가 이루어짐) • (쌓기놀이 영역에서 정원을 구성한 후) "열매정원을 전시해 놓으니 어떠니? 그런데, 혹시 동생들이 지나가다가 너무 예쁘고 궁금해서 만지면 어떡하지? 좋은 방법이 없을까?" (이후 아이들이 '만지지 마세요' 글자를 써서 붙이자고 함)
	2. 교사의 놀이 개입으로 유아의 놀이 수준 높이기	• (병원놀이 중 유아가 의사 가운만 입고 무엇을 해야 할지 모르는 듯이 앉아 있어 교사가 개입하며) "의사 선생님, 환자가 열이 많이 나는 것 같아요. 몸이 많이 뜨거워요. 열이 얼마나 나는지 알아볼 수 없을까요?" (이후 유아들이 체온계가 필요하다며 체온계를 만들어 체온을 측정하는 놀이가 진행됨)
	3. 놀이에 참여하지 못하는 유아의 놀이 참여 지원하기	• (쌓기놀이 영역에서 공항 구성을 한 후 ㅁㅁ가 블록으로 만든 비행기를 조종하고 있음. 교사가 놀이에 참여하지 못한 한 유아를 참여시키기 위해) "ㅁㅁ가 이 비행기 조종사구나. 그런데 부조종사가 필요하지 않니?" (ㅁㅁ가 필요하다고 하자) "△△야, ㅁㅁ가 이 비행기를 같이 조종할 부조종사가 필요하대. △△가 해 보면 어떨까?"

(4) 사고 확장을 위한 상호작용

교사는 영아가 사물을 가리키면 함께 같은 방향을 쳐다보고 개방적인 질문을 하고, 교사의 질문에 표정이나 몸짓, 말로 표현할 수 있는 기회를 제공한다. 또한 영유아의 사고를 확장하는 질문을 한다.

〈표 10-7〉 영아의 사고 확장을 위한 상호작용

상호작용 유형	세부 유형	상호작용의 예
영아의 사고 확장을 위한 상호작용	1. 교사의 개방적 발문하기	• (그림책 속의 코끼리를 보며 '이게 뭐야?' 하는 영아에게) "어, 이게 뭘까? 코가 아주 길구나" (영아가 생각하고 표현해 볼 수 있도록 반응해 줌) • "ㅇㅇ가 분류하기 통에 들어 있는 모양놀잇감을 보고 비타민이라고 생각했구나. 비타민과 어떤 점이 닮았을까?"
	2. 사고 확장을 위한 발문	• (영아와 함께 그림책을 보는데 영아가 눈 내리는 그림을 보며 '눈'이라고 말함) "책 속에 눈이 내리고 있구나. 또 어떤 것이 있니?" (영아가 발자국이라고 말함) "아, ㅇㅇ가 발자국을 찾아보았구나. 눈 위에 발자국이 찍혀 있네. 누구의 발자국일까?" (영아가 강아지라고 말함) "ㅇㅇ는 강아지 발자국이라고 생각했구나. 왜 강아지 발자국이라고 생각했니?" (영아가 발자국 앞에 그려져 있는 강아지를 가리킨다) "강아지가 발자국 앞에 있어서 강아지 발자국이라고 생각했구나." • "ㅇㅇ와 △△가 기차를 만들고 있구나. 여기가 문이구나. 기차에 문 말고 또 어떤 것이 있을까?"
	3. 새로운 질문 촉진을 위한 발문	• (영아가 소리 나는 그림책을 보는 중에 기차 그림에 눈길이 머물러 있자) "ㅇㅇ는 기차에 대해 관심이 많구나. (영아가 기차 소리가 나는 버튼을 누르자) "ㅇㅇ가 기차에서 나는 소리가 궁금했구나." (이어서 영아가 배 그림을 보며 배 소리 버튼을 누르려고 함)

〈표 10-8〉 유아의 사고 확장을 위한 상호작용

상호작용 유형	세부 유형	상호작용의 예
유아의 사고 확장을 위한 상호작용	1. 교사의 개방적 발문하기	• "영국으로 이사 간 ㅁㅁ에게 △△△반 친구들의 소식을 전해 줄 수 있는 방법이 있을까? 어떻게 전해 줄 수 있을까?" • "도토리를 나뭇잎 위에 붙이고 싶었구나. 어떻게 하면 떨어지지 않게 붙일 수 있을까?"

상호작용 유형	세부 유형	상호작용의 예
유아의 사고 확장을 위한 상호작용	2. 사고 확장을 위한 발문	• "ㅁㅁ가 파란색 스티커가 필요했는데, 흰색 스티커만 남아 있구나. 좋은 방법이 없을까? 흰색 스티커를 이용해 어디를 더 꾸밀 수 있을까? 흰색 스티커를 파란색 스티커로 변신하게 하는 방법은 없을까?" • "왜 한 그루의 나무에 있는 나뭇잎인데 이쪽이랑 저쪽이랑 색이 다를까? 저 나무는 어떠니? 저 나무는 모두 같은 색 잎을 가지고 있는데 왜 그런 걸까?"
	3. 새로운 질문 촉진을 위한 발문	• "보드마카 뚜껑을 닫아 놓지 않았더니 글씨가 안 써지는구나. 보드마카를 오랫동안 잘 나오게 쓰려면 어떻게 하면 좋을까?" • "우리 친구들이 유자청에 대해 알고 싶은 점이 많구나. ㅁㅁ는 따뜻한 물에 유자청을 넣었을 때 어떤 일이 일어나는지 궁금하다고 했어." (교사가 유자청을 물에 탄 후) "왜 물의 색깔이 변했다고 생각하니?" (유아들의 대답을 들은 후) "다른 친구들은 어떤 점이 궁금한지 말해 보자."

3) 영유아 존중을 위한 상호작용

영유아는 교사와의 신뢰로운 관계 속에서 긍정적 상호작용을 하면서 정서적으로 안정되고 편안하게 생활할 수 있다. 따라서 교사는 영유아가 이해할 수 있는 언어를 사용하고 칭찬과 격려를 함으로써 영아가 자신이 가치로운 존재임을 인식하고 인지적으로 성장하는 것뿐만 아니라 긍정적 사회관계를 형성하는 데 도움을 줄 수 있다.

(1) 영유아 존중을 표현하는 상호작용

교사는 영아의 문화적 배경, 민족 배경, 가정의 사회경제적 지위, 신체적 특성, 성별, 외모, 성격, 옷차림 등으로 평가하지 않고 편견 없이 모든 영유아를 공평하게 대하고 존중하는 태도와 행동을 보여야 한다. 이를 위해 교사는 영아의 이름을 불러 주고 영아의 요구에 즉각적으로 반응하고 영아의 실수를 이해하고 너그럽게 받아들이며 대화를 할 때는 따뜻한 표정으로 영아의 눈높이에 맞춰 말하고 영아의 말을 주의 깊게 듣는다.

(2) 영유아의 요구에 반응하는 상호작용

영유아가 개별적 요구를 하거나 질문을 할 수 있도록 편안한 분위기를 조성하고 시선을 마주치고 부드러운 표정으로 고개를 끄덕이는 등 영유아의 요구를 수용한다는 행동을 보이고 주의 깊게 듣는다. 영아가 언어적 표현이 가능해지면서 같은 내용을 반복적으로 질문하는 경향이 있으므로 교사는 인내심을 가지고 꾸준히 반응을 해 준다. 언어적 표현이 미숙한 만 1세 미만 영아가 몸짓이나 표정, 또는 음성으로 표현하는 요구에 대해서는 교사가 적절한 반응을 해 준다.

〈표 10-9〉 영아의 요구에 반응하는 상호작용

상호작용 유형	세부 유형	상호작용의 예
영아의 요구에 반응하는 상호작용	1. 개별적 요구 표현 수용하기	• "ㅇㅇ가 쉬를 화장실 가서 해 보고 싶었구나. 선생님과 함께 화장실에 다녀올까?" • "ㅇㅇ는 거울을 보면서 로션을 발라 보고 싶었구나. 친구들이 양치하지 않는 이쪽으로 와 거울을 보면서 로션을 발라 볼까?" • "ㅇㅇ야, 하고 싶은 말이 있니? 식판을 정리하고 싶니? 아, ㅇㅇ가 밥을 더 먹고 싶었구나."
	2. 요구나 질문을 주의 깊게 듣기	• (영아가 "기저귀, 기저귀"라고 반복해서 말하자 교사가 고개를 끄덕이며) "ㅇㅇ가 화장실에 기저귀를 스스로 가져가 보고 싶었구나. 선생님이 ㅇㅇ의 기저귀를 줄 테니 ㅇㅇ가 가져가 볼까?" • (영아가 가습기에서 나오는 흰 증기를 가리키며 "어, 어." 라고 말한다. 교사가 다가가 가습기 증기를 가리키며) "ㅇㅇ가 가습기에서 나오는 연기가 궁금했구나. 이게 무엇인지 궁금했구나. 우리 몸이 거칠거칠해지지 않도록 도와주는 거라고 해."

상호작용 유형	세부 유형	상호작용의 예
영아의 요구에 반응하는 상호작용	3. 요구나 질문에 반응하기	• (영아가 "무, 무!" 라고 소리를 낼 때) "ㅇㅇ가 시원한 물을 마시고 싶었구나. 선생님이 시원한 물 따라 줄게." • (새로운 노래를 틀자 영아가 갑자기 소리를 지른다. 영아를 안아 주면서) "ㅇㅇ가 〈눈을 굴려서〉 노래를 듣고 싶었는데, 다른 노래가 나와서 속상했구나. 그런데 친구들이 이 노래를 듣고 있으니까, 이 노래가 끝나면 〈눈을 굴려서〉 노래 틀어 줄게."

〈표 10-10〉 유아의 요구에 반응하는 상호작용

상호작용 유형	세부 유형	상호작용의 예
유아의 요구에 반응하는 상호작용	1. 개별적 요구 표현 수용하기	• "□□야, 대변이 마려우면 참지 말고 언제든 선생님에게 와서 이야기해 줘. 대변을 보는 것은 □□가 먹은 음식 중에 필요하지 않은 것들을 몸 밖으로 내보내 주는 건강한 일이거든." • (다른 유아와 말하는 도중 끼어들어 말하는 유아의 눈을 바라보고 고개를 끄덕이며) "잠시만" 하고 입 모양으로 말함
	2. 요구나 질문을 주의 깊게 듣기	• "△△랑 이야기하는 중인데, 잠시만 기다려 줄래?", "□□아, 오래 기다렸지? 이제 □□가 하고 싶었던 말을 해 주겠니?" • (눈을 맞추며) "그랬구나. □□가 선생님에게 궁금한 점이 아주 많았구나."
	3. 요구나 질문에 반응하기	• "□□가 그림을 그리는 동안 선생님이 눈을 감고 있기를 바랐구나. 그런데 선생님이 눈을 감으면 다른 친구들이 안전하게 놀이하는지 알 수가 없단다." • (케이크를 떨어뜨린 유아에게 다가가며) "케이크가 떨어졌구나. 놀랐지? 선생님이 다시 준비해 줄게. 바닥 닦는 것을 도와줄 수 있겠니?"
	4. 자신의 의견이나 생각을 말로 표현하도록 지원하기	• "□□가 직접 이야기해 보는 건 어떨까? • "□□가 불편한 마음이 들었니? □□가 왜 불편했는지 친구에게 이야기해 줄 수 있을까?"

(3) 영유아의 특성을 반영한 상호작용

교사는 개별 영유아의 기질과 생활패턴(수면 시간, 배변, 식성, 감각적 민감성)을 파악하여 민감한 상호작용을 한다. 특히 영아의 정서 상태에 맞게 따뜻하고 긍정적인 말과 말투, 몸짓이나 표정으로 반응한다. 특히 영아가 부정적 정서를 표현하면 현재의 감정을 그대로 수용하는 말과 함께 안아 주거나 토닥이는 것처럼 비언어적 표현을 하여 영아가 안정감을 얻도록 도와준다. 영아는 언어적으로 미숙하기 때문에 울음, 짜증, 화냄, 소리 지르기, 또래 밀침, 놀잇감 집어 던지기 등으로 불안함을 나타내기 때문에 그 원인이 무엇인지 관찰을 통해 파악하는 것도 필요하다.

개별 영유아의 놀이 특성인 선호놀이, 놀이 지속 시간, 선호하는 흥미 영역, 놀이 친구에 대해 관찰한다. 이를 통해 영유아의 발달 수준과 흥미에 맞는 놀잇감을 제공하며 놀이에 자발적으로 참여하도록 이끌 수 있다.

〈표 10-11〉 영아의 특성을 반영한 상호작용

상호작용 유형	세부 유형	상호작용의 예
영아의 특성을 반영한 상호작용	1. 개별 영아의 기질과 생활 리듬, 상황에 대한 민감성을 알기	• "○○가 곰 인형을 안고 잠을 자고 싶었구나. 곰 인형을 가져와서 곰 인형과 함께 잠을 자 볼까?"
	2. 정서적 상태에 맞춰 반응하기	• "○○가 바닥에 넘어졌구나. 넘어져서 아프고 속상했겠다. 어디가 아프니? 선생님이 '호' 해 줄게."
	3. 부정적 정서의 원인 파악 및 안정시키기	• (울고 있는 영아를 안아 주며) "○○가 열심히 쌓은 블록을 다른 친구가 무너뜨려서 속상했구나. 친구가 지나가다가 ○○가 쌓은 블록을 못 봐서 쳐버렸대. 선생님과 함께 다시 쌓아 볼까?"
	4. 놀이 선호 및 놀이 수준 파악 및 개별 특성에 맞게 반응하기	• "○○는 썰매놀이를 좋아하지? ○○가 △△와 썰매놀이를 하고 싶었구나. 그런데 지금 △△가 책을 읽고 있네. △△에게 책을 다 읽고 함께 썰매놀이를 하자고 물어볼까?"

〈표 10-12〉 유아의 특성을 반영한 상호작용

상호작용 유형	세부 유형	상호작용의 예
유아의 특성을 반영한 상호작용	1. 개별 유아의 기질과 생활리듬, 상황에 대한 민감성을 알기	• "ㅁㅁ가 크게 소리를 질러서 △△가 많이 놀랐구나. ㅁㅁ야, 소리를 질러서 표현하면 친구는 ㅁㅁ가 어떤 말을 하는지, 무엇이 불편한지 잘 모를 수 있으니까 조금 작은 목소리로 △△에게 말해 주겠니?" • "ㅁㅁ는 손에 찰흙이 묻는 것이 불편하구나. 선생님이랑 같이 조금만 만져 보고 물티슈로 손을 닦아 볼까?
	2. 정서적 상태에 맞춰 반응하기	• "벽에 부딪혀서 놀랐지? 어디 보자, 아픈 데는 없니? 눈 옆이 조금 빨개진 것 같네. 선생님이랑 화장실 가서 얼굴을 씻고 오자."
	3. 부정적 정서의 원인 파악 및 안정시키기	• "ㅁㅁ가 속상해서 눈물이 났구나. 선생님이랑 물 한잔 마시고 올까?" • "ㅁㅁ가 화가 많이 났구나. (안아서 등을 토닥여 주며) 선생님이랑 숨을 크게 쉬어 볼까? 후~ 자, 이제 선생님에게 왜 화가 났는지 이야기해 줄 수 있겠니?"
	4. 놀이 선호 및 놀이 수준 파악 및 개별 특성에 맞게 반응하기	• "ㅁㅁ는 저번에 운동선수가 되고 싶다고 말했었지? 그래서 선생님이 운동선수 사진을 여러 개 가지고 왔단다." • "ㅁㅁ도 그림을 그려보고 싶었구나. 어? 이것도 ㅁㅁ가 그린 거니? 선생님은 ㅁㅁ가 교통기관을 그린 것은 많이 봤는데, 오늘은 사람도 그려 보았구나."

(4) 영유아의 행동을 통제할 때의 상호작용

교사는 영유아의 행동을 직접적으로 지시하거나 제지하는 말을 사용하기보다는 영유아에게 부탁하는 말을 하여 영유아의 행동을 긍정적으로 이끌도록 한다. 영유아가 최소한의 약속과 규칙을 지키도록 약속과 규칙을 반복적으로 이야기해 주고 모델링을 보여 준다.

〈표 10-13〉 영아의 행동을 통제할 때의 상호작용

상호작용 유형	세부 유형	상호작용의 예
영아의 행동을 통제할 때의 상호작용	1. 영아의 행동을 통제할 필요가 있을 경우, 영아가 해야 할 구체적인 행동 제안하기	• "ㅇㅇ가 교구장 위에 올라갔구나. 교구장 위에 올라가면 아래로 '쿵' 하고 떨어질 수가 있대. ㅇㅇ가 떨어지면 다치고, 많이 아플 수 있어. ㅇㅇ가 어디 올라가고 싶으면 폼 블록 위에 올라가면 어떨까?"
	2. 약속과 규칙 지키도록 격려하기	• "ㅇㅇ가 식판을 정리해 보았구나. ㅇㅇ가 식판을 스스로 정리해 주어서 고마워."

〈표 10-14〉 유아의 행동을 통제할 때의 상호작용

상호작용 유형	세부 유형	상호작용의 예
유아의 행동을 통제할 때의 상호작용	1. 유아의 행동을 통제할 필요가 있을 경우, 유아가 해야 할 구체적인 행동 제안하기	• (다른 편에서 활동을 진행하던 중 미끄럼틀에서 여러 명의 유아가 동시에 내려오는 상황을 발견하며) "미끄럼틀 타는 놀이가 재미있었구나. 그런데 미끄럼틀을 여러 명의 친구가 함께 내려오면 어떤 일이 일어날 수 있을까? 재미있으면서 안전하게 놀이하는 방법은 없을까?" • "앞 친구를 밀기보다 노란 발자국에 서서 기다려 주면 더 안전하게 손을 씻을 수 있을 것 같아." • "교구장 앞에서부터 블록을 구성하면 친구들이 다른 놀잇감을 꺼낼 수 있을까? 우리가 정했던 약속처럼 교구장에서 한 걸음 떨어져서 구성해 볼까?"
	2. 약속과 규칙 지키도록 격려하기	• "사용하지 않는 놀잇감들을 바닥에 두고 가면 어떤 일이 일어날 수 있을까? 와, ㅇㅇ가 친구들의 안전을 위해 블록들을 정리해 주는구나." • "소매가 젖지 않도록 소매를 걷고 손을 씻자. (유아가 소매를 걷고 손을 씻자) 그래 그렇게 하면 돼. 소매가 젖지 않아 기분이 좋지?"

(5) 영유아의 자신감을 북돋우는 상호작용

교사는 영유아가 잘한 행동에 대해 칭찬을 하되 구체적 행동에 대해 언급한다. 단순히 "잘했어.", "멋지다.", "최고!"와 같이 형식적인 칭찬보다는 "선생님이 도와

주지 않아도 혼자서 손을 깨끗이 씻을 수 있구나."처럼 구체적 행동에 대해 칭찬을 한다. 반면에 어려운 일을 하거나 용기가 필요할 경우에는 그 행동에 대해 격려의 말을 한다.

〈표 10-15〉 영아의 자신감을 북돋우는 상호작용

상호작용 유형	세부 유형	상호작용의 예
영아의 자신감을 북돋우는 상호작용	1. 영아가 한 구체적 행동에 대해 칭찬하기	• "○○가 구급차를 타고 싶어 하는 친구에게 양보해 주었구나. ○○ 덕분에 친구가 구급차를 타게 되어 기분이 좋아졌대." • "○○가 스스로 바닥에 떨어져 있는 책을 책꽂이에 넣어 주었구나. ○○ 덕분에 교실이 깨끗해지고 있어."
	2. 영아의 어려운 일 시도에 대해 구체적으로 격려하기	• "○○가 변기에 안 빠지도록 정말 잘 잡고 있구나. 이제는 혼자서도 변기를 잘 잡고 쉬를 할 수 있네." • "○○가 스스로 ○○의 키보다 높게 쌓고 있구나. 높아서 어려울 텐데도 팔을 길게 뻗어서 쌓아 멋진 탑이 되었어."

〈표 10-16〉 유아의 자신감을 북돋우는 상호작용

상호작용 유형	세부 유형	상호작용의 예
유아의 자신감을 북돋우는 상호작용	1. 유아가 한 구체적 행동에 대해 칭찬하기	• "□□가 스스로 양말도 신고 바지도 입어 보았구나. □□가 할 수 있는 일을 스스로 해서 준비가 일찍 끝났구나." • "너희들이 힘을 합쳐 미끄럼틀을 만들어 보았구나. 교실 안에 이렇게 큰 미끄럼틀이 생긴 것은 처음이야. 할로우 블록 밑에 유니트 블록을 넣어서 더욱 튼튼해 보이는구나"
	2. 유아가 한 어려운 일 시도에 대해 구체적으로 격려하기	• "□□가 가위로 오리는 것이 어렵다고 생각했구나. 선생님이랑 같이 가위를 잡고 오려 볼까? 이번에는 선생님이 종이를 잡아 줄 테니 □□가 스스로 오려 보겠니?" (유아가 성공적으로 종이를 오리자) "우와, 선생님 도움이 없이도 □□가 이렇게 오릴 수 있네?" • "오늘은 □□가 옷걸이를 스스로 걸어 볼까? 어려우면 선생님이 팔 접힌 부분만 펴 줄게. 자, 이제 이 구멍에 옷걸이를 넣어 보렴. 그렇지, 우와! □□가 스스로 걸어 볼 수 있네."

4) 또래 간 상호작용 격려를 위한 상호작용

영아는 발달상 언어적 표현이 부족하고 또래를 배려하거나 친사회적 행동과 같은 상호작용을 하기 어렵다. 그렇지만 기관에서 또래들과 함께 생활해야 하기 때문에 또래에게 관심을 가지고 원만하게 지낼 수 있도록 도와주어야 한다. 따라서 교사가 일상생활에서 자연스럽게 모델링을 보여 간접적으로 경험을 하도록 할 수 있다.

교사는 또래 간의 상호작용이 활발하게 이루어지도록 영유아의 놀이과정이나 행동을 면밀히 관찰하여 적절한 때 또래에게 친밀감을 갖고 배려하고, 나누고 도와주는 기회를 제공하고 이러한 행동을 격려한다.

(1) 또래 간 긍정적 상호작용 격려를 위한 교사의 상호작용

교사는 영유아가 우선 또래에게 관심을 가질 기회를 제공하여 또래를 친숙하게 느끼도록 해 준다. 한 영아가 다른 영유아를 바라보거나 미소 지으며 관심을 보일 경우 관심을 보이는 영아의 행동을 그대로 말로 묘사하여(행동 반영) 다른 영아 또한 관심을 갖도록 유도한다. 그리고 또래 간에 긍정적 상호작용이 관찰되면 이를 칭찬하거나 격려한다. 또래 간에 생각과 행동, 좋아하는 것이 다르다는 것을 인식하도록 설명하는 것도 필요하다.

〈표 10-17〉 영아의 또래 간 상호작용 격려를 위한 교사의 상호작용

상호작용 유형	세부 유형	상호작용의 예
영아의 또래 간 긍정적 상호작용 격려를 위한 교사의 상호작용	1. 또래와 긍정적 상호작용을 할 기회 제공하기	• "ㅇㅇ와 ◇◇가 차례차례 벽돌 블록을 쌓아 보고 있구나? 둘이 함께 쌓으니까 더 높은 블록 탑이 완성되고 있네." • (다른 영아들이 ㅇㅇ와 교사가 만든 기차에 타고 싶어 하는 상황에서) "ㅇㅇ야, 선생님과 함께 만든 기차가 정말 멋지구나. 자리도 많이 남아 있네. 그런데 다른 친구들이 우리가 만든 멋진 기차에 타고 싶은가 봐. 친구들과 함께 타보는 건 어떨까? (영아가 함께 타 보고 싶다고 하자) ㅇㅇ도 친구들과 함께 타 보고 싶구나. ㅇㅇ가 친구들에게 같이 타자고 말해 줄 수 있겠니?"
	2. 영아 간 긍정적 상호작용에 대해 칭찬 및 격려하기	• (화장실에서) "먼저 손을 닦은 ㅇㅇ가 아직 손 닦고 있는 ◇◇를 기다려 주고 있구나. ㅇㅇ야, 고마워. ㅇㅇ가 기다려 주어서 ◇◇가 깨끗하게 손을 씻고 교실에 함께 갈 수 있겠구나. ㅇㅇ가 친구를 기다려 주어서 선생님도 기분이 참 좋아." • "ㅇㅇ가 ◇◇에게 블록을 나누어 주었구나. ㅇㅇ가 나눠 주니까 ◇◇가 참 좋아하네. ㅇㅇ 덕분에 ◇◇도 블록놀이를 할 수 있게 되었네."
	3. 또래 간 서로 다름(생각, 행동, 모습) 인정하고 설명하기	• "ㅇㅇ는 블록을 높게 쌓고 있고, ◇◇는 길쭉하게 늘여 놓고 있네. 서로 하고 싶은 것이 달라서, 다른 방법으로 쌓고 있구나." • "ㅇㅇ는 초록색 공을 개구리라고 생각했는데 ◇◇는 비타민이라고 생각했구나. ㅇㅇ는 초록색 공을 왜 개구리라고 생각했니? (ㅇㅇ의 대답을 듣고 난후) 색깔이 초록색이어서 개구리라고 생각했구나. ◇◇는 왜 비타민이라고 생각했니? (◇◇의 대답을 듣고 난 후) 동그란 모양이여서 비타민이라고 생각했구나."
	4. 또래에게 자신의 의견이나 생각을 말로 표현하도록 지원하기	• "ㅇㅇ가 사용하는 자동차 놀잇감을 ◇◇도 사용하고 싶었구나. 'ㅇㅇ야, 그 자동차 빌려 줄래?'라고 친구에게 빌려 줄 수 있는지 물어볼까?" • "ㅇㅇ가 간식을 먹는데 ◇◇가 안아서 불편했구나? 친구에게 '불편해'라고 이야기해 주자. 그럼 ◇◇도 ㅇㅇ가 불편한 걸 알 수 있을거야." • "ㅇㅇ도 장갑으로 놀이하고 싶어? 그런데 장갑이 없네. 어떻게 하지? ㅇㅇ가 친구에게 '빌려 줄래?'라고 이야기해 보자."

〈표 10-18〉 유아의 또래 간 상호작용 격려를 위한 교사의 상호작용

상호작용 유형	세부 유형	상호작용의 예
유아의 또래 간 긍정적 상호작용 격려를 위한 교사의 상호작용	1. 또래와 긍정적 상호작용을 할 기회 제공하기	• "ㅁㅁ가 △△에게 이야기해 보는 건 어때? △△가 잘 들어줄거 같은데." • "생일인 친구에게 어떤 말들을 해 주면 기뻐할까?"
	2. 유아 간 긍정적 상호작용에 대해 칭찬 및 격려하기	• "ㅁㅁ가 △△의 치마 지퍼 올리는 것을 도와주고 싶었구나. 뒤에 있는 지퍼는 혼자 올리기가 어려운데 ㅁㅁ가 도와줘서 △△가 쉽게 치마를 입을 수 있었네." • "동생이 귤 까기를 어려워해서 ㅁㅁ가 도와주었구나. ㅁㅁ 덕분에 동생이 귤을 맛있게 맛볼 수 있겠구나." • "ㅁㅁ가 동생들에게 뛰어가면 위험하다고 친절하게 말해주니, 동생들이 모두 안전하게 걸을 수 있을 것 같네."
	3. 또래 간 서로 다름(생각, 행동, 모습) 인정하고 설명하기	• "ㅁㅁ 꽃은 꽃잎이 둥그렇게 생겼는데 △△ 꽃은 세모 모양처럼 생겼네? 너희들이 그린 것처럼 정말 여러 가지 모양의 꽃잎이 있을 수 있겠구나. 우리 꽃 백과사전 한번 찾아볼까?" • "ㅁㅁ는 꽃게 역할이 더 재미있을 거라고 생각했구나. 그런데 △△는 해파리가 독침을 쏘는 장면이 재미있어서 해파리 역할을 하고 싶대. 사람들마다 하고 싶은 것, 재미있는 것이 다 다를 수 있단다. 선생님 친구는 그림 그리는 걸 좋아하는데 선생님은 노래 부르는 것이 더 재밌고 좋은 것처럼 말이야."
	4. 또래에게 자신의 의견이나 생각을 말로 표현하도록 지원하기	• "ㅁㅁ는 순서를 정해서 하는 게 좋다고 생각했구나. 그럼 그 생각을 △△에게도 말해 주는 건 어떨까?" • ("선생님, ㅁㅁ가 내, 내, 배게, 아니 이불, 아니 이, 이거, 뭐지, 누워서 자는 이거 위에 손을 올려놨어요."라고 말하는 유아에게) "ㅁㅁ가 자다가 △△의 매트 위에 손을 올려놓은 것이 불편했구나. △△에게 어떻게 말하면 좋을까?" • "ㅁㅁ는 순서를 정해서 하는 게 좋다고 생각했구나. 그럼 그 생각을 △△에게도 말해 주는 건 어떨까?"

(2) 또래 간 갈등 해결을 위한 상호작용

영아는 아직 타인에 대한 배려가 어려우므로 유아보다 놀잇감으로 인한 다툼이나 갈등 상황이 더 많이 발생한다. 이럴 경우 영아가 선호하는 놀잇감의 개수를

늘리고 안전사고와 같은 문제 상황이 발생하면 우선 교사가 신속하게 개입하여 해결한다. 이때 교사는 양쪽 영아의 부정적 감정을 수용한 후 이해할 수 있게 설명하고 긍정적 행동을 모델링하여 보여 준다.

또래 간의 갈등 상황이 발생하면 영아와 유아와의 상호작용을 다르게 한다. 영아의 경우는 교사가 양쪽 영아의 감정을 수용하고 적절히 개입하여 해결 방안을 제시한다. 유아의 경우는 두명 모두에게 상대방의 입장을 들어보게 한 후 스스로 문제를 해결할 수 있는 기회를 주거나 대안을 찾아보게 한 후 해결책을 실행하도록 한다.

〈표 10-19〉 영아의 또래 간 갈등 해결을 위한 상호작용

상호작용 유형	세부 유형	상호작용의 예
영아의 또래 간 갈등 해결을 위한 상호작용	교사의 영아 간 갈등 상황 개입 및 해결하기	• "ㅇㅇ가 먼저 오븐 놀잇감을 사용하고 있었는데 △△도 하고 싶어서 옆으로 밀었구나. △△야, 다른 친구가 먼저 사용하고 있으니까 선생님이랑 빵을 함께 만들면서 기다려 볼까?" • (벽돌 블록으로 의자를 만들어 생일축하 놀이를 함, 초록색 블록을 다른 영아가 사용하자 곁에 있던 영아가 자신의 것이라고 소리침) "ㅇㅇ도 초록색 블록에 앉고 싶었구나? 그럼 선생님이 여기 다른 초록색 블록을 줄게. ㅇㅇ는 여기에 앉을까?"

〈표 10-20〉 유아의 또래 간 갈등 해결을 위한 상호작용

상호작용 유형	세부 유형	상호작용의 예
유아의 또래 간 갈등 해결을 위한 상호작용	교사의 유아 간 갈등 상황 개입 및 해결하기	• "ㅁㅁ는 △△의 모자가 예쁘지 않다고 생각해서 그렇게 말했구나. 그런데 다른 친구가 ㅁㅁ의 것은 예쁘지 않다고 놀리면 ㅁㅁ의 마음은 어떨 것 같니?" • "ㅁㅁ랑 △△가 모두 이 책을 보고 싶었구나. 그런데 책은 한 권 뿐인데 어떻게 하면 좋을까?" • "만약 ㅁㅁ가 △△의 말을 들어주지 않고 ㅁㅁ가 하고 싶은 것만 하려고 한다면 △△는 어떤 기분이 들까?"

5) 기본생활지도 지원을 위한 상호작용

교사는 하루 일과 중에 영유아가 건강과 기본적인 생활습관과 태도를 형성할 수 있도록 지속적으로 상호작용을 한다. 올바른 식습관 형성을 위해서는 영유아의 감정과 의견을 존중하여 영유아가 시도해 볼 수 있는 목표를 단계별로 제시하여 지도한다. 건강을 위해서는 규칙적으로 씻는 경험을 제공하고 스스로 시도할 수 있도록 격려한다. 정리정돈 시에는 영유아의 연령과 특성을 고려하되 스스로 할 때 격려한다. 유아에게는 지켜야 할 규칙을 일방적으로 알려 주기보다는 유아들이 논의하여 규칙을 정하도록 허용하고 정해진 규칙을 실천하도록 격려한다.

6) 문제 상황 지원을 위한 상호작용

영유아들에게 가장 흔하게 나타나는 문제 상황으로는 영유아의 부적응 행동, 놀잇감 분쟁, 그리고 또래 공격하기 등이 있다. 이러한 문제 상황은 교실의 구조적 환경인 공간 크기, 놀잇감 수, 영유아의 수뿐만 아니라 영유아의 건강 상태, 교사와의 애착 정도, 개인적 특성, 날씨 등에 영향을 받는다. 문제 상황을 해결하기 위해 교사는 세심한 관찰을 통해 영유아의 정서적 요구를 파악하여 상호작용함으로써 친밀한 관계를 맺고 정서적으로 안정되게 돕는다. 교사는 영유아의 부정적 행동이 심각한 상황을 일으킬 정도가 아니면 지적하기보다는 무시하고 바람직한 행동을 했을 때 그 행동에 대해 칭찬과 격려를 구체적으로 한다. 문제 상황에서 영유아가 흥분하면 가라앉힐 시간을 주고 흥분이 가라앉으면 바람직하지 못한 행동이 왜 수용될 수 없고 그 결과에 대해 객관적으로 설명하는 상호작용을 한다.

C·H·A·P·T·E·R

11

교수·학습 활동의 평가

영유아 교수·학습 활동의 평가는 활동의 결과보다는 과정에 초점을 두고 다양한 평가 방법을 활용한다. 그리고 평가 결과는 교사에게 반성적 사고를 할 기회를 제공하고 추후 교육·보육계획안을 수립할 때 반영한다. 이 장에서는 평가의 중요성과 평가유형으로 영유아 평가, 교사 평가, 프로그램 평가에 대해 살펴보고자 한다.

1. 평가의 중요성

평가는 학습자가 무엇을 알고 무엇을 할 수 있는지를 알기 위한 거의 모든 형태의 측정(measurement)과 사정(appraisal)을 지칭한다. 측정은 어떤 대상이나 사건을 수량화하는 것이고 사정은 개인의 행동 특성과 다른 환경과의 관련성을 파악하기 위한 목적으로 다양한 방법을 통해 종합적으로 평가하는 것이다(문미옥, 2015). 영유아교육기관에서의 평가는 영유아의 발달을 진단하고 교육 및 보육 프로그램의 개선을 위해 관련 자료를 수집하고 분석하여 정보를 제공함으로써 교육 현장의 의사 결정을 돕기 위한 과정으로 정의할 수 있다(이은해 외, 1995).

영유아 교육 활동 평가는 단순히 영유아의 발달과 학습 성취에만 관심을 두고 이루어지는 것이 아니라, 학부모와의 의사소통, 프로그램의 발전을 위한 기초 자료 수집, 그리고 교사 자신의 발전을 위한 교육의 한 과정이다. 즉 영유아교육에서의 평가는 교육과정 전체가 적절하게 잘 구성되어 있는지, 교육 목표에 적합하게 교수·학습과정이 잘 짜여 있는지 등의 다양한 측면에 관심을 두고 이루어져야 한다(위영희 외, 2012). 따라서 이러한 평가는 영유아의 전인적인 성장과 발달을 돕고 영유아교육 활동을 계획하고 교사 자신의 반성적 사고를 이끄는 데 필수적인 활동이다.

개정 누리과정과 4차 표준보육과정에서 제안하고 있는 평가는 유아가 중심이 되고 놀이가 살아나는 교실 운영을 위해 평가를 간략화하고 각 기관의 자율적 평가를 강조하고 있다. 영유아 평가의 목적을 영유아의 행복과 전인적인 발달에 두고 있다. 교사는 유아의 배움이 나타나는 놀이, 일상생활, 활동에서 유아가 가장 즐기고 잘하는 것, 놀이의 특성, 흥미와 관심, 친구관계, 놀이를 이어 가기 위한 자료의 활용 등에 주목하여 영유아의 놀이를 관찰하고 이를 통해 영유아의 특성과 변화를 이해하도록 한다. 그리고 개정 누리과정과 4차 표준보육과정의 운영에서 놀이 시간이 충분히 보장되는지, 영유아 주도적 놀이가 이루어지고 있는지, 놀이 지원이 적절한지를 평가한다(교육부·보건복지부, 2019; 교육부·보건복지부, 2020).

2. 평가의 종류 및 평가 방법

1) 영유아 평가

영유아를 위한 평가는 영유아에게 일어난 발달상의 진보 정도 및 관심 영역을 알아보기 위해 실시한다. 즉 각 영유아의 특성을 발견하고 변화과정을 객관적 자료로 파악하고 여러 발달 영역을 종합적으로 평가한다. 교사는 영유아의 발달 상황에 관한 이해뿐만 아니라 교육과정 계획과 의사 결정에 필요한 정보를 얻기 위해 평가를 실시한다. 영유아 평가를 하는 또 다른 목적 중의 하나는 부모 면담을 통해 부모들에게 자녀의 발달과 성취 정도에 관한 정보를 제공하며 자녀의 발달에 적절한 지도를 하는 데 도움을 주기 위해서다. 이를 통해 부모는 자신의 아이를 객관적으로 볼 수 있어 양육 태도를 개선할 수 있다.

(1) 영유아 평가의 활용

교사는 영유아의 신체적, 인지적, 사회·정서적 발달이 정상적으로 이루어지고 있는지를 객관적 자료를 통해 종합적으로 파악하기 위해 평가를 한다. 영유아의 평가 결과를 통해 개별 영유아에 대해 구체적으로 이해함으로써 개별화 교육을 할 수 있으며, 평가 결과를 교육 프로그램에 반영한다.

(2) 영유아 평가의 원칙

아래 사항을 고려하여 영유아 평가를 한다.

- 영유아 간의 평가보다는 영유아 내의 평가가 이루어져야 한다.
- 활동의 결과보다는 활동과정에 초점을 두고 평가가 이루어져야 한다.
- 영유아의 발달과 변화를 이해할 수 있도록 주기적으로 관찰을 기록(영아 월 2회, 유아 월 1회)하고 일과 전반(일상생활, 놀이 활동)에 걸쳐 나타나는 행동을 관찰하여 기록한다.

- 영유아 발달 평가는 다양한 방법을 사용하는 것이 필요하다. 영유아 평가 자료로는 영유아의 행동 관찰, 일화기록, 활동 결과물 사진기록, 유아의 그림이나 이야기를 꾸며 쓴 자료 등의 포트폴리오, 대화 녹음이나 비디오 녹화 자료, 표준화된 검사 결과를 분석하여 종합적인 평가를 하도록 한다. 분석할 때는 영유아의 성취 위주보다는 각 영역에서의 변화에 초점을 두고 분석한다.
- 영유아 개별 파일을 마련하여 모든 평가 자료를 정리해 둘 필요가 있다.
- 각 영역의 평가는 지식, 기술, 태도 등을 평가한다.
- 일상생활과 보육과정 활동 전반에 걸쳐 평가한다.
- 영유아의 주기적 관찰 평가 및 발달 평가는 추후 보육계획안 수립 시 반영(활동 내용, 환경 구성, 교수 전략, 상호작용 등)한다.
- 영유아 평가 결과는 부모 면담 기초 자료로 활용한다.

(3) 관찰기록

관찰기록은 영유아에 대해 주기적으로 관찰을 하여 그 기록을 축적하여 놓은 것이다. 관찰기록을 통해 영유아의 발달 수준을 알 수 있고 개인차를 파악할 수 있어 개별 영유아의 발달 특성을 이해하고 개별화 교육의 기초 자료로 활용 가능하다. 또한 부모 면담을 위한 자료로도 사용된다.

기록 방법으로는 일화기록을 통한 관찰일지를 많이 사용한다. 관찰 내용은 각 영유아의 언어적, 비언어적 표현 및 반응, 놀이 행동, 상호작용 방법, 또래관계, 갈등 상황, 기본생활습관 등이다.

관찰일지는 한 가지 사건이나 행동에 대해 일정 시간 동안 관찰하고 관찰한 내용을 객관적으로 기술하는 일화기록법을 사용한다. 그리고 그 내용에 대해 교사가 해석을 한다. 이렇게 축적된 관찰일지를 토대로 개별 영유아에 대한 종합적인 의견을 제시할 수 있다. 그리고 다음 연도에 진급할 반의 담임교사가 개별 영유아를 이해하는 기초 자료로도 활용된다.

〈표 11-1〉 관찰일지 작성의 예 1(영아)

■ 메모나 사진을 활용한 놀이 관찰기록

영아 이름: 오 ○ ○	관찰 월: 8월
	8/12 오○○ 실내놀이 중 밀대로 반죽을 밀고 칼로 자름, 국수를 만들었다며 "여기 국수 나왔습니다! 먹어보세요" 하고 그릇에 넣어 줌 8/27 오○○, 바깥놀이 중 모래로 음식을 만들어 교사와 친구들에게 선물이라고 건네줌, 교사가 고마움을 표현하자 실내로 들어와서도 선물 주는 놀이가 계속됨

■ 누적된 놀이 관찰 내용을 토대로 작성한 관찰기록

영아 이름: 오 ○ ○	관찰 월: 3~8월
관찰 기록	• 3~4월에는 주로 ○○가 혼자서 밀가루 반죽을 주무르며 놀이를 하였고, 5월부터는 밀대를 두 손으로 잡고 앞뒤로 움직이며 반죽을 넓게 펼쳐 국수를 들어 보면서 도구를 많이 사용함, 최근에는 교사, 친구에게 먹어 보라고 권하며 반죽 외에도 음식 모형으로 요리해서 인형이나 친구 먹여 주기, 배달하기 등의 놀이가 종종 관찰됨, 또한 자신이 만든 밀가루 반죽 음식, 동물 등을 또래나 교사에게 보여 주면서 상호작용을 즐겨함 • 바깥놀이에서도 모래로 음식을 만들어 선물로 전달하며 친구들이 고마워하자 '음식'에서 '선물'로 관심이 옮겨져 선물 주는 놀이를 이어 가기도 함
교사 의견	• 3월 초, 연우는 낯가림이 있었음, 놀이를 통해 지속적으로 교사나 친구와 친숙해질 수 있도록 지원하였고 점차 특정 친구와 놀이하면서도 자연스럽게 여러 친구와 어울려 놀이가 이루어짐, 이후에도 상호작용이 자주 일어났고 상상놀이를 즐겨함, 영아가 좋아하는 놀이에 충분히 관심을 갖고 관찰하여 적절하게 지원할 예정임

출처: 중앙육아종합지원센터(2020). 놀면서 자란다(영아).

〈표 11-2〉 관찰일지 작성의 예 2(영아)

■ 관찰 영아 : 강○○ (35개월)

	실내외 놀이 및 활동	해석
11월 5일 월요일 시간 : 10:20~10:30 일과 : 자유선택 활동 발달 영역 : 인지 – 9 흥미 영역 : 탐색 영역 장면 : 동물 수 세기	배 모형판에 닭, 얼룩말, 소, 사자 등 동물 사진을 붙이고 있다. 교사가 다가가 "ㅇㅇ가 동물들을 배에 태워 주고 있네! 몇 마리 태워 줬어?"라고 묻자 동물 사진들을 바라보다 "열마리!"라고 말한다. 교사가 "우와 많이 태워 줬네! 우리 같이 열 마리인지 세 볼까?"라고 말한다. 그러자 동물 사진을 한 개씩 짚으며 "하나~ 둘~ 셋~"하고 수를 세던 중 한 개를 짚지 않고 "열!" 하고 말한다. 교사가 "ㅇㅇ가 세 보았더니 열 개네!"라고 말하자 미소 지어 웃는다. 교사가 "닭은 몇 마리 있어?"라고 말하자 "세 마리!"라고 말한다. 교사가 "닭도 세 마리 맞는지 세 볼까?"라고 말하자 닭 사진만 가리키며 "하나 둘 셋"하고 수를 센다. 교사가 "정말 ㅇㅇ이 말처럼 세 마리네."라고 말하고 "이번에는 사자도 세 볼까? 사자는 몇 마리지?"라고 말하자 사자 사진을 가리키며 수를 세고 "다섯 마리!"라고 이야기한다.	1~10까지 수 말하기가 가능함 구체물을 일대일 대응하여 수를 셀 수 있으나 간혹 1~2개를 빼고 세는 경우가 있음 같은 동물 사진을 찾아 분류할 수 있음
11월 14일 수요일 시간 : 10:00~10:10 일과 : 자유선택 활동 발달 영역 : 언어 – 8 흥미 영역 : 역할쌓기 영역 장면 : 벽돌 블록으로 주스가게 구성하기	벽돌 블록으로 폐쇄 공간을 만든다. 그리고 컵 안에 음식 모형을 한 개씩 넣어 주스를 만들고 벽돌 블록 앞에 올려놓는다. 이후 벽돌 블록 안에 들어가 앉아 ㅇㅇ가 "주스 사세요. 주스 사세요."라고 말한다. ㅁㅁ가 다가와 주스를 가리키며 "이거 얼마예요?"라고 묻자 "오천원 입니다."라고 말한다. ㅁㅁ가 "이거 주세요."라고 말하자 컵을 하나 건네 주며 ㅇㅇ가 "여기요. 받으세요."라고 말한다. ㅁㅁ가 주스를 먹는 흉내를 내자 "다음 손님 오세요."라고 큰 소리로 말한다. 교사를 바라보며 "선생님 손님 오세요."라고 말한다. 교사가 다가가 "여기는 어디예요?"라고 묻자 "주스가게 입니다. 따뜻한 주스 있어요. 과일주스 한번 맛보고 가세요."라고 말한다. 교사가 주스를 사서 먹는 흉내를 내자 "맛있어요?"라고 묻는다. 교사가 "정말 맛있어요."라고 말하자 ㅇㅇ가 미소를 지으며 "다 먹었으면 돌려 주세요."라고 말하며 주스가게놀이를 반복한다.	상대방과 말할 순서에 맞게 말을 주고받을 수 있음 일상생활에서 경험한 문장인 "맛보고 가세요."에 관심을 가지고 놀이로 표현하기가 가능함

	실내외 놀이 및 활동	해석
11월 23일 금요일 시간 : 10:00~10:10 일과 : 자유선택 활동 발달 영역 : 사회정서 – 9 흥미 영역 : 미술 영역 장면 : 작품 게시하기	털장갑 그림 종이 위에 여러 가지 색연필로 색칠하고 가위를 가져와 테두리를 따라 자른다. 그리고 교사에게 보여 주며 “선생님 내가 알록달록하게 색칠했어.”라고 말한다. 교사가 “정말 알록달록하게 색칠해 주었네. ㅇㅇ야, 장갑이 너무 따뜻해 보인다.”라고 이야기하자 미소 지어 웃는다. 그리고 테이프를 꺼내며 “이거 벽에 붙여 줄 거야.”라고 말한다. 교사가 “벽에 붙이고 싶어? 좋은 생각이다.”라고 이야기하자 책상 앞에 앉아 테이프를 가위로 자르고 동그랗게 말아 종이 뒤에 붙인다. 교사가 “ㅇㅇ가 테이프를 동그랗게 말아서 붙여 줬네. 어느 벽에 붙일까?”라고 이야기하자 친구들이 붙여 놓은 작품 옆을 가리키며 “여기에 붙일까?”라고 말한다. 교사가 “ㅇㅇ가 친구들 그림 옆에 붙이려고 하는구나.”라고 말하자 “응.”하고 웃으며 벽에 그림을 붙인다. 교사가 “ㅇㅇ이 그림이 벽에 붙으니까 다람쥐반 벽이 예뻐졌다.”라고 말하자 벽에 붙은 자신의 작품을 보며 미소 지어 웃는다.	평소 자신의 작품을 긍정적으로 인식하고 보여 주기, 전시하기를 즐김 최근 테이프를 이용해 스스로 자신의 작품을 벽에 게시할 수 있음
11월 27일 화요일 시간 : 10:50~11:00 일과 : 자유선택 활동 발달 영역 : 신체 – 10 흥미 영역 : 신체 영역 장면 : 썰매 타기	눈사람 모양판 앞에 붙여진 노란색 테이프 선에서서 하얀색 솜 공을 던진다. 솜 공이 눈사람 모양판에 붙자 교사를 바라보며 미소를 지어 웃는다. 그리고 바구니에 또다시 솜 공을 꺼내 던진다. 솜 공이 벽을 맞고 떨어지자 솜 공을 다시 주워 노란색 테이프 선에 서서 반복하여 던진다. 솜 공을 모두 눈사람 모양판에 던져 붙이고 바구니를 가져와 솜 공을 모두 떼어 낸다. 교사가 다가가 “ㅇㅇ야, 우리 이번에는 파란색 선에서 해 볼까?”라고 묻자 조금 더 멀리 붙여진 파란색 선 뒤로 와 “여기?”라고 묻는다. 교사가 “응, 같이 해 보자.”라고 이야기하자 손을 높이 들어 힘껏 던진다. 솜공이 문을 맞고 바닥으로 떨어지자 한 발짝 가까이에서 솜공을 던져 붙이고 “붙었네.” 하고 소리 내어 웃는다.	신체를 조절하여 솜 공을 던질 수 있으며 목표물 맞추기를 시도함 자신의 행동을 긍정적으로 인식하고 반복하여 즐김

교사의 종합 의견	• 신체 영역에서는 스카프 흔들기, 솜 공 던지기, 공 굴리기, 바닥에 누워 구르기 등 신체활동에 자발적으로 참여하여 즐김. 또한 소근육 조절이 능숙하여 선 따라 그리기, 테두리 안에 색칠하기, 정교한 가위질 등이 가능함 • 언어 영역에서는 그림책을 보며 읽는 흉내를 낼 수 있으며 그림책의 내용을 회상하여 말하기 등이 가능함. 뿐만 아니라 지난달보다 자신의 의사를 언어로 표현하고 있음("안 돼.", "더 주세요.", "그만 먹을래." 등) • 탐색 영역에서는 색깔판, 돋보기 등 관찰도구를 사용하여 사슴벌레, 달팽이 관찰하기를 즐김. 1~10까지 수 나열하여 말하기가 가능하고 일대일 대응하여 수를 셀 수 있음. 또한 길이, 색, 크기를 비교하기가 가능함 • 표현 영역에서는 노래를 들으며 신체표현에 참여가 낮으나 실로폰 연주하기, 탬버린 흔들기 등 악기 연주하기를 선호함. 또한 미술 영역에서 테두리 따라 종이 자르기, 테이프 말기, 도트 물감 찍기 등 간단한 미술 재료를 바르게 사용할 수 있음 • 역할·쌓기 영역에서는 벽돌 블록으로 폐쇄 공간을 구성할 수 있으며 가게놀이를 반복하여 즐김. 지난달에 비해 또래와 주인과 손님의 역할을 나누어 가작화놀이가 가능하며 가격, 계산, 인사 등 보다 구체적인 놀이가 가능함

〈표 11-3〉 관찰일지 작성의 예 3(유아)

<table>
<tr><th colspan="2">관찰일지</th></tr>
<tr><td colspan="2">유아 이름 김 ○ ○   날짜 2020. 09. 17   관찰자 정 ○ ○
누리과정 영역 자연탐구 – 1   흥미 영역 실외놀이터
영역별 학습 내용 자연탐구 : 주변 자연세계에 호기심을 가지고 생명체를 소중히 여기는 마음을 갖는다.

관찰 상황에서 해당되는 내용에 체크하기
■ 유아 주도   □ 교사 주도
□ 독립적 수행   ■ 성인의 안내로 수행   □ 또래와 함께 수행
■ 친숙한 과제   □ 새로운 과제
□ 소요 시간(5~10분)   ■ 소요 시간(10~15분)   □ 소요 시간(15분 이상)</td></tr>
<tr><th colspan="2">일화기록</th></tr>
<tr><td>관찰 시간
(09:30~
09:45)</td><td>실외놀이터로 나간 ○○는 텃밭 쪽으로 걸어간다. 교사가 “○○가 어린이집에 오지 않는 동안 텃밭에 새로운 작물들이 많이 생겼지!”라고 말하자 ○○는 고개를 끄덕이며 “그런데 선생님, 이건 뭐예요?”라고 물어보고 무와 배추를 손가락으로 가리킨다. 교사가 “이건 배추고 옆에 있는 것은 무야. 무랑 배추는 심은 지 얼마 안 돼서 이렇게 작아.”라고 설명하자 배추쪽 으로 가까이 다가가며 살펴본다. 그리고 “○○이 배추 먹어본 적 있는데.”라고 말한다. 교사가 “언제 먹어봤어?”라고 물어보자 “엄마랑 배추로 김치 만들어서 먹었었어요.”라고 대답한다. 교사가 “맞아. 배추로 김치를 만들어서 배추김치를 만들 수 있지! 우리 어린이집에서도 배추김치 많이 먹어 봤잖아.”라고 말하자 고개를 끄덕이며 다시 배추를 바라본다. 배추 옆에 작은 잡초들이 난 것을 보자 교사에게 “선생님, 이건 잡초예요?”라고 물어본다. 교사가 “어! 맞아. 잡초가 생겼네.”라고 말하자 ○○이는 “그럼 우리 이거 뽑을까요?”라고 묻는다. 그리고 허리를 숙여 배추 밭에 난 잡초를 하나씩 뽑는다. 그리고 뽑은 잡초를 들고 모래놀이터 앞으로 가서 놀이용 냄비를 하나 가져온다. 그리고 그 안에 잡초를 담기 시작한다. 약 3분 이상 잡초 뽑기에 집중한 후 이번엔 시선을 왼쪽으로 옮긴다. 옆에 있던 △△가 “이건 고구마야.”라고 알려 주자 게시한 고구마 안내판을 가리키며 “여기 고구마 그림 있어요.”라고 말한다.</td></tr>
</table>

일화기록	
관찰 시간 (09:30~ 09:45)	교사가 "선생님은 고구마 정말 좋아하는데, 고구마가 많이 열렸으면 좋겠다."라고 말하자, ㅇㅇ는 "그럼 우리 나중에 뽑아서 먹을까요?"라고 말하며 미소를 짓는다. 대화를 나누던 중 쪽파를 심은 화분을 관찰하고 있는 친구들의 목소리가 들린다. ㅇㅇ는 쪽파를 심은 화분쪽으로 이동하고 그 옆에 있던 레몬나무(ㅇㅇ가 이전에 주의 깊게 관찰하며 기르던 나무)를 발견한다. 그리고 교사에게 "선생님! 레몬이 이제 많이 커졌어요. 이제 금방 노란색이 되겠어요."라고 말한다.
해석	텃밭에서 재배하는 작물에 관심이 많은 편이며 평소 생명체가 잘 살 수 있는 환경을 조성해 주기 위해 자발적으로 물을 주거나 잡초를 뽑아 주는 것을 즐김. 주변의 자연 세계에 대해 호기심을 가지고 스스로 궁금한 점을 알아 가는 과정에 흥미를 가지는 점이 긍정적으로 평가됨. 추후에는 관찰한 내용들을 사진이나 그림, 글로 기록해 볼 수 있도록 격려하여 변화과정을 가시적으로 보면서 과학적 지식도 습득할 수 있도록 지원할 계획임

2) 교사 평가

영유아의 교육과 보호를 담당하는 유아교사는 교육과 보육의 질에 결정적으로 영향을 미친다. 교사는 확고한 교육철학과 신념을 가지고 영유아의 발달 특성에 관한 전문적 지식을 갖추고 개별 영유아의 개인차를 인정하면서 상호작용을 해야 한다. 그리고 교육 주제에 따른 교육 활동, 교수방법과 교수 매체, 교육 환경을 적절하게 구성하며 실행 후 반성적 사고를 통한 자기 평가가 이루어져야 한다. 이러한 평가를 통해 교사는 전문성을 확보하고 보다 성장할 수 있게 된다.

〈표 11-4〉 교사 평가의 예

학습 평가 방법(영아반)

이름 : ________ 반 연령 : ________ 평가 일시 : ________

환경 구성

1. 보육실은 영아 발달에 적합한 놀이 활동 영역으로 구별되어 있다.
   ③ 놀이 활동 영역이 구별된다.(신체 영역, 언어 영역, 탐색 영역, 기저귀 갈기 영역)
   ② 놀이 활동 영역 간에 구별이 잘 안 된다.
   ① 놀이 활동 영역 간의 구별이 없다.
2. 감각과 조작을 위한 다양한 놀잇감이 있다.
   ③ 감각과 조작을 위한 놀잇감이 5종류 이상 있다.
   ② 감각과 조작을 위한 놀잇감이 3, 4종류 있다.
   ① 감각과 조작 놀잇감이 2종류 이하이다.
3. 영아의 긍정적인 자아인식 능력의 발달을 돕는 놀잇감이 있다.
   ③ 영아가 자기 모습을 볼 수 있는 전신 거울과 다양한 옷 종류, 신발과 가방 등의 소품 인형 등의 놀잇감이 있다.
   ② 전신 거울은 있으나 옷 종류와 소품, 인형 등의 놀잇감이 다양하지 못하다.
   ① 전신 거울이 없거나 관련 놀잇감이 2가지 이하이다.
4. 음률 활동을 위한 다양한 놀잇감이 있다.
   ③ 음률 활동을 위한 놀잇감이 4종류 이상 있다.
   ② 음률 활동을 위한 놀잇감이 2, 3종류 있다.
   ① 음률 활동을 위한 놀잇감이 1종류뿐이거나 없다.
5. 언어 발달을 위한 놀잇감이 있다.
   ③ 언어 발달을 위한 놀잇감이 4종류 이상 있다.
   ② 언어 발달을 위한 놀잇감이 2, 3종류 있다.
   ① 언어 발달을 위한 놀잇감이 1종류뿐이거나 없다.
6. 미술 활동을 위한 다양한 자료가 구성되어 있다.
   ③ 미술 활동을 위한 자료가 5종류 이상이다.
   ② 미술 활동을 위한 자료가 3, 4종류이다.
   ① 미술 활동을 위한 자료가 2종류 이하이다.
7. 영아들이 좋아하는 놀잇감은 동일한 것으로 여러 개 준비한다.
   ③ 영아들이 좋아하는 놀잇감은 동일한 것으로 여러 개 있다.
   ② 같은 놀잇감은 여러 개 있기는 하나 색깔이나 크기가 달라서 동일하지 못하다.
   ① 같은 놀잇감이 1, 2개만 있다.

교육 경험 및 활동

8. 소근육 운동 및 조작 활동을 위한 놀이가 이루어진다.
   ③ 끼우기, 넣고 빼기 등 소근육 운동과 조작 활동을 위한 놀이가 매일 이루어진다.
   ② 소근육 운동과 조작 활동을 위한 놀이가 주 3, 4회 이루어진다.
   ① 소근육 운동과 조작 활동을 위한 놀이가 주 1, 2회 이루어진다.
9. 대근육 기구나 공 등을 이용한 활발한 신체활동이 이루어진다.
   ③ 영아에게 적합한 대근육 기구들을 이용하여 기어오르기, 내려오기, 공놀이 등의 신체활동이 매일 이루어진다.
   ② 신체활동이 주 3, 4회 이루어진다.
   ① 신체활동이 주 1, 2회 이루어진다.
10. 영아 발달에 적합한 그림책 보기, 이야기 듣기 활동이 이루어진다.
   ③ 그림책 보기, 이야기 듣기 활동이 매일 이루어진다.
   ② 그림책 보기, 이야기 듣기 활동이 주 3, 4회 이루어진다.
   ① 그림책 보기, 이야기 듣기 활동이 주 1, 2회 이루어진다.
11. 영아 발달에 적합한 미술 활동이 이루어진다.
   ③ 긁적거리기, 스티커 붙이기, 간단한 가위질 등 영아에게 적합한 미술 활동이 매일 이루어진다.
   ② 영아에게 적합한 미술 활동이 주 3, 4회 이루어진다.
   ① 영아에게 적합한 미술 활동이 주 1, 2회 이루어진다.
12. 다양한 종류의 음악 및 표현 활동이 이루어진다.
   ③ 악기 두드리기, 여러 가지 소리 들어보기, 노래 부르기, 기본 막대 흔들기 등의 음악 및 표현 활동이 이루어진다.
   ② 음악 및 표현 활동이 주 3, 4회 이루어진다.
   ① 음악 및 표현 활동이 주 1, 2회 이루어진다.
13. 영아 발달에 적합한 쌓기놀이가 이루어진다.
   ③ 블록을 쌓고 무너뜨리기, 늘어놓기, 간단한 자동차놀이 등의 간단한 쌓기놀이가 매일 이루어진다.
   ② 쌓기놀이가 주 3, 4회 이루어진다.
   ① 쌓기놀이가 주 1, 2회 이루어진다.
14. 영아 발달에 적합한 소꿉놀이가 이루어진다.
   ③ 상 차리기, 엄마아빠놀이 등의 소꿉놀이가 매일 이루어진다.
   ② 소꿉놀이가 주 3, 4회 이루어진다.
   ① 소꿉놀이가 주 1, 2회 이루어진다.
15. 영아 발달에 적합한 물놀이와 모래놀이가 이루어진다.
   ③ 물과 모래놀이가 주 3회 이상 이루어진다.
   ② 물과 모래놀이가 주 2회 이상 이루어진다.
   ① 물과 모래놀이가 주 1회 또는 그 이하로 이루어진다.

일상적 양육

16. 낮잠 시간에 영아의 개별적인 낮잠 습관을 수용해 준다.
   ③ 교사는 낮잠 시간에 영아에 따라 말로 격려하거나 등을 두드려 주는 등 영아의 개별적인 낮잠 습관을 가능한 한 수용해 준다.
   ② 영아의 개별적인 낮잠 습관을 수용하지 못하는 경우도 있다.
   ① 영아의 개별적인 낮잠 습관을 수용하지 못하고 교사 자신의 방식으로 재운다.
17. 낮잠 시간에 먼저 일어나거나 잠들지 못한 영아를 위해 별도의 공간 및 활동을 제공한다.
   ③ 먼저 일어나거나 잠들지 못한 영아를 위해 별도의 공간을 마련해 주고 책을 읽어 주거나 조용한 활동을 할 수 있도록 도와준다.
   ② 먼저 일어나거나 잠들지 못한 영아에게 공간을 마련해 주기는 하나 별도의 활동을 제공하지는 않는다.
   ① 먼저 일어나거나 잠들지 못한 영아를 위해 공단이나 활동을 제공하지 않는다.
18. 기저귀를 갈거나 화장실을 사용할 때 영아와 따뜻한 상호작용을 나눈다.
   ③ 교사는 영아의 기저귀를 갈거나 영아가 화장실을 사용할 때 배변 행동을 격려하는 등 개별적인 상호작용의 기회로 이용한다.
   ② 교사는 영아의 기저귀를 갈거나 영아가 화장실을 사용할 때 상호작용을 못하는 경우도 있다.
   ① 교사는 영아의 기저귀만 갈아 주거나 화장실만 안내한다.
19. 하루의 양육 일과는 영아의 신체 리듬과 개별성을 고려하여 진행된다.
   ③ 하루의 양육 일과는 영아의 신체 리듬을 고려하여 일관성 있게 진행되며 교사는 영아의 개별성을 고려한다.
   ② 하루의 양육 일과가 일관성 있게 진행되기는 하나 영아의 개별성을 고려하지 못할 때도 있다.
   ① 하루의 양육 일과가 일관성이 없고 영아의 개별성에 대한 배려도 없다.

영아 상호작용

20. 교사는 영아와 이야기 나눌 때 단순하고 구체적인 언어를 사용한다.
   ③ 교사는 영아와 이야기를 나눌 때 영아의 발달 수준에 맞는 단순하고 구체적인 언어를 사용한다.
   ② 영아에게 단순하고 구체적인 언어를 사용하지 못할 때도 있다.
   ① 영아에게 길게 말하거나 어려운 말을 사용한다.
21. 교사는 영아의 발성이나 말을 주의 깊게 듣고 명료화시켜 반응한다.
   ③ 교사는 항상 영아의 발성이나 말을 주의 깊게 들으며 영아의 말을 정확한 표현으로 다시 말해 주는 등 명료화시켜 반응한다('빵빵' → '자동차를 갖고 싶니?').
   ② 교사는 영아의 발성이나 말에 대해 명료화시켜 주지 못할 때도 있다.
   ① 교사는 영아의 발성이나 말에 대해 언어로 반응하지 못한다.

22. 교사는 영아와 이야기를 나눌 때 항상 영아의 눈높이에 맞게 자세를 낮춘다.
   ③ 교사는 영아와 이야기를 나눌 때 항상 유아의 눈높이에 맞게 자세를 낮춘다.
   ② 영아와 눈높이를 맞추지 않고 이야기를 나누는 경우가 가끔 있다.
   ① 교사가 영아와 눈높이를 맞추지 않고 이야기를 나누는 경우가 대부분이다.
23. 교사는 영아의 행동에 대해 부정적인 언어보다 긍정적인 언어를 사용한다.
   ③ 교사는 영아의 행동에 대해 비평하거나 간섭하는 등의 부정적인 언어보다 긍정적인 언어를 사용한다(여기서 놀면 안 돼 → 저기서 놀자).
   ② 영아의 행동에 대해 부정적인 언어를 가끔 사용한다.
   ① 영아의 행동에 대해 부정적인 언어를 자주 사용한다.
24. 교사는 영아에게 행동의 한계에 대해 분명하게 말한다.
   ③ 교사는 허용되는 행동과 허용되지 않는 행동을 알 수 있도록 영아의 행동에 대해 '된다' 또는 '안 된다'를 분명하게 말해 준다.
   ② 교사는 '된다' 또는 '안 된다'를 분명하게 말하지 않을 때도 있다.
   ① 교사는 '된다' 또는 '안 된다'를 분명하게 말하지 않는다.
25. 영아가 울거나 요구를 나타낼 때 교사는 적절하게 반응한다.
   ③ 영아가 울거나 요구를 나타낼 때 민감하게 반응하되 요구를 즉각 해결해 주어야 하는지 또는 기다려 주어야 하는지 상황에 따라 적절하게 반응한다.
   ② 교사는 허용적인 분위기를 조성하기는 하나 영아의 속도에 맞추기보다 교사의 의도대로 상호작용을 이끌어 간다.
   ① 교사는 영아의 탐색 활동에 허용적이지 않고 민감하게 반응하지 못한다.
26. 교사는 영아와 함께 놀이에 참여하면서 즐긴다.
   ③ 교사는 영아와 함께 놀이에 참여하고 이를 즐긴다.
   ② 영아와 함께 놀이에 참여하지만 즐기지 않을 때도 있다.
   ① 영아의 놀이에 거의 참여하지 않는다.
27. 다른 영아의 활동을 방해하는 영아에게 대안적인 활동을 제공한다.
   ③ 교사는 다른 영아의 놀잇감을 뺏고 활동을 방해하는 영아에게 대안적인 놀잇감을 찾아주거나 다른 재미있는 활동을 제공하여 주의를 돌릴 수 있도록 도와준다.
   ② 다른 영아를 방해하지 못하게 하고 다른 놀잇감이나 활동을 제공하지만 대안적 활동이 적절하지 못한 경우도 있다.
   ① 다른 영아를 방해하지 못하게 하나 대안적인 활동을 제공하지 않는다.

출처: 이은해 외(2003). 어린이집 영아반 평가척도에서 발췌.

3) 교육 프로그램 평가

교육 프로그램의 질적 수준을 향상시키기 위해서는 교육 프로그램에 대한 평가가 이루어져야 한다. 크게는 교육 프로그램이 추구하는 교육 목표에서부터 각 활동의 교육 목표가 달성되었는지 살펴보고 활동이 영유아의 발달 수준에 적합한지와 활동을 실행하면서 영유아에게 적절한 교수·학습 방법을 사용했는지에 대해 평가할 필요가 있다. 교육 프로그램에 대한 평가를 다음 해 교육 프로그램을 계획하는 데 참고 자료로 활용함으로써 보다 나은 교육을 할 수 있다. 교육 프로그램의 평가로는 일일 평가와 주간 평가, 월간 평가, 상반기와 하반기 평가 또는 연간 평가 등이 있다.

(1) 일일 평가

- 활동과 자료는 영유아의 발달과 흥미에 적절한 수준이었는지 평가한다.
- 활동의 난이도나 활동 양이 적절하였는지 평가한다.
- 활동에 대한 교수방법이 적절하였는지 평가한다.
- 하루 일과가 영유아의 신체 리듬과 특성 등을 고려하여 적절하게 계획, 실행되었는지 평가한다.
- 영유아의 개인차, 요구를 반영하였는지 평가한다.
- 영유아의 흥미와 활동 특성에 적합한 교수·학습 방법을 적용하였는지 평가한다.
- 하루 일과(또는 주간)의 활동 종류, 시간 배정은 적절하였는지 평가한다.
- 동적 활동과 정적 활동, 실내 활동과 실외 활동 등이 균형 있게 이루어졌는지 평가한다.
- 집단 활동보다는 개별 활동, 교사 주도 활동보다는 영유아 주도 활동이 더 많이 이루어졌는지 평가한다.

- 영유아의 참여 정도와 흥미가 높았던 활동은 무엇이었는지 평가한다.
- 계획된 활동 중 변경되거나 추가된 활동 및 이유는 기록한다.
- 하루 일과(또는 주간)의 보육 내용 중 수정·보완해야 하는 것을 기록한다.
- 급간식, 낮잠, 양치 등 일상생활에 대한 지도가 적절했는지 평가한다.

(2) 주간 평가

- 소주제(영유아가 경험할 수 있는 내용)가 유아의 연령에 적합하였는지 평가한다.
- 소주제(영유아가 경험할 수 있는 내용)의 기간이나 내용에서 수정된 주요 부분은 무엇이며 그 이유는 무엇인지 기록한다.
- 내년 주간 보육계획 시 유념해야 할 사항이 있는지 기록한다.
- 주간 교육계획은 표준보육과정과 누리과정을 바탕으로 각 영역별로 다양한 활동이 균형 있게 계획되었는지 평가한다.
- 교육계획에서 소주제(영유아가 경험할 수 있는 내용)를 중심으로 실내외 자유선택 활동과 대·소집단 활동이 통합적으로 계획되고 실행되었는지 평가한다.
- 소주제(영유아가 경험할 수 있는 내용)별로 흥미 영역의 구성 및 교재교구가 적절하게 준비되었는지 평가한다.

(3) 정기 평가

1 월간 평가

- 매월, 또는 주제(주요 경험)가 끝나면 연령별로 주제(주요 경험)의 적절성, 주제(주요 경험) 전개의 적절성, 교육 내용 및 교수방법의 적절성, 교육적 효과 등에 관해 논의한다.

- 평가 결과를 다음 해 주제(주요 경험) 선정 및 교육 활동 내용에 반영한다.
- 주제(주요 경험) 관련 활동의 양이나 난이도는 적절했는지 분석한다.
- 주제(주요 경험) 관련 현장학습 선정이 적합했는지와 교육적 효과 측면을 평가한다.
- 주제(주요 경험) 관련 가정과의 연계 활동 내용에 대해 평가한다.

2 상·하반기 평가 또는 연간 평가

월 평가나 주제(주요 경험)별 평가 기록을 토대로 상반기와 하반기로 나누어 평가하거나 1년 단위로 평가하며 평가 내용은 다음과 같다.

- 연간 계획은 주제(주요 경험)와 주제 관련 현장 체험 및 행사 일정으로 구성되어 있는지 평가한다.
- 연간 주제(주요 경험)는 전년도의 평가 내용을 반영하여 계획하였는지 평가한다.
- 연간 주제(주요 경험)는 상호 연계성을 고려하여 계획되고 실행되었는지 평가한다.
- 연간 주제(주요 경험)는 영아의 발달, 흥미, 연령, 관심, 경험의 정도를 고려하여 선정되었는지 평가한다.
- 선택된 주제(주요 경험)의 진행 시기는 적절하였는지 평가한다.
- 내년도 연간보육의 계획 시 유념해야 할 사항을 기록한다.

〈표 11-5〉 월간 평가 및 상·하반기 평가의 예(3,4세 혼합 연령반)

■ 생활주제 평가

월	주제	평가	보완점
3월	즐거운 어린이집	새로운 교실, 교사, 형님과 동생에 친근감을 느낄 수 있도록 중점을 두었음 우선 친구와 교사 사진 제시, 놀잇감 이름 제시 등으로 익숙해 질 수 있도록 도움을 주었고, 교실에서 지켜야 할 규칙을 함께 정하여 교실에 배치함으로써 지킬 수 있도록 격려하였음	영아에서 진급한 만 3세 유아들이 올바른 기본생활습관을 형성할 수 있도록 주간 계획안을 형성할 때 주제와 별개로 이루어지는 것이 아니라 기본생활습관에 대한 구체적인 계획과 연계된 활동이 함께 이루어지면 좋겠음 만 3세와 만 4세의 발달적 차이를 반영한 제작교구를 제시하여 유아들이 흥미를 지속하며 활동에 참여할 수 있도록 해야 하겠음 미술 영역에서 놀이 시 만 3세 유아들은 의자에 앉아서 하기보다는 서서 하거나 자세가 바르지 않아 지속적인 안전교육이 필요하였음. 이에 따라 앉는 자세, 도구 사용 방법에 대한 정확한 안내를 반복적으로 하는 것이 필요함 '친구와 함께 음식 나눠 먹기' 역할놀이 시 음식의 모양을 표현할 수 있도록 플레이 도우를 제시하였는데 반죽놀이를 매트 위, 바닥에서 하는 유아가 다소 많아 매트 청결 유지에 문제가 발생함. 놀이 전에 약속을 정하거나 반죽놀이 전용 책상을 제시해야 겠음
4월	봄	꽃가게에서 직접 구매한 식물을 교실에서 키워 보고 관찰하며 연계된 활동이 이루어질 수 있었음. 또한 실외놀이터 화단에 상추, 방울토마토와 같은 채소뿐만 아니라 봉숭아꽃과 같은 식물을 심어 여름 주제 때 봉숭아꽃 물들이기 활동과 연계될 수 있겠음 과학 영역에서 콩나물 기르기에 관심과 흥미가 지속되었는데, 직접 기르는 과정을 알아보고 맛보며 식물의 성장에 관심 갖는 기회가 되었음	봄의 변화하는 생활 모습에 관심을 가지고 놀이로 표현하는 것이 목표인데, 봄맞이 대청소 놀이가 유아들의 경험과 밀접한 관련이 있는지 고민해 보아야 하겠음 숲 체험은 업체가 질에 비해 비용이 높아 변경하는 것이 적절하겠음 꽃가게 견학 이외에도 여름이 되기 전에 충분한 봄을 느끼며 봄의 날씨, 꽃과 나무를 탐색해 볼 수 있도록 가까운 공원에 산책을 나갈 수 있도록 하면 좋겠음 모종 심기 활동 시 개별 화분을 마련하여 식물 기르기 활동에 애정을 가져 볼 수 있도록 도와야 겠음

월	주제	평가	보완점
7월	건강한 생활	몸에 좋은 음식과 운동을 통해 건강한 생활을 하여 몸이 튼튼해질 수 있도록 알아보았음. 운동회를 통해 운동의 즐거움과 친구들과 협력하는 경험을 할 수 있었음 놀이를 통해 나의 주변을 깨끗이 하는 것에도 관심을 가지며 산책하며 쓰레기를 주워 주변을 깨끗이 하고, 더불어 환경보호 포스터를 제작하며 나와 주변을 깨끗이 하기를 실천해 볼 수 있었음	ㅇㅇㅇ소재의 보건소에는 건강관리센터와 연계된 유아 프로그램이 없었음. 사전에 다른 구 소재에 참여할 수 있는 프로그램이 있는지, 가능 여부 등을 확인하여야겠음 유아가 평소에도 직접 사용할 수 있는 청소도구를 구입하여 평소에도 연계될 수 있도록 하여야겠음
	여름	수영장, 바다, 계곡 등 여름을 시원하게 보낼 수 있는 장소와 관련된 경험을 표현해 볼 수 있었음. 또한 더워진 계절 변화를 느끼며 여름의 풍경, 곤충, 음식 등에 관심을 가졌음	지속된 폭염으로 인해 실외 활동 진행의 어려움이 있어 실내 대체 활동 계획을 2~3개의 다양한 활동으로 준비해야겠음 올해는 더위가 일찍 찾아오고, 7월 말과 8월 초는 개인 휴가로 인한 결석이 잦으므로 7월 중순으로 물놀이를 앞당겨서 실시하면 좋겠음

• 상반기 총평

- 주제에 따른 흥미 영역의 연계된 활동을 진행하여 유아들의 몰입도를 높였음. 유아들의 사전 경험과 지식을 반영하여 2학기에도 흥미롭게 이루어질 수 있도록 하여야 겠음
- 월안 협의 시 각 활동의 목표 설정 및 연계성, 주제에 필요한 자료 수집 및 교구 제작, 구매 등이 사전에 철저히 이루어질 수 있도록 하여야겠음. 더불어 생활주제에 따라 견학 장소를 변경하거나 추가하는 것이 필요함
- 안전교육을 생활주제와 연계하여 융통적으로 바꾸어 진행했던 것이 적절하였음
- 학기 초에 비해 만 3세 유아들이 교실 내 규칙, 약속을 지키려고 노력하는 모습을 보이고 있음. 또한 점차적으로 활동 주제에 대한 관심이 높아지고 있고 특히 역할·쌓기놀이를 통해 또래와 긍정적인 사회관계를 형성하고 있음

(4) 혼합 연령반 보육 활동 평가

- 선정된 소주제(영유아가 경험할 수 있는 내용)를 실행한 결과, 발달 수준이 다른 유아들에게 적절했는지 평가한다.
- 활동 형태나 전개 방법이 무리 없이 적용되었는지 평가한다.
- 활동 결과에 대해 영유아의 수준별로 평가한다.
- 수준별로 활동을 전개할 때 추가되거나 필요한 별도의 자료가 준비되었는지 평가한다.
- 자유선택 활동 실행에서 혼합 연령이기 때문에 보다 주의를 기울여야 할 특이 사항은 없었는지 평가한다.
- 교사의 영유아와의 상호작용이 수준별로 이루어졌는지 평가한다.
- 기본생활지도, 교육 활동에도 연령별 수준을 반영하여 진행하였는지 평가한다.
- 계획된 활동을 변경할 때도 연령의 수준을 반영하고, 변경된 내용을 기록한다.

P·A·R·T

Ⅲ

교수·학습 활동의 지도

C·H·A·P·T·E·R

12

영역별 활동의 실제

국가수준의 공통보육, 교육과정은 0~2세 대상의 표준보육과정과 3~5세 대상의 누리과정으로 구분된다. 표준보육과정과 누리과정이 추구하는 인간상은 건강한 사람, 자주적인 사람, 창의적인 사람, 감성이 풍부한 사람, 그리고 더불어 사는 사람이다. 이를 실현하기 위해 0~2세 표준보육과정과 3~5세 누리과정은 각각의 다섯 가지 목표를 설정하였다. 또한 0~2세 영아 표준보육과정은 여섯 개 영역, 3~5세 누리과정은 다섯 개 영역으로 나눠 영역별 목표를 설정하고 목표 달성을 위한 세부 내용 범주를 제시하였다.

1. 기본생활

기본생활		
내용 범주	0~1세 보육과정	2세 보육과정
	내용	내용
건강하게 생활하기	도움을 받아 몸을 깨끗이 한다.	자신의 몸을 깨끗이 해 본다.
	음식을 즐겁게 먹는다.	음식에 관심을 가지고 즐겁게 먹는다.
	하루 일과를 편안하게 경험한다.	하루 일과를 즐겁게 경험한다.
	배변 의사를 표현한다.	건강한 배변 습관을 갖는다.
안전하게 생활하기	안전한 상황에서 놀이하고 생활한다.	일상에서 안전하게 놀이하고 생활한다.
	안전한 상황에서 교통수단을 이용해 본다.	교통수단을 안전하게 이용해 본다.
	위험하다는 말에 주의한다.	위험한 상황에 대처하는 방법을 경험한다.

1) 기본생활을 위한 교수·학습법

기본생활 영역의 교수방법에서 유의해서 지도해야 할 교수·학습 원리는 다음과 같다.

첫째, 안전하고 위생적인 보육 환경과 각 영유아의 발달 수준에 맞는 자극이 제공되어야 한다.

둘째, 교사는 영유아의 식사, 수면과 휴식, 배설, 청결과 위생 등에 긍정적인 기본생활습관이 형성될 수 있도록 다양한 방법을 통해 지속적으로 지도해야 한다.

셋째, 교사는 영유아가 놀잇감이나 놀이기구의 사용법을 올바르게 인식하여 목적에 맞도록 사용하고 안전한 놀이 규칙을 지키도록 지도한다.

넷째, 교사는 영유아에게 정기적인 건강검진과 예방접종, 적당한 운동, 바른 식생활의 중요성을 설명하고 영유아가 건강에 관심을 갖고 적극적으로 참여할 수 있도록 지도한다.

다섯째, 영유아가 가정과 같이 편안함을 느끼고 교사와 안정된 신뢰 관계를 형성하도록 한다.

여섯째, 교사는 영유아가 위험 요인을 파악하고 기본적인 대처 능력을 길러서 자신을 보호하도록 지도한다.

일곱째, 영유아가 일상생활 속에서 기초적인 예절과 질서를 익혀 즐겁게 생활하도록 한다.

여덟째, 가정과 연계하여 일관성 있게 지도해야 한다.

2) 기본생활을 위한 환경 구성

주변 환경에서 위험 요소를 제거하여 안전한 보육 환경을 구성해야 하는데 예를 들어, 문에 손 끼임 방지장치, 뾰족한 가구 모서리에 보호대, 욕실 바닥에 미끄럼 방지장치, 콘센트 안전덮개 등 안전설비를 설치하고 이를 수시로 점검한다.

특히 영아의 경우 위험한 물건이나 삼킬 염려가 있는 작은 이물질은 손이 닿지 않는 안전한 곳에 보관하고 안전잠금장치를 한다. 또한 놀잇감, 개인용품 등 물건에 이름을 써 주고 각 영유아의 사물함을 마련해 주고 교구장에도 놀잇감의 사진을 붙이거나 번호를 붙이는 등 스스로 정리정돈할 수 있는 환경을 준비한다.

3) 기본생활의 실제

활동① 깨끗한 이를 만들어요

대상 연령 1세

활동 내용 도움을 받아 몸을 깨끗이 한다.

활동 목표
- 칫솔질을 통해 이가 닦이는 것을 안다.
- 이를 닦으면 깨끗해지고 기분이 좋아지는 것을 안다.

활동 자료 칫솔, 치아가 그려진 그림판(치아 위에 검은 색 네모를 부직포로 붙인다)

활동 방법

① 교사와 영아들이 모여 앉는다.

② 영아들에게 치아가 그려진 그림판을 보여 주며 내용에 대해 설명해 준다.

③ 치아 위에 붙여진 검은색 네모가 무엇인지 말해 주고 이것이 왜 생겼는지 이것을 없애기 위해 어떻게 해야 하는지 물어본다.

④ 교사가 칫솔을 가지고 그림판 위의 이를 닦아 보며 충치(검은색 네모)가 없어지는 것을 보여 준다.

⑤ 영아들이 칫솔을 가지고 이를 닦으며 충치를 떼어 낸다. 서투른 영아는 교사가 도와준다.

⑥ 충치를 다 없애고 난 후 깨끗한 이를 본 느낌에 대해 이야기한다.

제 언

영아들이 칫솔로 이를 닦는 활동을 충분히 할 수 있도록 시간을 주고, 활동을 하면서 이를 닦지 않았을 때 충치가 생길 수 있고 이를 잘 닦으면 깨끗한 이를 만들 수 있다는 이야기를 하며 언어적 상호작용을 같이 병행해야 한다.

활동② 안전하게 놀이해요

대상 연령 2세

활동 내용 일상에서 안전하게 놀이하고 생활한다.

활동 목표
- 바깥 놀이 시 지켜야 할 규칙을 안다.
- 놀이기구를 안전하게 사용한다.

활동 자료 그림 자료(그네 타다 부딪히는 장면, 미끄럼틀에서 부딪히는 장면, 자동차끼리 부딪히는 장면, 안전하게 놀이하는 장면 등)

활동 방법

① 영아들에게 그림 자료를 보여 주며 이야기 나눈다.
- "이건 뭐하는 그림이니? 무엇을 잘못한 걸까?"
- "놀이기구를 안전하게 이용하는 친구는 누구니?"
- "왜 그렇게 생각하니?"

② 안전하게 놀이기구를 사용하는 방법에 대해 이야기 나눈다.

③ 정리를 하고 다 같이 실외놀이터로 나가 직접 놀이를 해 본다.

제 언

영아들이 많이 사용하는 놀이기구 중심으로 이야기 나누며 놀이 후 안전하게 놀이하였는지 평가를 해 보는 시간을 갖는다.

2. 신체운동·건강

신체운동		
내용 범주	0~1세 보육과정	2세 보육과정
	내용	내용
감각과 신체 인식하기	감각적 자극에 반응한다.	감각 능력을 활용한다.
	감각으로 주변을 탐색한다.	신체를 인식하고 움직인다.
	신체를 탐색한다.	
신체활동 즐기기	대소근육을 조절한다.	대소근육을 조절한다.
	기본 운동을 시도한다.	기본 운동을 즐긴다.
	실내외 신체활동을 즐긴다.	실내외 신체활동을 즐긴다.

신체운동·건강	
내용 범주	누리과정
	내용
신체활동 즐기기	신체를 인식하고 움직인다.
	신체 움직임을 조절한다.
	기초적인 이동운동, 제자리 운동, 도구를 이용한 운동을 한다.
	실내외 신체활동에 자발적으로 참여한다.
건강하게 생활하기	자신의 몸과 주변을 깨끗이 한다.
	몸에 좋은 음식에 관심을 가지고 바른 태도로 즐겁게 먹는다.
	하루 일과에서 적당한 휴식을 취한다.
	질병을 예방하는 방법을 알고 실천한다.
안전하게 생활하기	일상에서 안전하게 놀이하고 생활한다.
	TV, 컴퓨터, 스마트폰 등을 바르게 사용한다.
	교통안전 규칙을 지킨다.
	안전사고, 화재, 재난, 학대, 유괴 등에 대처하는 방법을 경험한다.

1) 신체운동·건강을 위한 교수·학습법

신체운동·건강 영역의 교수방법에서 유의해서 지도해야 할 교수·학습 원리는 다음과 같다.

첫째, 교사는 일상생활 속에서 자신의 신체에 대하여 자연스럽게 인식할 수 있도록 신체놀이 활동을 계획하고 체계적으로 구성해야 한다.

둘째, 교사는 교육적으로 풍부한 실내외 의 물리적 환경을 준비하여 영유아의 활발한 신체활동을 지원해야 한다.

셋째, 신체활동을 하면서 공간, 시간, 힘, 흐름 등 동작의 기본 요소를 인식하고 그러한 요소를 반영하여 움직일 수 있도록 교사가 적극적으로 상호작용해 주어야 한다.

넷째, 영유아가 신체조절 능력이나 안전 의식이 충분히 발달하지 못한 상태이기 때문에 교사가 영유아 안전에 세심한 주의를 기울이고 영유아 스스로도 놀이 규칙을 이해하여 자신의 안전을 지킬 수 있도록 해야 한다.

다섯째, 다양한 신체활동이 이루어지도록 하루 일과는 충분하고도 규칙적인 시간으로 계획해야 한다.

여섯째, 영유아의 신체 발달 및 운동 능력을 정확히 파악하고 개인차를 고려하여 계획해야 한다.

일곱째, 다양한 영역의 활동을 경험하도록 하고 통합적으로 다루어 질수 있도록 구성해야 한다.

여덟째, 신체활동만큼 휴식도 중요하므로 활발한 신체활동 후에는 반드시 휴식을 취할 수 있도록 계획해야 한다.

아홉째, 교사는 영유아의 건강 상태가 신체활동을 할 수 있는 상태인지 활동 전에 고려해야 한다.

2) 신체운동·건강을 위한 환경 구성

신체운동·건강 영역은 영유아가 기본적인 감각 능력을 기르고 자신의 신체를 긍정적으로 인식할 수 있도록 시각, 청각, 미각, 후각, 촉각 등의 다양한 감각적 자극을 제공해서 환경과 능동적으로 상호작용하고 감각적 차이를 느낄 수 있도록 환경을 구성해야 한다.

신체를 조절하고 균형감을 기르며 기본 운동 능력을 기르기 위해서 영아기에는 물건 잡기, 밀고 당기기 등 손을 이용하는 다양한 활동과 놀잇감을 제공하고 커다란 크기의 끼우기나 간단한 조작 교구와 영아용 정글짐이나 탈 것 등 대소근육 발달이나 신체조절 및 균형 감각을 증진시킬 수 있는 놀이기구를 제공한다. 유아기에는 놀이기구나 시설을 이용한 신체활동 이외에도 다양한 신체놀이나 게임 등의 활동 기회를 충분히 제공함으로써 유아로 하여금 신체활동을 하면서 공간, 시간, 힘, 흐름 등 동작의 요소까지 인식하고 움직이는 능력을 갖추는 데 중점을 두어야 한다. 그리고 일상생활 속에서 다양한 신체활동에 적극적으로 참여하기 위해 영유아가 자유롭게 몸을 움직이고 다양한 기구를 이용할 수 있는 충분하고 안전한 공간을 제공해야 한다.

3) 신체운동·건강의 실제

활동① 빙글빙글 미끄럼틀

대상 연령 1세

활동 내용 대소근육을 조절한다.

활동 목표
- 눈과 손의 협응력을 기를 수 있다.
- 손가락이나 집게를 사용해 작은 물건을 집을 수 있다.

활동 자료 원형 미끄럼틀(호일 심지를 가운데 세우고 종이 접시 3개에 구멍을 내 차례대로 연결해 미끄럼틀을 만든다), 여러 가지 색의 탁구공, 집게

활동 방법

① 교사와 영아들이 모여 앉는다.

② 영아들에게 원형 미끄럼틀을 보여 주며 무엇인지 말해 주고 탁구공을 미끄럼틀 위에 올려놓으면 어떻게 될지 물어본다.

③ 교사가 먼저 공을 놓아 보고 영아들은 공의 움직임을 관찰한다.

④ 영아들이 직접 탁구공을 집어 미끄럼틀에 굴려 보게 한다.
손으로 공을 집어서 굴려 본 후 집게로도 공을 집어 굴려 보게 한다.

제 언

영아들이 탁구공을 잘 집을 수 있도록 격려해 주고 처음에 조금 큰 공으로 시작해 점점 작은 공으로 바꿔 가며 활동을 해도 좋다. 여러 가지 색의 탁구공을 준비해 영아들이 공을 집을 때마다 공 색깔을 이야기해 준다.

활동② 쌀놀이

대상 연령 2세

활동 내용 감각 능력을 활용한다.

활동 목표
- 다양한 감각으로 쌀의 촉감을 느껴 본다.
- 쌀 씻기 활동을 통해 소근육을 발달시킨다.

활동 자료 쌀, 그릇, 파스텔, 비닐 팩, 투명 페트병

활동 방법

① 쌀을 그릇에 담아 흔들어 영아들이 소리를 듣고 무엇인지 말해 보게 한다.

② 쌀로 무엇을 만들 수 있는지 알아본다.

③ 그릇에 들어 있는 쌀을 다양한 방법으로 탐색해 본다(소리 들어 보기, 냄새 맡아 보기, 만져 보기 등).

④ 비닐봉지에 쌀과 파스텔 조각을 넣어 흔들어 쌀을 염색한다.

⑤ 준비된 투명 페트병에 염색된 쌀을 담아 마라카스를 만들어 본다.

제 언

염색된 쌀을 투명 페트병에 넣을 때 영아들이 먹지 않도록 주의를 주고, 여러 가지 색으로 염색된 쌀을 혼합해 마라카스를 만들어 볼 수도 있다.

활동③ 달팽이 경주

대상 연령 3~5세

활동 내용 신체움직임을 조절한다.

활동 목표
- 달팽이의 움직임에 대해 이해하고 달팽이처럼 기어간다.
- 달팽이의 먹이에 대해 알 수 있다.

활동 자료 달팽이 활동판(두 가지 달팽이로 나눠 먹이 그림을 붙이는 판), 먹이 그림 자료, 아이들 얼굴 이름표, 달팽이 등껍질 2개, CD플레이어

활동 방법

① 교사는 유아들에게 달팽이에 대해 질문을 한다.
- "달팽이 종류에는 어떤 것들이 있을까? 무엇을 먹을까? 어떻게 움직일까?"

② 달팽이 활동판을 보여 주며 게임 활동에 대해 설명한다.
- 유아들을 두팀으로 나눈다.
- 각 팀에서 한명씩 나와 달팽이 등껍질을 입고 달팽이처럼 기어서 앞에 놓인 그림 자료 중 달팽이가 먹을 수 있는 것을 하나씩 가져와 활동판에 붙인다.

③ 활동할 때 주의 사항에 대해 알아본다.
- 처음부터 끝까지 달팽이처럼 기어갔다 와야 하고 게임을 하지 않는 친구들은 자리에 앉아 친구들이 하는 것을 지켜본다.

④ 게임이 끝난 후 활동판에 붙인 달팽이 먹이를 함께 보고 이야기 나눈다.
- "우리 친구들이 찾아온 달팽이 먹이는 어떤 것이 있었나요?"

⑤ 오늘의 활동에 대해 이야기를 나누며 마무리한다.
- "오늘 우리 친구들이 달팽이가 되어 움직여 보는 게임을 했는데 어땠나요?"

제 언

게임 활동은 유아들이 많이 산만해질 수 있기 때문에 시작 전에 지켜야 할 규칙에 대해 함께 이야기 나눈다. 바닥에 달팽이 길을 만들어 유아들이 길을 따라 기어가는 활동으로 확장할 수 있다.

활동④ 깡통 발

대상 연령 3~5세

활동 내용 기초적인 이동운동, 제자리 운동, 도구를 이용한 운동을 한다.

활동 목표
- 신체의 협응력을 기른다.
- 신체의 무게 중심을 이동하며 신체의 평형을 유지한다.

활동 자료 깡통 4개(같은 크기를 2개씩), 단단한 줄(빨랫줄, 줄넘기 줄 등), 고무호스 4개(15㎝), 시트지

활동 방법

제작 방법
① 유아의 발을 올려놓을 수 있는 크기의 깡통을 2개씩 준비한다.
② 줄에 고무호스를 끼워 손잡이를 만든다.
③ 깡통을 뒤집어 놓고 상단 양쪽에 구멍을 뚫어 줄을 연결한다.
④ 깡통을 시트지로 싸서 예쁘게 꾸민다.

활동 내용
① 깡통에 달린 줄을 잡고 깡통 위에 발을 올려놓은 후 천천히 걷는다.
② 줄을 팽팽하게 잡아 손과 발을 함께 움직인다.
③ 처음에는 낮고 넓은 것부터 시작하고 익숙해지면 높이와 넓이를 조절한다.

제 언

깡통 줄의 길이는 유아의 신체 크기에 따라 조절한다.

3. 의사소통

<table>
<tr><th colspan="6">의사소통</th></tr>
<tr><th rowspan="2">내용 범주</th><th>0~1세 보육과정</th><th>2세 보육과정</th><th rowspan="2">내용 범주</th><th>누리과정</th></tr>
<tr><th>내용</th><th>내용</th><th>내용</th></tr>
<tr><td rowspan="6">듣기와 말하기</td><td rowspan="2">표정, 몸짓, 말과 주변의 소리에 관심을 갖고 듣는다.</td><td>표정, 몸짓, 말에 관심을 갖고 듣는다.</td><td rowspan="6">듣기와 말하기</td><td>말이나 이야기를 관심 있게 듣는다.</td></tr>
<tr><td rowspan="2">상대방의 이야기를 듣고 말한다.</td><td>자신의 경험, 느낌, 생각을 말한다.</td></tr>
<tr><td rowspan="2">상대방의 이야기를 들으면서 말소리를 낸다.</td><td>상황에 적절한 단어를 사용하여 말한다.</td></tr>
<tr><td rowspan="2">표정, 몸짓, 단어로 의사를 표현한다.</td><td>상대방이 하는 이야기를 듣고 관련해서 말한다.</td></tr>
<tr><td rowspan="2">표정, 몸짓, 말소리로 의사를 표현한다.</td><td>바른 태도로 듣고 말한다.</td></tr>
<tr><td>자신의 요구와 느낌을 말한다.</td><td>고운 말을 사용한다.</td></tr>
<tr><td rowspan="3">읽기와 쓰기에 관심 가지기</td><td>주변의 그림과 상징에 관심을 가진다.</td><td>주변의 그림과 상징, 글자에 관심을 가진다</td><td rowspan="3">읽기와 쓰기에 관심 가지기</td><td>말과 글의 관계에 관심을 가진다.</td></tr>
<tr><td rowspan="2">끼적이기에 관심을 가진다.</td><td rowspan="2">끼적이며 표현하기를 즐긴다.</td><td>주변의 상징, 글자 등의 읽기에 관심을 가진다.</td></tr>
<tr><td>자신의 생각을 글자와 비슷한 형태로 표현한다.</td></tr>
<tr><td rowspan="3">책과 이야기 즐기기</td><td>책에 관심을 가진다.</td><td>책에 관심을 가지고 상상한다.</td><td rowspan="3">책과 이야기 즐기기</td><td>책에 관심을 가지고 상상하기를 즐긴다.</td></tr>
<tr><td rowspan="2">이야기에 관심을 가진다.</td><td rowspan="2">말놀이와 이야기에 재미를 느낀다.</td><td>동화, 동시에서 말의 재미를 느낀다.</td></tr>
<tr><td>말놀이와 이야기 짓기를 즐긴다.</td></tr>
</table>

1) 의사소통을 위한 교수·학습법

의사소통 영역의 교수방법에서 유의해서 지도해야 할 교수·학습 원리는 '말하기', '듣기', '읽기', '쓰기' 네 가지 내용으로 나눠 설명할 수 있다.

먼저 '듣기' 지도 시 유의할 사항은 다음과 같다.

첫째, 영유아가 듣기의 필요성을 인식하도록 한다.

둘째, 영유아의 이해 수준과 흥미에 적합한 다양한 듣기 활동을 제공한다.

셋째, 영유아들의 듣기 능력이나 듣는 태도에는 개인차가 크기 때문에 개별적으로 지도하는 것이 바람직하다.

넷째, 교사 자신이 주의를 집중해서 듣는 모범을 보여야 한다.

다섯째, 영유아가 잘 들을 수 있도록 물리적, 심리적 환경을 조성해야 한다.

여섯째, 듣기에 대한 흥미를 유도할 수 있는 다양한 자료를 사용한다.

'말하기'를 지도할 때는 다음과 같은 사항을 유의해야 한다.

첫째, 영유아가 부담 없이 자유롭게 말을 할 수 있도록 허용적이고 개방적인 분위기를 조성해 준다.

둘째, 영유아의 말하기를 자극하기 위하여 다양한 이야깃거리와 자료를 제공한다.

셋째, 교사는 언제나 정확한 발음을 하는 모델이 되어야 할 뿐 아니라 영유아가 이해할 수 있는 수준의 다양한 어휘를 사용하여 간결한 문장으로 말하는 모범을 보여야 한다.

넷째, 말하기 지도는 직접적인 교수나 반복 연습보다는 영유아의 개인적인 발달 수준에 따라 자연스런 상황에서 점진적으로 하는 것이 효과적이다.

다섯째, 영유아의 문장 구성 능력을 돕기 위해서 교사는 반복 확장과 의미 부연, 촉진의 방법을 사용할 수 있다.

여섯째, 교사가 적절한 질문을 하여 영유아가 생각, 느낌, 의견을 정확하게 표현하도록 돕는다.

일곱째, 여러 가지 말하기 상황에 필요한 예의가 습관화되도록 지도한다.

여덟째, 다양한 조건에서 말하기 경험을 하도록 여러 종류의 말하기 활동을 제공한다.

'읽기' 지도 시 유의할 사항은 다음과 같다.

첫째, 영유아가 읽기에 흥미를 갖도록 자극적인 언어 환경을 마련해 준다.

둘째, 영유아의 일상적인 경험을 토대로 읽기 활동을 실시한다.

셋째, 읽기 활동은 각 영유아의 언어 능력을 고려해서 개별적으로 지도한다.

넷째, 읽기 활동은 듣기, 말하기, 쓰기 활동과 통합하여 지도한다.

다섯째, 읽기 지도는 수, 과학, 미술, 음률 등 다양한 활동을 통하여 이루어진다.

마지막으로 '쓰기' 지도 시에는 다음과 같은 사항에 유의한다.

첫째, 개별적으로 지도해야 한다.

둘째, 글자 중심의 쓰기 지도보다 글자의 의미를 강조하는 쓰기 지도를 하도록 한다.

셋째, 쓰기의 필요성을 영유아 스스로 인식하여 자발적으로 쓰기 활동에 참여하도록 유도한다.

넷째, 영유아에게 적절한 쓰기 자료를 제공한다.

다섯째, 연간 계획을 세울 때는 연령별로 연계성을 갖고 세우는 것이 필요하다.

2) 의사소통을 위한 환경 구성

교실 내 의사소통 영역은 조용하고 안정된 장소에 배치한다. 영유아가 활동에 집중할 수 있도록 하고 아늑한 분위기를 조성하기 위해 커튼을 달아 주거나 놀잇감이나 스크린으로 낮은 칸막이를 해 주면 좋다. 또한 바닥에 카펫을 깔거나 쿠션을 두어 편안한 자세로 활동할 수 있게 해 준다. 그리고 영유아의 시력을 보호할 수 있도록 자연 채광이 좋은 위치를 선택하거나 그렇지 않을 경우 조명을 설치해야 한다.

'듣기' 활동을 위해 영아들에게 자유롭게 만지고 흔들어서 소리 내는 놀잇감을 제공하고 유아들에게는 융판 동화, 막대 동화와 같은 다양한 종류의 동화 및 생활주제와 관련된 동요, 동시, 동화를 담고 있는 CD, CD플레이어, 컴퓨터 등을 제공해 주고 남에게 방해가 되지 않게 들을 수 있도록 헤드폰을 준비해 준다. '말하기' 활동을 위해서 여러 종류의 인형이나, 그림, 사진, 그림책 같은 다양한 자료를 구비하여 혼잣말, 어른 소리 모방 등의 언어적 상호작용이 많이 발생할 수 있도록 하며, '읽기' 활동을 위해서는 영아가 넘기기 쉬운 딱딱한 책, 여러 가지 촉감을 느낄 수 있는 헝겊 책, 비닐 책 등의 다양한 책을 제공해 주고 그 외에 그림과 글자가 함께 있는 광고지, 영아의 사진이 들어 있는 가족 앨범 등을 비치하여 많이 읽어 준다. 유아들에게는 교실에 있는 사물, 영역 표시판, 친구 이름, 옷장 이름표 등을 문자로 적어 자연스럽게 읽을 수 있도록 한다. 그리고 '쓰기' 활동을 위해서 영아의 경우 딸랑이나 까꿍 놀잇감 등과 같이 간단한 손동작으로 작동되는 놀잇감을 이용하여 손의 소근육을 사용하고 손과 팔을 의도적으로 움직여 볼 수 있도록 해 주고 긁적거리기를 위해 무독성 크레파스, 두꺼운 펜, 도화지, 신문지 등의 쓰기도구를 제공하여 마음껏 긁적거려 보도록 격려하고 영아가 긁적거린 것에 관심을 보여 준다. 유아에게는 색연필, 사인펜, 연필 등 필기도구와 다양한 종이나 모래 글자판, 자석판 등의 쓰기도구를 제공하여 유아가 다양한 매체를 이용하여 쓰기 활동을 할 수 있도록 한다.

3) 의사소통의 실제

활동① 울퉁불퉁 끼적이기

대상 연령 1세

활동 내용 끼적이기에 관심을 가진다.

활동 목표
- 골판지 위에 끼적이기를 할 수 있다.
- 끼적이기 활동을 통해 즐거움을 느낀다.

활동 자료 전지, 골판지, 가위, 무독성 크레파스

활동 방법

① 전지 위에 네모, 세모, 동그라미 등의 모양으로 오려진 골판지를 붙여 끼적이기판을 준비한다.

② 교사는 영아들과 전지 위에 무엇이 있는지 탐색해 본다.

③ 무독성 크레파스를 가지고 끼적이기를 한다.

④ 영아들이 끼적인 것을 보며 언어적 상호작용을 한다.

제 언

전지를 벽에 붙여 끼적이기를 하는 것보다 바닥에 깔아 두고 하는 것이 영아들에게 더 편할 수 있으며 무독성 크레파스 외에 다른 필기도구를 이용해 끼적이기를 해 볼 수 있다.

활동② 내가 좋아하는 색이 있어요

대상 연령 2세

활동 내용 표정, 몸짓, 단어로 의사를 표현한다.

활동 목표
- 내가 좋아하는 색을 말할 수 있다.
- 그래프 위에 내가 좋아하는 색을 표시할 수 있다.

활동 자료 그래프, 얼굴 사진

활동 방법

① 교사는 좋아하는 색을 고를 수 있도록 그래프를 만든다.

② 영아들은 자신이 좋아하는 색 위에 자기의 얼굴 사진을 붙인다.

③ 교사와 영아들은 색의 종류에 대해 이야기해 보고 각각의 색을 좋아하는 친구들의 얼굴을 보며 누가 무슨 색을 좋아하는지 이야기한다

④ 영아들은 한 명씩 일어나 내가 무슨 색을 좋아하는지 말해 본다.

⑤ 색 그래프를 벽에 붙여 놓고 아이들이 관찰하도록 한다.

제 언

색 그래프를 만들 때에는 영아들에게 친숙한 색으로 준비하고 종류를 너무 많이 하지 않도록 한다.

활동③ 우유 박람회

대상 연령 3~5세

활동 내용 자신의 경험, 느낌, 생각을 말한다.

활동 목표
- 내가 소개하는 우유에 대해 자신 있게 말할 수 있다.
- 우유를 맛보고 난 자신의 생각을 표현할 수 있다.

활동 자료 우유, 종이컵, 스티커, 스티커판, 유아 책상

활동 방법

① 활동 전 조별로 시럽이나 파우더를 이용해 자기들만의 우유를 만든다.

② 활동하기 전 규칙 및 활동 방법에 대해 이야기 나눈다.
- 조별로 반은 홍보, 나머지 반은 시식하는 사람으로 나눈다.
- 홍보하는 유아들은 우유의 특징과 장점에 대해 자신의 생각을 이야기한다.

③ 유아들에게 우유를 마셔 보고 맘에 들면 스티커를 붙이게 한다.
- "선생님이 스티커를 나눠 줄 거야. 스티커는 우유회사를 돌아다니면서 한 팀에 한 개씩만 붙여 줄 수 있어. 안 붙여 줘도 괜찮아."

④ 활동을 시작한다.
- 조별로 만든 우유를 책상 위에 놓고 홍보를 한다.
- 시식하는 유아들이 돌아다니며 우유에 대한 설명을 듣고 시음하고 맘에 들면 스티커판에 스티커를 붙인다.
- 홍보팀과 시식팀을 바꿔 활동을 진행한다.

⑤ 스티커판을 보며 함께 평가해 본다.
- "오늘 어느 팀 우유가 제일 맛있다고 뽑혔을까?
- "우리가 우유 박람회를 직접 열어 보고 우유를 맛보니까 어땠어?"

제 언

충분한 시간을 갖고 활동을 진행하고, 사전에 활동 방법이나 규칙에 대해 잘 설명을 해 줘 원활히 진행될 수 있도록 한다.

활동④ 나의 짝꿍을 찾아주세요

대상 연령 3~5세

활동 내용 주변의 상징, 글자 등의 읽기에 관심을 가진다.

활동 목표
- 똑같은 글자를 찾아내며 글자에 흥미를 가진다.
- 가정에서 자주 사용하는 물건의 이름을 안다.

활동 자료 사진 자료(물건의 사진과 그 밑에 명칭이 쓰여진 카드), 글자판, 글자

활동 방법

① 준비된 사진 자료를 보고 가족 중 누가 사용하는 물건인지, 어떤 물건인지 관찰한다.

② 사진 밑에 적힌 물건의 명칭과 내가 생각한 것이 맞는지 확인하고, 맞는 경우 글자판에서 글자를 찾아 붙인다.

③ 명칭의 글자 수가 3개인 경우 3의 글자판에 붙여 명칭을 만들고, 2개인 경우 2의 글자판에 붙여 명칭을 만든다.

④ 명칭을 찾아 만든 후에 글자판에 알맞게 붙였는지 사진 자료를 보고 다시 확인하고, 맞게 붙였으면 큰 소리로 명칭을 읽어 본다.

⑤ 다음 카드를 꺼내 다음 명칭에 대해 알아본다.

제 언

유아들에게 친숙하고 수준에 맞는 적절한 단어를 제시해 주어야 한다.

4. 사회관계

<table>
<tr><th colspan="6">사회관계</th></tr>
<tr><th rowspan="2">내용 범주</th><th>0~1세 보육과정</th><th>2세 보육과정</th><th rowspan="2">내용 범주</th><th colspan="2">누리과정</th></tr>
<tr><th>내용</th><th>내용</th><th colspan="2">내용</th></tr>
<tr><td rowspan="3">나를 알고 존중하기</td><td>나를 인식한다.</td><td>나와 다른 사람을 구별한다.</td><td rowspan="3">나를 알고 존중하기</td><td colspan="2">나을 알고 소중히 여긴다.</td></tr>
<tr><td>나의 욕구와 감정을 나타낸다.</td><td>나의 감정을 표현한다.</td><td colspan="2">나의 감정을 알고 상황에 맞게 표현한다.</td></tr>
<tr><td>나와 친숙한 것을 안다.</td><td>내가 좋아하는 것을 한다.</td><td colspan="2">내가 할 수 있는 것을 스스로 한다.</td></tr>
<tr><td rowspan="6">더불어 생활하기</td><td rowspan="2">안정적인 애착을 형성한다.</td><td rowspan="2">가족에게 관심을 가진다.</td><td rowspan="6">더불어 생활하기</td><td colspan="2">가족의 의미를 알고 화목하게 지낸다.</td></tr>
<tr><td colspan="2">친구와 서로 도우며 사이좋게 지낸다.</td></tr>
<tr><td>또래에게 관심을 가진다.</td><td>또래와 함께 놀이한다.</td><td colspan="2">친구와의 갈등을 긍정적인 방법으로 해결한다.</td></tr>
<tr><td rowspan="2">다른 사람의 감정과 행동에 관심을 가진다.</td><td rowspan="2">다른 사람의 감정과 행동에 반응한다.</td><td colspan="2">서로 다른 감정, 생각, 행동을 존중한다.</td></tr>
<tr><td colspan="2">친구와 어른께 예의바르게 행동한다.</td></tr>
<tr><td>반에서 편안하게 지낸다.</td><td>반에서의 규칙과 약속을 알고 지킨다.</td><td colspan="2">약속과 규칙의 필요성을 알고 지킨다.</td></tr>
<tr><td colspan="3" rowspan="3"></td><td rowspan="3">사회에 관심 가지기</td><td colspan="2">내가 살고 있는 곳에 대해 궁금한 것을 알아본다.</td></tr>
<tr><td colspan="2">우리나라에 대해 자부심을 가진다.</td></tr>
<tr><td colspan="2">다양한 문화에 관심을 가진다.</td></tr>
</table>

1) 사회관계를 위한 교수·학습법

사회관계 영역의 교수방법에서 유의해서 지도해야 할 교수·학습 원리는 다음과 같다.

첫째, 지도하고자 하는 한 가지 교수·학습 내용이 한 번의 활동으로 끝나는 것이 아니라 다양한 활동으로 여러 차례에 걸쳐 반복적으로 다루어질 수 있다.

둘째, 교사는 한 가지 교수·학습 활동에서 너무 많은 내용을 포함하기보다 핵심 내용에 중점을 두고 지도한다.

셋째, 교수·학습 활동을 계획·실행할 때 지나치게 구조화되지 않도록 유의한다. 교사의 계획과는 달리 영유아들의 흥미나 관심에 따라서 활동이 변화될 수 있는 유동성이 필요하다.

넷째, 영유아의 사회관계 활동은 일상생활과 놀이를 하는 가운데 자연스럽게 진행하는 것이 바람직하다.

다섯째, 영유아의 사회적 능력과 관련된 기술, 태도, 지식을 골고루 발달시키기 위해서는 영유아의 흥미에 부합하도록 구성된 통합적 보육과정을 구성하여 실시하는 것이 효과적이다.

2) 사회관계를 위한 환경 구성

영유아가 자기존중감을 가지고 성장하고 발달할 수 있기 위해서는 긍정적이고 따뜻한 보육 환경을 마련해 주어야 하며 동시에 영유아가 자신감을 가지고 주변을 탐색하도록 배려해야 한다.

영아들을 위해 넉넉한 수의 놀잇감을 준비하고 똑같은 놀잇감을 여러 개 마련하여 분쟁을 사전에 예방하도록 하며, 유아가 독립적으로 또는 협동하여 활동할 수 있도록 실내와 실외 공간을 합리적으로 구성한다.

3) 사회관계의 실제

활동① 친구야! 같이 가자

대상 연령 1세

활동 내용 또래에게 관심을 가진다.

활동 목표
- 같은 반 친구에게 관심을 갖을 수 있다.
- 친구 얼굴을 구별할 수 있다.

활동 자료 교실 내 상황

활동 방법

① 교실에 교사와 영아들이 모여 앉는다.

② 교사는 영아들 한 명 한 명을 세워 이름을 말해 준다.

③ 교사는 영아 한 명을 세워 두고 언어적 지시를 한다.

– "○○야, ○○이 손잡고 선생님한테 올래?" "○○야, ○○이 손잡고 선생님한테 인형 가져다 줄래?" 등의 언어적 지시를 하고, 영아는 그 지시에 따라 해당 친구를 데려오거나, 해당 친구와 함께 인형을 가져온다.

④ 교사는 영아들은 차례대로 불러 지시한 친구들과 함께 활동을 하도록 한다.

제 언

친구를 잘 못 찾는 영아가 있으면 교사가 함께 가서 친구를 찾을 수 있도록 하고, 활동 지시는 영아들이 잘 아는 물건이나 구체적인 행동으로 지시한다.

활동② 우리 가족

대상 연령 2세

활동 내용 가족에게 관심을 가진다.

활동 목표
- 사진에 있는 사람들이 누구인지 알 수 있다.
- 학기 초 영아 적응에 도움이 된다.

활동 자료 가족 사진, 우드락

활동 방법

① 신학기에 영아들의 가족 사진을 미리 준비하여 우드락에 붙여 벽에 게시한다.

② 영아들의 가족 사진을 함께 찾아본다.

③ 가족 사진에 있는 가족 구성원에 대하여 이야기 나눈다.

- "이 분은 누구일까?"
- "△△는 엄마와 예쁜 얼굴이 닮았구나."

제 언

- 영아가 가족에 대해 표현할 때 기다려 주며, 표현한 것을 격려해 준다.
- 신학기에 영아들이 부모로부터 떨어지는 것에 대한 분리 불안이 있을 때 가족 사진을 벽에 게시해 수시로 보면서 정서적 안정감을 갖게 한다.

활동③ 내가 눈이 보이지 않는 사람이 된다면?

대상 연령 3~5세

활동 내용 친구와 서로 도우며 사이좋게 지낸다.

활동 목표
- 눈이 불편한 사람의 어려움을 이해한다.
- 다양한 활동을 통해 눈이 보이지 않거나 불편한 사람에 대해 경험해 본다.

활동 자료 시각 자료(점자 그림, 시각장애인용 표지판 및 그림 자료), 대근육 자료, 촉감숫자 카드, 다양한 촉감 카드, 점선 그림 아웃라인판

활동 방법

① 눈이 불편하거나 잘 보이지 않는 사람을 본 경험에 대해 이야기 나눈다.
 – 내가 눈이 안 보인다면 어떨지 이야기 나누며 오늘의 활동을 소개한다.

② 활동은 4명씩 한 팀을 만들어 4개의 영역으로 나누어 진행한다.

③ 팀별로 2명은 안대를 끼고 2명은 안대를 낀 친구를 돕는 활동에 참여한다.

④ 한 영역당 5분 정도의 시간을 갖고 진행하며 교사의 신호에 따라 다음 영역으로 이동한다.

영역	영역별 활동
대근육 활동	대근육 활동 자료(계단, 유니바 넘기, 선 따라 걷기)를 놓고 한 명은 안대를 쓰고 한 명은 손을 잡아 주며 이동한다.
점선 따라 그림 완성하기	점선에 붙여진 쌀알을 만져 보고 안대를 쓰지 않은 친구가 안내해 주는 대로 그림을 그려 본다.
촉감 카드 맞추기	같은 촉감이 느껴지는 카드를 골라 맞춰 본다.
촉감 숫자 맞추기	모양대로 붙여진 숫자 중 같은 카드를 골라 맞춰 본다.

제 언

유아의 연령과 발달 수준에 따라 활동 영역의 수를 조절할 수 있다.

활동④ 종합병원

대상 연령 3~5세

활동 내용 내가 살고 있는 곳에 대해 궁금한 것을 알아본다.

활동 목표
- 다양한 종류의 병원과 그 병원들이 하는 일을 안다.
- 친구와 역할을 나누어 종합병원놀이를 한다.

활동 자료 병원놀이 소품, 그림 자료, 주스, 처방전

활동 방법

① 종합병원에 대해 이야기해 본다.

– "종합병원은 어떤 곳일까? 종합병원에 가 보았던 경험이 있니?"

② 종합병원에 있는 다양한 병원과 병원에서 일하는 사람은 어떤 일을 하는지 이야기 나누어 본다.

– "종합병원 안에는 어떤 병원(과)들이 있을까?"

– "안과는 무엇을 하는 곳이니? 소아과는 어떤 것을 치료해 주는 곳이니?"

– "약국은 어떤 일을 하는 곳일까?"

③ 활동을 소개하고 병원놀이를 하기 위해 필요한 소품과 지켜야 할 규칙에 대해 이야기 나눈다.

– "진찰을 하기 위해서는 어떤 물건이 필요할까?"

– "환자를 하는 친구들은 어떤 물건이 필요할까?"

– "병원을 방문하여 치료를 받고 처방전에 도장을 3개 받아 오면 약국에서 약으로 바꿔 줄 거야."

④ 역할을 정하고 준비한 소품을 이용해 종합병원놀이를 한다.

⑤ 활동 후 평가를 한다.

– "종합병원놀이를 해 보니 어땠니? 어떤 것을 새롭게 알게 되었니?"

– "친구들과 역할을 나누어 놀이하면서 어렵거나 재미있었던 것이 있었니?"

5. 예술경험

예술경험				
내용 범주	0~1세 보육과정	2세 보육과정	내용 범주	누리과정
	내용	내용		내용
아름다움 찾아보기	자연과 생활에서 아름다움을 느낀다.	자연과 생활에서 아름다움을 느끼고 즐긴다.	아름다움 찾아보기	자연과 생활에서 아름다움을 느끼고 즐긴다.
	아름다움에 관심을 가진다.	아름다움에 관심을 갖고 찾아본다.		예술적 요소에 관심을 갖고 찾아본다.
창의적으로 표현하기	소리와 리듬, 노래로 표현한다.	익숙한 노래와 리듬을 표현한다.	창의적으로 표현하기	노래를 즐겨 부른다.
				신체, 사물, 악기로 간단한 소리와 리듬을 만들어 본다.
	감각을 통해 미술을 경험한다.	움직임과 춤으로 자유롭게 표현한다.		신체나 도구를 활용하여 움직임과 춤으로 자유롭게 표현한다.
		미술 재료와 도구로 표현해 본다.		다양한 미술 재료와 도구로 자신의 생각과 느낌을 표현한다.
	모방 행동을 즐긴다.			극놀이로 경험이나 이야기를 표현한다.
		일상생활 경험을 상상놀이로 표현한다.	예술 감상하기	다양한 예술을 감상하며 상상하기를 즐긴다.
				서로 다른 예술 표현을 존중한다.
				우리나라 전통 예술에 관심을 갖고 친숙해진다.

1) 예술경험을 위한 교수·학습법

예술경험 영역의 교수방법에서 유의해서 지도해야 할 교수·학습 원리는 다음과 같다.

첫째, 지속적으로 자신의 주변 사물과 환경에서 스스로 예술적 요소들을 탐색하고 표현하며 감상하는 경험을 중요시한다.

둘째, 영아기에는 극놀이, 동작, 음악, 미술이 통합적으로 경험되어야 하며 표현보다는 탐색에 좀 더 중점을 두고, 유아기에는 좀 더 세련된 다양한 양식을 통해 자발적 표현을 즐기게 되고 탐색, 표현, 감상이 골고루 경험되도록 지도한다.

셋째, 일상생활에서 자연스럽게 이루어지도록 하여야 하며, 영유아의 자발적인 시도를 격려하고 독창적인 표현을 장려함으로써 영유아 나름의 의미를 찾도록 하는 과정적 측면이 중요하다.

넷째, 교사는 즐겁고 자유로운 분위기에서 영유아들이 많은 것을 먼저 탐색하고, 보고, 느낄 수 있도록 하며 상상하고 표현하도록 격려해 주어야 한다. 이를 위해 개방적인 분위기를 조성하고 영유아의 흥미가 무엇이고 사전에 어떠한 경험을 하였는가를 잘 관찰하였다가 이를 표현이나 감상의 소재로 활용하도록 한다. 음악, 동작, 극, 미술 표현이나 감상은 통합적으로 이루어지도록 계획하고 지도하며 영유아의 개인차를 반드시 고려하여야 한다.

다섯째, 가정이나 지역사회와의 긴밀한 유대 관계를 통해 영유아의 자발적 표현을 증진시키고 친근한 내용에 대한 예술 감상의 경험이 이루어지도록 한다.

2) 예술경험을 위한 환경 구성

조형 영역에서 사용되는 자료는 영유아의 활동에 직접적인 영향을 미치므로 영유아의 요구나 발달 수준, 흥미는 물론 시기를 고려하여 준비하고 영유아 자신이 만든 작품을 감상할 수 있는 공간도 마련해 준다.

또한 영유아들이 역할놀이에 자발적으로 참여할 수 있도록 영역에 다양한 종류의 의상과 소품을 마련하고 필요한 도구를 준비해 준다. 특히 전체적으로 전개되는 교육 주제와 연관시켜 유아들의 흥미와 관심을 유발하는 자료들을 미리 준비해 둔다면 보다 확장된 극놀이가 활발하게 전개될 수 있다.

음악과 동작 활동 영역은 노래 부르기나 악기 다루기, 동작 표현하기 이외에도 다양한 종류의 음악을 듣고 감상하여 보는 기회도 가질 수 있는 곳으로 다양한 악기, 음악CD와 CD플레이어, 여러 가지 소품(리본 테이프, 리듬 막대, 스카프, 한삼 등)을 준비해 준다.

음악과 동작 활동 영역은 시끄러운 활동이 이루어지므로 소음을 고려해 위치를 배치하고, 영유아가 편안하게 활동할 수 있는 충분한 크기의 공간을 마련해 주며, 안전하고 소음을 줄일 수 있도록 바닥에 카펫을 깔아 준다.

극화놀이에서는 소꿉놀이, 경찰놀이, 시장놀이, 병원놀이 등 영유아들이 경험하고 관찰했던 상황을 직접 표현해 보는 기회를 갖는다. 따라서 움직임이 많고 활동이 다양하므로 활동적인 놀이 영역에 배치하고, 준비되는 의상과 소품은 교육 주제에 따라 변화를 주고 내용 면에서 성차별이 없고 다양한 문화적 배경을 포함시켜 준비해 준다. 특히 극놀이 주제를 활성화하기 위해 견학이나 새로운 사건과 인물 소개, 읽기 등의 경험을 제공하면 더 효과적이다.

3) 예술경험의 실제

활동① 뻑뻑 에어캡 물감놀이

대상 연령 1세

활동 내용 감각을 통해 미술을 경험한다.

활동 목표
- 에어캡을 터트려 보며 여러 가지 색을 느낄 수 있다.
- 몸을 움직이며 에어캡을 감각적으로 탐색한다.

활동 자료 에어캡, 물감이 들어간 에어캡(주사기로 에어캡 안에 여러 가지 색의 물감을 주입한다), 물감, 전지, 비닐, 테이프

활동 방법

① 교사는 먼저 에어캡을 눌러 소리를 내며 흥미를 유도한다.

② 영아들에게 에어캡을 제공해 주고 탐색하게 한다.

③ 교사는 영아들과 에어캡을 탐색하며 언어적 상호작용을 한다.

- "이게 뭘까? ○○이가 한번 만져 볼까?"
- "어? 이렇게 하니 소리가 나네. 에어캡이 뻑~ 터지면서 소리가 나는구나."

④ 에어캡을 다양한 방법으로 탐색해 본다.

- "손가락에 힘을 주어 뻑! 터트려 볼까? 이불처럼 덮어 볼까?"

⑤ 바닥에 전지를 깔고 색이 들어간 에어캡을 그 위에 고정시킨 후 영아들에게 색 에어캡을 터트려 보게 한다.

⑥ 몸을 이용해 다양한 방법으로 에어캡을 터트리며 놀이할 수 있도록 격려한다.

⑦ 물감이 어느 정도 터지면 에어캡을 제거하고 완성된 작품을 감상해 본다.

제 언

에어캡에 물감을 넣을 때 주삿바늘로 뻑뻑이 측면에 넣어야 사전에 물감이 흐르는 것을 방지할 수 있고, 바닥에 전지를 깔기 전에 비닐을 깔아 주어 장판에 물감을 물들지 않게 한다.

활동② 포도로 그림을 그려요

대상 연령 2세

활동 내용 자연과 생활에서 아름다움을 느끼고 즐긴다.

활동 목표
- 포도에 대해 다양한 감각을 이용하여 탐색한다.
- 포도의 특성에 대해 관심을 갖고 그림 활동으로 표현해 본다.

활동 자료 포도, 전지

활동 방법

① 영아들과 함께 포도를 탐색해 본다.
 – "우리 같이 포도를 만져 볼까?"
 – "냄새도 맡아 보자. 무슨 냄새가 날까?"
 – 껍질을 까서 만져 보고 냄새도 맡고 맛도 보게 한다.

② 전지 위에 포도 껍질을 이용해 그림을 그려 본다.

③ 영아들이 그린 그림을 함께 감상하고 이야기 나눈다.

④ 마무리로 오늘 한 활동에 대해 다시 설명해 주고 느낌에 대해 이야기한다.

활동③ 물고기 풍등

대상 연령 3~5세

활동 내용 다양한 미술 재료와 도구로 자신의 생각과 느낌을 표현한다.

활동 목표
- 물고기의 특징에 대해 알아본다.
- 물고기의 특징을 이용해 물고기 풍등을 만들고 여름을 느껴 본다.

활동 자료 하얀색 풍등, 파란 비닐, 스티커, 색종이, 풀

활동 방법

① 물고기에 대해 이야기 나눈다.
 - "물고기는 어디에서 살고 종류는 무엇이 있을까?"
 - "물고기는 어떻게 생겼을까?"

② 하얀색 풍등을 몸체로 두고 물고기가 되도록 꾸민다.

③ 한 명씩 자신의 물고기 등을 들고 나와 친구들에게 소개한다.

④ 활동 후 물고기를 만들면서 어려운 점은 없었는지 이야기를 한 뒤 교실에 어떻게 전시를 하면 좋을지 이야기 나누어 보고 함께 전시한다.
 - 파란색 비닐을 늘어트려 물의 느낌을 살리고 그 옆에 물고기 풍등을 단다.

제 언

여름철에 물고기 풍등을 만들어 전시를 하면 유아들이 자신의 작품을 감상하며 여름 분위기를 느낄 수 있다.

활동④ 비를 표현해요

대상 연령 3~5세

활동 내용 신체나 도구를 활용하여 움직임과 춤으로 자유롭게 표현한다.

활동 목표
- 비가 내리는 모습을 몸을 이용해 표현해 본다.
- 비가 내리는 모습을 신문지를 이용해 표현해 본다.

활동 자료 신문지, 우산, 동영상

활동 방법

① 비가 내리는 것을 볼 수 있는 동영상을 시청한 후 비가 내리는 모습을 몸을 이용해 표현해 본다.

② 신문지를 유아들에게 보여 주며 신문지를 이용해 비를 어떻게 표현할지 이야기 나눈다.

③ 신문지를 다양한 방법으로 찢어 자유롭게 비를 표현해 본다.

- 신문지를 잘게 조각으로 찢거나 가늘고 길게 찢는 등의 방법을 이용해 비가 내리는 모습을 표현해 본다.

④ 신문지로 만든 비 오는 길 위를 우산을 쓰고 걸어 본다.

- 교사는 신문지를 이용해 비 오는 것을 표현하고 유아들은 그 밑을 우산을 쓰고 걸어 본다.

제 언

신문지 이외의 비오는 것을 표현할 수 있는 재료는 어떤 것이 있는지 이야기해 보고 활동하는 것으로 확장할 수 있다.

6. 자연탐구

<table>
<tr><th colspan="5">자연탐구</th></tr>
<tr><th rowspan="2">내용 범주</th><th>0~1세 보육과정</th><th>2세 보육과정</th><th rowspan="2">내용 범주</th><th>누리과정</th></tr>
<tr><th>내용</th><th>내용</th><th>내용</th></tr>
<tr><td rowspan="3">탐구과정 즐기기</td><td rowspan="2">주변세계와 자연에 대해 호기심을 가진다.</td><td>주변 세계와 자연에 대해 호기심을 가진다.</td><td rowspan="3">탐구과정 즐기기</td><td>주변 세계와 자연에 대해 지속적으로 호기심을 가진다.</td></tr>
<tr><td rowspan="2">사물과 자연을 반복하여 탐색하기를 즐긴다.</td><td>궁금한 것을 탐구하는 과정에 즐겁게 참여한다.</td></tr>
<tr><td>사물과 자연 탐색하기를 즐긴다.</td><td>탐구과정에서 서로 다른 생각에 관심을 가진다.</td></tr>
<tr><td rowspan="10">생활 속에서 탐구하기</td><td rowspan="3">친숙한 물체를 감각으로 탐색한다.</td><td rowspan="2">친숙한 물체의 특성과 변화를 감각으로 탐색한다.</td><td rowspan="8">생활 속에서 탐구하기</td><td>물체의 특성과 변화를 여러 가지 방법으로 탐색한다.</td></tr>
<tr><td>물체를 세어 수량을 알아본다.</td></tr>
<tr><td>물체의 수량에 관심을 가진다.</td><td rowspan="2">물체의 위치와 방향, 모양을 알고 구별한다.</td></tr>
<tr><td rowspan="3">물체의 수량에 관심을 가진다.</td><td rowspan="3">주변 공간과 모양을 탐색한다.</td></tr>
<tr><td>일상에서 길이, 무게 등의 속성을 비교한다.</td></tr>
<tr><td>주변에서 반복되는 규칙을 찾는다.</td></tr>
<tr><td>주변 공간과 모양을 탐색한다.</td><td rowspan="2">규칙성에 관심을 가진다.</td><td>일상에서 모은 자료를 기준에 따라 분류한다.</td></tr>
<tr><td rowspan="3">규칙성을 경험한다.</td><td>도구와 기계에 대해 관심을 가진다.</td></tr>
<tr><td>주변 사물을 같고 다름에 따라 구분한다.</td><td rowspan="4">자연과 더불어 살기</td><td>주변의 동식물에 관심을 가진다.</td></tr>
<tr><td>생활 도구에 관심을 가진다.</td><td>생명과 자연환경을 소중히 여긴다.</td></tr>
<tr><td rowspan="2">자연과 더불어 살기</td><td>주변의 동식물에 관심을 가진다.</td><td>주변의 동식물에 관심을 가진다.</td><td rowspan="2">날씨와 계절의 변화를 생활과 관련짓는다.</td></tr>
<tr><td>날씨의 변화를 감각으로 느낀다.</td><td>날씨와 계절의 변화를 감각으로 느낀다.</td></tr>
</table>

1) 자연탐구를 위한 교수·학습법

자연탐구 영역의 교수방법에서 유의해서 지도해야 할 교수·학습 원리는 다음과 같다.

첫째, 정해진 시간에만 실시하기보다는 일상생활 속에서 자연스럽게 진행되어야 한다.

둘째, 단편적 지식이나 개념을 학습하는 데 중점을 두기보다는 그 결과에 도달하기까지의 사고과정이나 탐구과정에 중점을 두고 지도한다.

셋째, 영유아의 발달 수준에 적절한 활동으로 구성해야 한다.

넷째, 영유아의 개인차를 인정하고 개별적인 학습이 이루어질 수 있도록 구성해야 한다.

다섯째, 영유아가 주도적으로 탐구하도록 계획해야 한다.

여섯째, 직접적이고 구체적인 경험으로 이루어질 수 있도록 구성해야 한다.

일곱째, 영유아가 호기심을 가지고 주변 환경과 현상을 관찰하고 탐구할 수 있도록 다양한 자료와 경험을 풍부하게 제공해야 한다.

여덟째, 놀이를 통해 반복적으로 탐색 활동이 이루어지도록 계획해야 한다.

2) 자연탐구를 위한 환경 구성

자연탐구 영역은 영유아가 탐구 활동에 자발적으로 참여하도록 하기 위해서 영유아 발달에 적절하고 흥미를 끌 수 있는 자료들을 풍부하게 갖추는 것이 중요하고, 동식물을 기르거나 관찰할 수 있도록 자연 채광이 잘 드는 곳에 배치하면 좋다.

먼저 영유아가 시각, 청각, 촉각 등의 감각적 경험을 할 수 있도록 다양한 감각 활동을 계획한다. 1세 미만 영아의 경우는 빨기를 이용한 탐색 욕구가 강한 시기이므로 작은 물건(3.5㎝)을 삼키거나 비위생적인 물건을 빨지 않도록 주변을 세심하게 정리하고, 연령이 증가하면서 탐색의 반경이 커지기 때문에 특히 안전에 유의해야 한다. 탐색 활동은 실내뿐 아니라 실외에서도 많이 이루어지기 때문에 자연 변화나 동식물을 접할 수 있는 기회를 충분히 주는 것이 필요하다. 유아의 경우에는 수, 공간, 도형의 개념 형성과 사물의 특성을 이해하는 데 도움을 줄 수 있는 구체적 교구를 준비해 주고 한 가지로 사용할 수 있는 놀잇감보다는 다양하게 변화시켜 체험할 수 있는 자료와 물리적 환경을 준비한다.

3) 자연탐구의 실제

활동① 끈끈이 꽃 꾸미기

대상 연령 1세

활동 내용 친숙한 물체를 감각으로 탐색한다.

활동 목표
- 다양한 재료의 촉감을 손과 발로 느껴 본다.
- 촉감과 색을 언어적으로 표현해 본다.

활동 자료 투명 시트지, 마스킹 테이프, 뽕뽕이, 색종이, 모루, 수수깡

활동 방법

① 교사와 영아들은 노래를 부르며 뽕뽕이 촉감 재료를 탐색해 본다.
 – "여기 선생님이 뭘 가져왔을까? 이게 뭘까? 한번 만져 볼까?"

② 투명 시트지를 탐색한 후 뽕뽕이를 붙여 본다.
 – "이건 뭘까? ○○이가 한번 만져 볼까? 여기에 뽕뽕이를 붙여 볼까?"

③ 교사는 교실 바닥에 전지 사이즈의 투명 시트지를 고정시켜 준다. 이때 빨간색 마스킹 테이프로 꽃 모양의 테두리를 그려 준다. 그리고 영아들에게 여러 가지 재료(뽕뽕이, 색종이, 모루, 수수깡)를 꽃 모양의 테두리 안에 붙여 보게 한다.
 – "끈끈이에 무엇을 붙이면 좋을까? 붙이고 싶은 것들을 마음대로 붙여 보자."

④ 재료를 붙인 투명 시트지의 꽃 작품을 감상해 본다.
 – "자 우리 이제 앉아 볼까? 우와! 우리가 만들어 본 꽃이 어때?"

⑤ 여러 가지 재료를 붙인 투명 시트지 위에 시트지를 덮어 붙이고 꽃 위를 걸어 본다.
 – "그럼 이번에는 선생님이 보이는 비닐로 이 위를 덮어 볼게. 손으로 만져 보고 걸어 보자. 어떤 느낌일까?"

제 언

수수깡이나 색종이를 제공할 때 교사가 잘라 놓지 않고 영아들이 스스로 분지르거나 찢어서 붙여 보게 하면 흥미 유발과 창의적인 표현에 더 효과적일 수 있다.

활동② 신나는 비닐놀이

대상 연령 2세

활동 내용 주변 공간과 모양을 탐색한다.

활동 목표
- 다양한 비닐을 탐색한다.
- 다양한 색과 재질의 비닐이 있음을 안다.

활동 자료 낱장 동화, 다양한 색의 비닐봉지, 천장에 매달린 큰 비닐

활동 방법

① 교사는 먼저 비닐과 관련된 동화를 들려준다.

– "여기 선생님이 뭘 가져왔을까? 이게 뭘까? 한번 만져 볼까?"

② 비밀상자에 다양한 비닐봉지를 넣어 두고 영아들이 한 명씩 그 안의 비닐을 꺼내 보게 한다.

③ 영아들은 비밀상자에서 꺼낸 비닐봉지를 확인한 후 촉감을 느끼고 비벼서 소리도 들어 보는 등의 탐색 활동을 해 본다.

④ 비닐봉지에 공기를 넣어 비닐 공을 만든다.

⑤ 만든 비닐 공을 가지고 천장에 매달아 둔 큰 비닐에 던져서 넣어 보고 하늘에서 떨어지는 비닐 공도 잡아 본다.

⑥ 활동을 마무리한다.

– "오늘 비닐봉지로 여러 가지 활동을 해 보았는데 어땠어요?"

– "비닐로 또 어떤 활동을 해 볼 수 있을까요?"

제 언

비닐 사용 시 사전에 영유아들이 알아야 할 내용이나 주의할 사항 등의 안전교육을 하는 것이 필요하다.

활동③ 물고기 길이 재어 보기

대상 연령 3~5세

활동 내용 일상에서 길이, 무게 등의 속성을 비교한다.

활동 목표
- 도구를 이용하여 물고기의 길이를 측정한다.
- 도구를 이용하여 물체의 크기를 비교할 수 있다.

활동 자료 여러 가지 물고기 그림, 병뚜껑, 클립, 포스트잇, 길이 재기판

활동 방법

① 교사는 크기가 다른 여러 가지 물고기 그림을 보여 준다.

– "여기 여러 종류의 물고기가 있네. 고등어, 금붕어, 꽁치 등이 있네."

② 한 가지 물고기 그림을 선택하여 길이 재기판의 물고기 그림이 있는 곳에 놓는다.

③ 병뚜껑, 클립, 포스트잇 등으로 길이를 재어 본다.

– "고등어 길이만큼 병뚜껑을 놓아 보자. 몇 개의 병뚜껑이 필요했니?"

④ 물고기의 길이를 비교해 본다.

– "고등어의 길이는 병뚜껑 6개, 포스트잇 3장, 클립 7개랑 같다."

⑤ 다른 물고기도 길이를 재 보고 물고기 간의 길이도 비교해 본다.

제 언

물고기의 길이를 잴 수 있는 물체를 유아들이 스스로 교실 주변에서 찾아 길이를 재고 비교해 보게 한다.

활동④ 나무로 만든 물건은?

대상 연령 3~5세

활동 내용 일상에서 모은 자료를 기준에 따라 분류한다.

활동 목표
- 나무로 만들어진 물건과 나무로 만들어지지 않은 물건을 구별할 수 있다.
- 함석판을 이용하여 자석의 원리를 이해한다.

활동 자료 함석판, 나무로 만든 물건과 나무로 만들지 않은 물건의 그림 자료(나무로 만든 물건의 그림 자료 뒤에는 자석을 붙인다)

활동 방법

① 함석판을 반으로 나눠 한쪽에는 나무로 만든 물건, 다른 한쪽에는 나무로 만들지 않은 물건을 붙이도록 한다.

② 교사는 유아 한 명을 불러 나오게 하고 나무로 만든 물건을 골라 보게 한 후 함석판에 붙여 보게 한다.

- 나무로 만든 물건의 그림 자료 뒤에만 자석을 붙여 스스로 맞고 틀린 것에 대해 알 수 있게 한다.

③ 나무로 만든 물건을 차례대로 골라 보게 한다.

- 나무로 만든 물건을 모두 골랐으면 남은 그림 자료는 함석판에 붙는지 확인하고 붙지 않은 그림 자료는 나무로 만든 물건이 아니라는 것을 이야기한다.

제 언

유아들의 발달 수준에 따라 나무로 만들지 않은 물건들의 원재료가 무엇인지 생각해 보고 말하도록 하며, 그 물질로 만든 다른 물건은 무엇이 있는지 말해 보게 할 수 있다.

참고 문헌

교육과학기술부(2009). 유치원 지도서 8. 서울: 두산.

교육부·보건복지부(2019). 2019 개정 누리과정 해설서. 서울: 교육부·보건복지부.

김경희·한성희·김혜금(2010). 영유아관찰 및 실습. 정민사.

김진영·백혜리·최윤정(2006). 유아를 위한 교수-학습방법론. 서울: 양서원.

류진희(2004). 유아교사를 위한 교육실습과 교육활동. 서울: 양서원.

백혜리·노은호·황성원·조미환·박종옥·이순영·곽혜경·최효영(2006). 보육과정. 서울: 창지사.

변영계(1999). 협동학습의 이론과 실제. 서울: 학지사.

변영계(2007). 교수 학습이론의 이해. 서울: 학지사.

보건복지부(2020). 4차 표준보육과정 해설서. 서울: 보건복지부.

보건복지부·한국보육진흥원(2017). 제3차 어린이집 평가인증: 통합지표. 서울: 한국보육진흥원

보건복지부·한국보육진흥원(2020). 2020 어린이집 평가 매뉴얼. 서울: 한국보육진흥원.

성태제·강이철·곽덕주·김계현·김천기·김혜숙·봉미미·유재봉·이윤미·이윤식·임웅·한승희·홍후조(2007). 최신 교육학개론. 서울: 학지사.

송기주(1996). 과학의 명제적, 방법적 지식에 미치는 명시적, 발견적 수업의 상대적 효과. 교육심리연구, 10,(3), 85-112.

양옥승·김영옥·김현희·신화식·위영희·이옥·이정란·이차숙·정미라·지성애·홍혜경(1999). 영유아보육개론. 서울: 학지사.

양옥승·최경애·이혜원(2015). 영유아교육과정. 서울:학지사.

엄정애(2009). 영유아 놀이와 교육. 경기도: 교문사.

위영희·문혁준·이희정·한성희·박정원(2012). 영유아교수법. 서울: 창지사.

위영희·조진형·이정희·왕영희·신유림·백은주·이혜란·이정림·신나리·한성희·민현숙(2011). 유아교육개론. 서울: 도서출판 오래.

이기숙(2001). 유아교육과정. 서울: 교문사.

이숙재(2001). 유아놀이 활동. 서울: 창지사.

이순형·이혜승·이성옥·황혜신·이영미·정윤주·한유진·성미영·권기남·김지현(2007). 영유아 교수방법. 서울: 학지사.

이영자·이종숙·신은수·곽향림·이정욱(2006). 1, 2세 영아프로그램의 계획 및 운영. 서울: 다음세대.

이은해(1995). 아동발달의 평가와 측정. 서울 : 교문사.

이은해·최혜영·송혜린·신혜영(2003). 어린이집 프로그램 관찰척도: 사용지침. 서울: 다음세대.

이은화·김영옥(2000). 유아사회교육. 서울: 양서원.

이현옥·박정선(2007). 영유아교수방법론. 고양: 공동체.

이희정·문현주·박신진·박찬화·장윤정·홍희영(2018). 영유아 발달의 이해. 서울: 박학사.

임부연·오정희(2009). 영유아교수학습방법. 서울: 동문사.

전남련·김기선·성은숙·이은임·엄은옥·이경선·강은숙(2011). 영유아교수학습방법. 서울: 신정.

전선영·유향선·김은심·문용은(2002). 유아 교사를 위한 교수 매체의 이론과 실제. 서울: 창지사.

중앙보육센타(2011). 2011년도 보육시설 운영서식 및 문서자료집.

중앙육아종합지원센터(2020). 제4차 표준보육과정 놀면서 자란다(영아). 서울: 중앙육아종합지원센터.

중앙육아종합지원센터(2020). 제4차 표준보육과정 놀면서 자란다(유아). 서울: 중앙육아종합지원센터.

지옥정(2009). 유아교육현장에서의 프로젝트 접근법 3판. 서울: 창지사.

푸르니보육지원재단(2017). 질높은 보육을 위한 교사역할의 실제. 서울: 다음세대.

한국보육진흥원(2011). 보육교사 승급 교육교재. 서울: 한국보육진흥원

한성희·임연진(2007). 교수학습방법 향상을 위한 영유아교재 교구 연구. 서울: 창지사.

황해익·송연숙·최혜진·정혜영·이경철·민순영·박순호·손원경(2002). 유아교육기관에서의 포트폴리오 평가. 서울: 창지사.

Aronson, E., Blaney, N., Stephin, C., Sikes, J., & Snapp, M.(1978). *The jigsaw classroom. Beverly Hills*, CA: Sage.

Aspy, D., Aspy, C., & Quinby, P.(1993). What doctors can teach teachers about problem-based learning. *Educational Leadership, 50*(7), 22-24.

Ausubel, D. P.(1963). *The Psychology of Meaningful Verbal Learning*. NY: Grune & Stratton.

Bredekamp, S., & Copple, C. E.(Eds.)(1997). *Developmentally appropriate practice in early childhood programs serving children from birth through age 8*(Rev. ed.). Washington, DC: National Association for the Education of Young Children.

Bredekamp, S., & Rosegrant, T.(Eds.).(1992). *Reaching potentials: Appropriate curriculum and assessment for young children*.(Vol. 1). Washington, DC: National Association for the Education of Young Children.

Bruner, J. S.(1961). The act of discovery. *Harvard Educational Review, 31*, 21–32.

Corey, S. M.(1971). *The nature of instruction*. N.J.: Prentice Hall.

Dewey, J.(1933). *How we think*(rev. ed.). Boston: Health.

Eliason, C., & Jenkins, L.(2008). *A practical guide to early childhood curriculum*(8th ed.). Upper Saddle River, NJ: Pearson Education,, Inc.

Johnson, D. W., & Johnson, R. T.(1974). Instructional good structure: Cooperative, competitive, or individualistic. *Review of Educational Research, 44*, 213–225.

Gagné, R. M., Briggs, L. J., & Wager, W. W.(1988). *Principles of instructional design*(3rd ed.). N.Y.: Holt, Rinehart, & Winston.

Greenberg, P.(1991). *Character development: Encouraging self-esteem and self-discipline in infants, toddlers, and two-year-olds*. Washington, DC: NAEYC.

Katz, L. G., & Chard, C. S.(1989). *Engaging children's mind: The project approach*. Norwood, NJ: Ablex.

Koralek, D. G., Colker, L. J., & Diane, D. T.(2005). 효과적인 영유아 교육과 보육, 어떻게 할 것인가?[*The what, Why, and how of high-quality early childhood education: A guade for on-site supervision, Revised edition*]. (이기숙·심성경 역). 서울: 이화여자대학교 출판부.(원전은 1995에 출판)

Kostelnik, M. J., Soderman, A. K., & Whiren, A.P. (1993). *Developmentally appropriate programs in early childhood education*.

Massialas, B., & Cox, B.(1966). *Inquiry in social studies*. NY: McGraw–Hill.

Morgan, C. T. & King, R. A.(1966). *Instruction to psychology*(3rd ed.). N.Y.: McGraw–Hill.

MCLI(2001). Problem–based learning. Maricopa Center for Learning and Instruction. Available at http://mcli.maricopa.edu/pbl/info.html.

NAEYC(1991). Guidelines for appropriate curriculum content assessmenrt in programs serving children age 3 through 8. *Young Children, 30*, 21–67.

National Association for the Education of Young Children(1987). *Accreditation criteria and procedures: Position statement of the national academy of early Childhood Programs*. D. C.: Author.

Pica, R. (2010). Learning by leaps and bounds: Babies on the move. *Young children, 65*(4), 48–50.

Reigeluth, C. M.(1983). Instructional design: What is it and why is it? In C. M.

Regeluth(ed.), *Instructional design theories and models: An overview of their current status*. N.J.: Hillsdale, Lawrence Erlbaum Associates.

Schickedanz, J. A., York, M. Z., Stewart, I. S., & White, D. Q.(1990). *Strategies for teaching young children*(3rd ed.). New Jersey: Prentice Hall Inc.

Slavin, R.(1978). Student teams and comparison among equals: Effects on academic performance and student attitudes. *Journal of Educational Psychology, 70*, 532–538.

Smith, D. K. & Conolly, K. J.(1980). *The ecology of preschool behavior*. Cambridge: Cambridge University Press.

Spodek, B.(1985). *Teaching in the early years*(3rd ed). Englewood Chiffs, NJ: Prentice Hall Inc.

Wien, C. A., Coates, A., Keating, B. L., & Bigelow, B. C.(2005). Promoting the use of content standards: Recommendations for teacher education. *Young Children, 60*(3), 16–24.

Wittmer, D. S. & Peterson, S. H.(2011). 영아 발달과 반응적 교육: 관계 중심 접근법[*Infant and toddler development and responsive program planning: A relationship-based approach*]. 이승연·김은영·강재희·문혜련·이성희 공역. 서울: 학지사. (원전은 2006에 출판)

Wortham, S. C.(2010). 유아교육과 평가[*Assessment in early childhood education*(5th ed)]. 김경철, 이진희, 최미숙, 황윤세 역). 서울:정민사. (원전은 2008년에 출판)

저/ 자/ 소/ 개/

- **위영희** :: 서원대학교 유아교육과 명예교수
- **문혁준** :: 가톨릭대학교 아동학과 교수
- **이희정** :: 서울사회복지대학원대학교 교수
- **박찬화** :: 연세대학교 교육대학원 겸임교수
- **석은선** :: 구립 중곡1동어린이집 원장

영유아교수방법론

초판 1쇄 발행 2021년 4월 16일
초판 2쇄 발행 2022년 7월 13일

지 은 이 | 위영희 · 문혁준 · 이희정 · 박찬화 · 석은선
펴 낸 이 | 김기섭
편 집 인 | 이윤희
펴 낸 곳 | 창지사 www.changjisa.com
08589 서울시 금천구 가산디지털 1로 83 파트너스타워 1차 9층
전화 (02)719-2211~3
팩스 (02)701-9386
등 록 | 1977년 4월 28일 · 제1-421호

ISBN 978-89-426-1399-1 (93370)

값 20,000원